Michelle Marly

La Divina

Maria Callas, la voce della passione

Traduzione di
Sofia Dilaghi

GIUNTI

Titolo originale:
Die Diva
Maria Callas – die größte Sängerin ihrer Zeit und das Drama ihrer Liebe

www.giunti.it

Via Bolognese 165 – 50139 Firenze – Italia
Via G. B. Pirelli 30 – 20124 Milano – Italia

Prima edizione: ottobre 2021

«Vissi d’arte,
vissi d’amore.»

da *Tosca* di Giacomo Puccini

1

Venezia, 3 settembre 1957

«Sono così felice che tu abbia lasciato l'umida e fredda Edimburgo per venire alla mia festicciola» disse Elsa stringendo l'amica Maria Callas al petto rigoglioso per salutarla. Il corno dogale dorato e tempestato di perle, probabilmente un originale del XVI secolo, se non precedente, scivolò leggermente indietro sulla testa di Elsa. «Stasera sei la mia ospite d'onore.»

La "festicciola" era il ballo d'autunno di Elsa Maxwell nel lussuoso Hotel Danieli, l'evento clou del Festival del Cinema di Venezia, frequentato da tutti i grandi nomi e le personalità di spicco dell'alta società. Maria, senza neanche bisogno di guardarsi intorno nel salone rinascimentale, sapeva di essere circondata da star di Hollywood e da aristocratici ricchi o di sangue blu. Eppure non c'erano dubbi che fosse lei la più famosa: la Diva Assoluta. Un soprano il cui nome era noto a chiunque, appassionato di opera o meno. La donna più famosa al mondo, trentaquattro anni, attraente, ricca, probabilmente nella fase più fulgida della sua carriera e con ulteriori possibilità di ascesa.

Elsa Maxwell, la sua pingue amica settantaquattrenne, era la cronista mondana della scena internazionale che dalle sue colonne faceva il buono e il cattivo tempo nella carriera dei futuri grandi nomi del mondo dello spettacolo e dell'alta società. Era di casa sia in Europa che negli Stati Uniti, organizzava eventi di ogni tipo, dalle corse di cavalli, alle crociere in barca a vela, alle feste, forgiava alleanze sentimentali e professionali, e chiunque avesse a cuore la propria carriera si guardava bene dal rifiutare un suo invito. Eppure quella sera la Callas non era lì solo per risplendere in tutta la sua magnificenza: Maria era grata di aver avuto l'occasione per sfuggire all'insistente pioggerella scozzese.

Era stata un'estate impegnativa. Solo poche settimane prima, la fatica delle sue esibizioni sommate a una lunga serie di impegni mondani avevano portato Maria sull'orlo di un esaurimento nervoso. Nonostante il parere fortemente contrario del medico, aveva comunque deciso di partecipare insieme alla compagnia della Scala di Milano al prestigioso Festival di Edimburgo. In Scozia aveva collezionato una serie di trionfi, ma si sentiva ogni giorno peggio. Aveva tenuto duro per quattro serate, durante le quali con suo grande sollievo la voce non le aveva mai dato problemi. Ma quando avevano aggiunto una quinta serata a sorpresa, lei si era rifiutata. Non solo perché tutto a un tratto era stata colpita da brividi, mal di testa lancinanti e pressione bassa, ma anche perché quel nuovo impegno coincideva con il ballo d'autunno di Elsa Maxwell. Maria era certa che non avrebbe retto alla fatica di un'altra esibizione, per cui era tornata di buon grado al tepore del suo rifugio sul Lago di Garda per rimettersi in forze.

Adesso, rinvigorita da due giorni di riposo e circondata dagli ospiti di Elsa, si librava leggera sull'antica scalinata di pietra ricoperta da un tappeto rosso, verso le sale dove avrebbero servito una cena sontuosa. Era già salita e scesa così tante volte per le scale dei palcoscenici che ormai i suoi piedi andavano da sé, facendola volteggiare con un'eleganza mozzafiato; oltretutto senza occhiali la sua vista era comunque limitata, quindi le sarebbe servito a poco guardare dove metteva i piedi. La *mise* semplice ma molto graziosa che aveva scelto per quella serata la faceva sentire a suo agio come normalmente le capitava solo durante un'aria d'opera: un corpetto nero attillato e un'ampia gonna di satin bianco a pois neri, accompagnati da un largo scialle bianco e lunghi guanti neri. Aveva rinunciato a indossare cappelli spettacolari e l'unica concessione al motivo ispiratore della serata erano gli smeraldi e i diamanti che aveva appuntato tra i capelli e che risplendevano alla luce delle centinaia di candele. Si sentiva magnifica, soprattutto perché quella sera la sua immagine riflessa allo specchio le rivelava una forte somiglianza con il suo idolo. Perché Maria aveva una grande passione per l'attrice cinematografica Audrey Hepburn. Ovviamente sapeva che non avrebbe mai potuto raggiungere la sua delicatezza da cerbiatto, ma quattro anni prima era riuscita, con una disciplina di ferro, a perdere quasi quaranta chili in dodici mesi e da allora aveva mantenuto una figura molto snella. Prima il suo metro e settantatré di altezza portava sulla bilancia il ragguardevole peso di centoventi chili. Nel frattempo un medico svizzero si occupava di integrare la sua dieta con una cura ormonale, farmaci per la tiroide e pillole drenanti, una risorsa ancora più utile della tecnica di mangiare solo con gli occhi. Per avere costantemente sotto controllo i risultati delle sue fatiche, si era fatta fare dei ritratti fotografici nei quali sembrava la sorella di Audrey Hepburn. Guardando quelle foto aveva sperimentato un senso di felicità inedito: per la prima volta in vita sua, Maria si sentiva a suo agio con se stessa. L'unica punta di amarezza era che neanche il digiuno era riuscito a modificare la costituzione robusta delle sue gambe, ma in fin dei conti era un dettaglio facilmente nascondibile sotto ampie gonne a sbuffo come quella che indossava quella sera.

Chinava regalmente la testa, salutava, sorrideva. Gli ospiti le si assiepavano intorno, cercando di ottenere le sue attenzioni. La Diva aveva fatto il proprio ingresso in scena.

L'uomo al suo fianco prese una coppa di champagne da uno dei vassoi portati in giro dai camerieri e glielo offrì. «Sono certo che vuoi aggrapparti a un bicchiere» disse Giovanni Battista Meneghini con aria benevola.

Sapeva meglio di chiunque altro quanto Maria dissimulasse la sua intima e radicata timidezza, perché in realtà non beveva quasi mai. Meneghini era il suo manager da dieci anni e suo marito da otto. Aveva ventisette anni più di lei, calvo, pienotto e molto facoltoso. L'imprenditore edile appassionato d'opera aveva fatto i soldi con una fabbrica di laterizi, ma aveva trovato la sua vera vocazione nel matrimonio con la Callas. Eppure Maria a volte aveva l'impressione che nella loro relazione non ci fosse spazio per la donna che c'era in lei e ultimamente le capitava sempre più spesso di sentirsi soffocata dalle premure del marito. Lui si occupava di tutto il necessario affinché Maria potesse esibirsi al suo solito livello di perfezione, ma quando lei preparava i ruoli e si confrontava con le tempeste emotive e le oscure passioni delle protagoniste che incarnava, le veniva spontaneo chiedersi che fine avesse fatto la passione nella sua, di vita.

«Vedi quel signore là dietro?» Elsa, che doveva aver finito con gli onori di casa, era spuntata dal niente accanto a lei e Maria sentì sul braccio la consistenza morbida come la seta della stola di visone che l'amica indossava sull'abito di pizzo ricamato. «È Aristotele Onassis, l'uomo più ricco del mondo. I suoi amici lo chiamano Ari.»

Per una donna come Maria, che amava sfogliare rotocalchi di pettegolezzi e frequentava l'alta società, l'ospite di Elsa non era certo un volto sconosciuto. Lo aveva già visto in fotografia, anche se non le era ancora capitato di incontrarlo di persona. Vedendolo da lontano, circondato da un nugolo di donne e uomini che sembravano smaniosi di fare la sua conoscenza, pensò che le foto non gli rendessero giustizia. In effetti, quell'imprenditore dal successo straordinario e originario dell'Asia Minore era forse un po' più basso, ma decisamente più attraente di come se l'era immaginato. Il suo portamento, con quello smoking indossato con un'eleganza degna di Cary Grant, aveva qualcosa che lo faceva risplendere come una stella fissa in mezzo alla Via Lattea.

«Quanto meno non ha l'aspetto di un uomo dell'Anatolia» sfuggì a Maria.

«E perché mai dovrebbe?» domandò Elsa sorpresa. «Viene dalla Grecia, come te.»

Maria scosse la testa. «Ho letto che è nato in Turchia. È vero che c'era un'enorme colonia greca, ma la gente di lì non è come quella del Peloponneso o della terraferma greca. Noi li chiamiamo *tourkosporos* e ti assicuro che non è un complimento. Sai com'è, dopo secoli di occupazione da parte degli ottomani, noi greci non siamo particolarmente ben disposti nei confronti dei turchi.»

«Oddio!» Elsa le rivolse uno sguardo devoto. «Quindi ho fatto un errore a metterlo vicino a te, al tavolo? Pensavo che la greca più famosa del mondo sarebbe stata bene accanto al greco più famoso del mondo... Oh, ecco la Marchesa di Cadaval! Guarda che cappello straordinario!» In effetti sul capo della signora torreggiava la riproduzione di un campanile veneziano.

Maria fu lieta di avere qualcos'altro a cui pensare. Del resto, nessuno poteva scombussolare l'ordine dei tavoli voluto da Elsa Maxwell, nemmeno una primadonna. Doveva quindi arrendersi all'idea di star seduta vicino al ricchissimo armatore; in fin dei conti la cena non sarebbe durata per sempre e una volta finita non sarebbe più stato necessario attenersi alla rigida disposizione dei posti. Maria, piuttosto, era dispiaciuta di dover rinunciare alla vicinanza di Battista, o meglio che lui dovesse rinunciare alla sua. Il marito non parlava nessuna lingua al di fuori dell'italiano, motivo per cui faticava ad ambientarsi nella sua cerchia di amicizie internazionali. Non riusciva a seguire neanche le conversazioni con Elsa, che si svolgevano in inglese.

Anche adesso le stava sorridendo con aria interrogativa.

«Elsa mi ha solo detto dove starò seduta a cena» gli spiegò Maria in italiano. Poi sollevò il calice. «A una bella serata.»

Meneghini brindò con la moglie, che si concesse un minuscolo sorso di quello champagne deliziosamente frizzante. Intanto i suoi occhi seguivano di nascosto l'uomo che Elsa le aveva appena indicato.

* * *

La sedia accanto a Maria scricchiolò quando Aristotele Onassis ci si lasciò cadere. «Mi dispiace, ma l'arte non è il mio mestiere» le confessò dopo essersi presentato. Parlava in fretta e a differenza degli altri ospiti di Elsa, che usavano per lo più l'inglese o il francese, si esprimeva in un greco privo di qualsiasi accento. «I miei affari mi lasciano ben poco tempo libero e quello che ho cerco di trascorrerlo in mare, tra conversazioni gradevoli, buon cibo e ottimi sigari. E anche solo quest'ultima predilezione mi impedisce di frequentare i teatri d'opera, dato che nei vostri sacri saloni non si può fumare.» Guardò il soprano con aria raggiante, come se le avesse appena fatto un gran complimento.

«A quanto sento, non siete un vero e proprio *tourko-*

sporos» le rispose Maria, anche lei in greco. La sua lingua madre era l'inglese, ma nonostante avesse imparato il greco appena da ragazzina, quando era stata costretta a trasferirsi ad Atene, lo padroneggiava talmente bene che non aveva alcuna difficoltà a rispondere a Onassis per le rime e all'occorrenza avrebbe saputo anche imprecare come un pescivendolo del Pireo. Anche l'epiteto che designava i greci dell'Asia Minore, che negli anni Venti, dopo i massacri perpetrati dai turchi, erano immigrati a frotte in Grecia, rientrava in quest'ultima categoria di parole meno forbite. Prima con Elsa aveva evitato di spiegare che quel termine dispregiativo significava qualcosa come "discendente da sperma turco", una definizione che poteva benissimo essere interpretata come un'offesa. O come risposta alle osservazioni di Onassis sul mondo dell'opera e sulle motivazioni profane che gli impedivano di frequentarlo. Che ignorante.

Onassis sembrò riconoscere l'espressione. La fissò, anche se Maria non fu in grado di decifrare il suo sguardo perché la luce dei lampadari di cristallo sopra di loro si rifrangeva nei suoi occhi scintillanti. «Sono nato a Smirne, è vero, ma molti greci famosi sono originari dell'Asia Minore: Achille, Omero, Erodoto...»

Ovviamente Maria conosceva i nomi che lui stava elencando, nonostante la sua istruzione piuttosto modesta. A tredici anni aveva lasciato la scuola e dato la priorità assoluta alle lezioni di canto. Studiava soprattutto i ruoli femminili adatti al suo registro e le lezioni teoriche si limitavano alla storia dell'opera e alle nozioni di base sulla patria greca. Il suo livello di cultura generale dalla giovinezza a oggi era migliorato solo grazie alle letture personali, quando di spontanea iniziativa andava a ricercarsi qualcosa che catturava il suo interesse o le risultava utile. Tuttavia, a colpirla non fu tanto la conoscenza di Onassis degli antichi greci, quanto piuttosto la passione con cui aveva difeso la sua patria.

«Non volevo offenderla» lo interruppe. «Sono solo sorpresa della sua autenticità. Lei è un vero greco.»

«Ma certo che lo sono!» disse lui ridendo così forte che per un attimo gli ospiti vicini si voltarono a guardarlo.

Maria intercettò lo sguardo interrogativo del marito, seduto dall'altra parte del tavolo vicino a Tina Onassis, la moglie di Ari. Era evidente lo sforzo di Meneghini per captare qualche scampolo di conversazione tra lei e Onassis, della quale ovviamente non capiva una parola. Il rumore di sottofondo, il tintinnio di posate e bicchieri e il chiacchiericcio degli ospiti erano talmente forti che avrebbe fatto fatica a seguire quel dialogo anche se si fosse svolto in italiano. Poveretto. Probabilmente si stava già annoiando. Anche la sua vicina di tavolo Tina, una giovane biondina bella come una bambola ma appena un po' troppo licenziosa, sembrava aver abbandonato ogni tentativo di scambiare due chiacchiere, inclinando la sua testa bionda, col cappello adorno di vistose piume di airone bianco, verso l'uomo alla sua destra.

«Riesce a immaginarmi» continuò di buon umore il miliardario greco accanto a Maria «con l'atteggiamento aristocratico di un britannico?»

Ebbe di nuovo la sua completa attenzione, che lui ricompensò con una piccola messinscena. Inclinò leziosamente la testa, mise il petto in fuori e arricciò le labbra. Poi, con una voce leggermente nasale, disse in un perfetto e forbitissimo inglese: «È un grande piacere per me conversare con lei circa le ultime rappresentazioni al Covent Garden, madam. Anche se sfortunatamente non ho idea di cosa si parli, giacché non ho alcun interesse al di fuori dell'ippica.»

Maria scoppiò in una sonora risata. Era davvero buffo. «Meglio che rimaniate greco» disse, tornando alla lingua madre dell'uomo.

«Anche se non sono un intenditore di belle arti?»

«Se avessi voluto parlare con un intenditore, sarei potuta rimanere al Festival di Edimburgo e confrontarmi con il direttore della Scala. E invece sono seduta qui accanto a lei.»

«Ah, ho letto qualcosa al riguardo. Mi trovavo a Londra e sono stato accecato dalle prime pagine dedicate alla "Callas" e al suo sgarbo. La stampa britannica ha innalzato la sua rinuncia a un vero e proprio scandalo.» Sorrise e scosse la testa divertito. «Quando ho saputo dell'oltraggio inflitto agli inglesi, non avevo ancora idea che io e lei ci saremmo incontrati qui questa sera.» Fece una breve pausa, prima di continuare: «Sono grato che si sia decisa per Venezia.»

Anche lei lo era. Soprattutto per quel piacevole vicino di tavolo. Lei lo fece ridere con una serie di aneddoti del mondo dell'opera, mentre lui la fece riflettere con il racconto della propria vita. Onassis le disse della sua città di origine, Smirne, che era stata quasi rasa al suolo durante la guerra greco-turca all'inizio degli anni Venti. Per come la descriveva riusciva a dare vita a quella metropoli unica nel suo genere e ormai tramontata, nella quale cristiani e musulmani dalle più svariate origini vivevano gli uni al fianco degli altri. In quanto figlio di un imprenditore greco, Onassis aveva avuto un'infanzia privilegiata e frequentato la scuola evangelica... Fino a quando la sua vita non era andata letteralmente in fiamme. Aveva appena sedici anni quando fu costretto a lasciare la patria. Con solo sessanta dollari in tasca, si era imbarcato su una nave diretta a Buenos Aires per tentare la fortuna in Argentina. Le basi del suo patrimonio le aveva gettate con il commercio del cosiddetto "tabacco turco".

«Adesso capisce» disse con un sorriso, giocherellando con il sigaro che teneva tra le dita e che si era acceso dopo la portata principale «perché sono così legato al tabacco. Mi ha aiutato a risollevarmi dal niente.»

«Ho sentito dire che i sigari migliori provengono da Cuba» disse Maria.

Onassis ridacchiò. «Ha ragione. Un buon avana come questo Montecristo è insuperabile.» Poi ne tirò una bella boccata e proseguì il suo racconto. «Ma c'è una piccola differenza: furono le sigarette ad aiutarmi. Si può dire che io abbia contribuito allo sviluppo del gusto degli argentini, in fatto di tabacco. Fino a quel momento i sudamericani conoscevano soltanto quello americano e cubano, che non sono delicati come quello della Tracia o della

Macedonia. Quindi io importavo tabacco e in cambio esportavo pelli bovine in Europa. E un bel giorno mi sono deciso a comprare una nave tutta mia. Nel frattempo le mie navi sono novecento.»

«Impressionante» rispose Maria. Lo osservò e si accorse di provare un misto di rispetto e simpatia per quell'uomo. Ad affascinarla e attrarla non era tanto ciò che aveva ottenuto nella vita, quanto piuttosto la somiglianza con il proprio percorso personale.

Ripensò a tutti i concerti privati nei quali sua madre la costringeva a esibirsi e che alla fine la condussero alla sua prima performance di fronte a un pubblico vero, a bordo della nave che portava lei, sua madre e sua sorella via da New York, via da suo padre, in Grecia. A partire da quel momento la musica era diventata la sua ragione di vita. Non aveva amici, perché sua madre le impedì di farsene su quella costa dell'Atlantico come sull'altra, né ulteriori hobby. A dirla tutta, oltre al canto non aveva proprio niente. Tanto più che Maria si era resa conto già in giovanissima età che l'unico momento in cui la gente non faceva caso al suo corpo, all'epoca poco attraente, era mentre cantava. All'età che aveva Onassis quando pose la prima pietra del suo impero, lei calcava da debuttante il palcoscenico del Teatro dell'Opera di Atene e cinque anni dopo aveva fatto la sua prima brillante interpretazione di *Tosca*. Era stato l'inizio della sua carriera.

«Siamo partiti entrambi dal niente e siamo arrivati alla vetta» osservò Maria «e di questo dobbiamo ringraziare solo la nostra forza di volontà e il nostro talento. Forse dobbiamo questo ingegno alle nostre radici greche, siamo gente piuttosto caparbia.»

«In quanto greca, sarà di certo un'amante del mare.» La voce di Onassis si fece ancora più vivace di quando aveva raccontato della sua Smirne. «Io sono un grande ammiratore di Ulisse e navigare è la mia passione. Che ne dice di una crociera sul mio yacht? Sarei lieto di invitare lei e suo marito...»

«Magari... Prima o poi...» mormorò vagamente lei. La prospettiva di scivolare con la sua nave sul Mar Mediterraneo la seduceva, ma non era che un sogno irrealizzabile. I suoi impegni non le lasciavano il tempo per una vacanza più lunga di qualche giorno e comunque Meneghini tendeva a soffrire il mal di mare.

Per un attimo Onassis sembrò indispettito, Maria se ne accorse da un fugace lampo negli occhi. A quanto pareva non era abituato a essere respinto.

Tra i due calò un silenzio imbarazzato, mentre tutto intorno il chiacchiericcio continuava incessante. Onassis portò il sigaro alla bocca, fece un tiro e voltò la testa per non soffiare il fumo nella sua direzione. Intanto dietro di loro stava cambiando l'orchestra: il tempo della musica da sottofondo era finito e gli archi si alzarono per lasciare il posto a un complesso di fiati per il ballo.

Dopo un po' Onassis si voltò di nuovo verso di lei. «La prego almeno di usare il mio motoscafo per spostarsi qui a Venezia» le propose con la pacata e allegra placidità che Maria aveva imparato a riconoscergli in quel poco tempo trascorso insieme. La recuperata disinvoltura dimostrava la sua consapevolezza che alla fine nessuno poteva rifiutargli niente. «Mi piacerebbe metterle a disposizione il mio Riva per la durata del suo soggiorno.»

Ovviamente possedeva la Rolls-Royce dei motoscafi. Maria non riuscì a soffocare una risatina. *È un uomo interessante e una compagnia piacevole*, pensò. Perché dunque non accettare la sua offerta per la settimana in cui si sarebbe fermata a Venezia e magari passare un po' di tempo con lui e la moglie? Annuì. «Volentieri.»

«E se in questi mesi non è possibile, vorrà dire che la crociera tra le isole greche la faremo l'anno prossimo» decise raggiante. «La nostra amica Elsa può venire con noi, se vuole.»

Gli si dà un dito e si prende tutto il braccio, rifletté Maria. Ma non ce l'aveva con lui per questo, anzi, la sua perseveranza la divertiva. Annuì di nuovo per non deluderlo, ma sapeva per certo che non avrebbero mai fatto alcuna crociera insieme.

* * *

Maria passò con Aristotele Onassis quasi tutta la serata, nel corso della quale lui le presentò anche la sua bella e giovane moglie. «Tina non parla praticamente greco» le aveva confidato prima. «Suo padre, l'armatore Livanos, ha preferito tirarla su come una principessa americana. Tina dice sempre che in Inghilterra ha imparato a parlare, a New York a pensare e a Parigi a vestirsi. La Grecia non significa molto per lei. È fatta così.» Sorrise con una punta di orgoglio, ma subito dopo si rabbuiò, come disturbato da qualcosa.

La festa fu un grande successo e andò avanti per tutta la notte. Camerieri solerti sostituivano le candele sui candelabri al centro dei tavoli man mano che si consumavano, aprivano una bottiglia di champagne dopo l'altra e continuavano a riempire i bicchieri. A tarda sera gli invitati iniziarono a congedarsi, ma quando Elsa Maxwell si sedette al pianoforte e fece scivolare le dita sulla tastiera in uno swing veloce, gli ospiti rimasti si assieparono attorno a lei e ai musicisti nei loro completi bianchi candidi. Anche Maria con il marito e Onassis con la moglie se ne stavano sulla pista da ballo ad ascoltare il grande assolo. Elsa suonò canzoni vivaci e malinconiche degli anni Trenta e del periodo di guerra, della cui genesi era stata testimone come giornalista a Hollywood. A un certo punto fece un cenno ai musicisti, che presero gli strumenti e iniziarono a suonare con lei. Poi con la mano invitò Maria ad avvicinarsi.

Un assolo della tromba, qualche accordo sul pianoforte a coda e la melodia di *Stormy Weather* riempì la sala. Elsa suonò un po' più piano, fece cenno a Maria e un istante dopo la voce del soprano più famoso al mondo stava cantando un amore sfortunato. Maria interpretò la canzone con la sua tipica drammaticità, ma all'ottava sotto rispetto a come era stata accennata. Intorno a lei era calato un silenzio talmente profondo che ogni minimo tintinnio di bicchiere riecheggiava come l'*Angelus* di San Marco.

Maria si sedette sul bordo del palco della band e si abbandonò completamente al suo amore per il jazz. Non le dispiaceva prestarsi a un'esibizione così spontanea, il pubblico era ristretto e non era presente alcun critico musicale ansioso di coglierla in fallo su qualche acuto. Non doveva temere una défaillance della voce, dato che si era mantenuta sul registro dell'interprete Lena Horne.

Era una sensazione magnifica poter cantare per il puro gusto di farlo. Il suo sguardo scivolò su quel pubblico esclusivo e non meno entusiasta degli appassionati di opera nei grandi teatri. I suoi occhi si soffermarono su Onassis, che teneva un braccio attorno alla moglie e sembrava ipnotizzato dal suo canto.

Mentre intonava il verso: "There's no sun up in the sky", da dietro le alte finestre il cielo di Venezia si fregiava di strisce color pastello, e raggi violetti e albicocca preannunciavano l'alba.

2

Undici anni dopo
Sopra le nuvole, inizio agosto 1968

Maria abbassò la tendina oscurante del finestrino prima ancora del decollo. Un romantico tramonto del sud era l'ultima cosa di cui aveva bisogno in quel momento. Con gli occhi nascosti da un paio di lenti scure e graduate, fissava il display luminoso dal suo posto in prima classe di quel volo Air-France, in attesa che si accendesse la spia che invitava ad allacciarsi la cintura.

Ovviamente si era guardata bene dal prenotare un volo Olympic Airways, la compagnia aerea di Aristotele Onassis. Quando aveva lasciato il suo yacht schiumante di rabbia, voleva solo allontanarsi da lui il più presto possibile. Aveva poi optato per viaggiare con la compagnia francese nel timore che, sapendola su uno dei suoi Boeing, Aristotele potesse impedirne il decollo. Fu solo salendo sulla passerella che si rese conto di quanto inutili fossero i suoi scrupoli. Se Onassis l'avesse rivoluta con sé, avrebbe potuto benissimo farla intercettare all'aeroporto di Atene. Aristo, come lo chiamava lei, disponeva di molte risorse per dimostrare la propria superiorità. Il simbolo della nazionalità di un aereo non era certo un ostacolo per lui, se voleva ottenere qualcosa. Ma non sembrava essere questo il caso.

Questa consapevolezza la colpì come un pugno e per un attimo provò una sensazione di vertigini. Era stato un errore piantare in asso Aristo in un moto di rabbia, anziché piegarsi al suo volere e resistere finché la storia con l'altra fosse stata dimenticata? Forse, ma ultimamente ciò che le pesava non era tanto che ci fosse in gioco un'altra donna. Le uniche cose che contavano erano lei stessa, Aristo e il loro grande amore. L'affetto che li legava era abbastanza forte da reggere a tutte le cose che faceva lui per assecondare la sua accecante sindrome di Napoleone? Lawrence Kelly, l'amico di Maria che era stato testimone di quell'inglorioso addio, aveva senz'altro ragione quando le assicurava che c'era in ballo anche la Callas, e che la dignità della Diva andava mantenuta intatta a ogni costo.

Forse era vero quello che diceva l'imperatore francese, che in amore e in guerra tutto è permesso, perché in guerra si combatte soprattutto per l'onore e il potere, e se in amore valeva la stessa regola, Maria non aveva certo intenzione di capitolare e lasciare campo libero ad Aristo. D'altro canto doveva chiedersi a cosa l'aveva portata il suo atteggiamento, oltre a un'atroce sofferenza. Una vittoria di Pirro nella quale non le era nemmeno chiaro in cosa consistesse il premio. Certo, Aristo l'aveva vista sbarcare dalla nave senza un saluto, ma come poteva sapere se il suo abbandono l'aveva ferito davvero? Ammesso e non concesso che saperlo sofferente quanto lei l'avrebbe fatta sentire meno miserabile. Comunque faceva meglio a essere ragionevole e a non sperarci troppo.

La spinta della partenza la schiacciò contro il morbido schienale in pelle. Il posto accanto al suo era rimasto vuoto, quindi per fortuna non correva il rischio di farsi vedere in quelle condizioni da uno sconosciuto o, peggio ancora, di essere coinvolta in una conversazione. Certo, sarebbe stato diverso se Larry fosse rimasto con lei, ma l'amico aveva inaspettatamente dovuto prendere un altro volo.

All'aeroporto di Atene Larry le aveva confessato che le loro strade si sarebbero temporaneamente separate, perché lui doveva recarsi a Roma per un appuntamento fissato da tempo.

«Ti raggiungo» l'aveva rassicurata, mortificato. «La settimana prossima sarò da te a Parigi.» Sembrava Aristo.

«Ti raggiungo» le aveva detto anche lui. «A settembre sarò da te a Parigi.»

Pur trattandosi di un lasso di tempo maggiore, Maria aveva creduto ciecamente alle parole di Aristo come a quelle di Larry, anche se non c'era dubbio che la fedeltà di Aristo fosse molto più discutibile di quella di Larry. Era stato un errore? Forse si era lasciata convincere troppo in fretta a ribellarsi all'uomo che amava. In fin dei conti, che Aristo volesse incontrarsi con Jacqueline Kennedy era solo una sua supposizione e, vedendo le cose da una certa prospettiva, doveva ammettere che non lo sapeva per certo. Possibile che avesse esagerato e che in realtà Aristo volesse solo fare un po' di baldoria con qualche amico? Ma di solito quando aveva voglia di compagnia maschile andava in qualche bettola nei porti in cui si fermava durante le sue crociere sul Mediterraneo a bere ouzo con i pescatori, chiacchierarci come fanno gli uomini tra di loro e giocare a Tavli, il tradizionale gioco da tavola greco. Spesso Maria gli stava seduta accanto a godersi quegli incontri. La cordialità di quelle persone, la loro autonomia rispetto al mondo del benessere materiale e la loro autentica gioia di vivere la affascinavano ogni volta, e quanto più frequentava l'alta società internazionale, tanto più apprezzava quei semplici momenti di condivisione. Era una libertà che altrimenti sperimentava solo in mare. Perché mai aveva rinunciato a tutto questo senza rifletterci su?

Perché Aristo ti ha mentito, rispose una voce nella sua mente. La visita di amici sconosciuti poteva essere una «faccenda da uomini», come aveva detto lui, in un solo senso. Maria era certa che Onassis non la volesse tra i piedi quando sarebbe salita a bordo del suo panfilo la vedova del presidente americano John F. Kennedy.

«Posso servirle dello champagne, mentre studia il menù?» disse l'hostess strappandola ai suoi pensieri.

Maria si voltò verso la ragazza che si prendeva cura dei passeggeri di prima classe. La guardò da dietro i suoi occhiali da sole. «No, niente champagne, grazie mille. E neppure altro» rispose Maria. «Non voglio neanche mangiare.»

Io voglio morire, pensò.

3

Mar Ionio, quello stesso giorno, prima

Il mare era piatto e trasparente come il Lago di Garda in primavera, l'acqua scintillante lasciava intravedere gli scogli e le posidonie sotto la superficie color zaffiro. Il cielo era di un azzurro così intenso che sembrava appena dipinto da Urano appositamente per quella giornata estiva, neanche una nuvola a disturbare la perfezione di quel colore. Dinanzi a questo blu oltremarino quasi inquietante, sulla riva dell'isola di Skorpios si stagliava una fila di cipressi scuri sullo sfondo della collina scintillante di ogni tonalità di verde, dove migliaia di giovani alberi tendevano i loro rami verso il sole. Li aveva fatti piantare Aristo per salvare il paesaggio dopo quasi cinquecento anni di deforestazione perpetrata dai veneziani. Ovviamente non si era occupato da solo di tutto il progetto di rimboschimento, ma aveva comunque dato il primo simbolico colpo di vanga con cui era cominciato il ripristino di una natura meravigliosa, e per molto tempo si era recato quotidianamente sull'isola per passare la giornata con gli architetti e gli operai, pianificando e disquisendo a torso nudo insieme a loro.

Non si dice forse che ogni persona che ama la natura ha un suo lato verde che ne rappresenta anche la parte migliore?

Maria si stava ponendo questa domanda, mentre osservava sovrappensiero la dispendiosa riforestazione all'orizzonte. Il proprietario dell'isola, nonché suo amante, possedeva davvero questa qualità morale o aveva usato la ricostruzione del bosco solo per dimostrare che era in grado di dominare anche la natura? Per lo stesso principio per il quale tentava di piegare ogni persona alla sua volontà?

In un certo senso, Aristotele Onassis aveva sottomesso anche Maria. Lei aveva ceduto al suo fascino, alla sua personalità carismatica, e credeva appunto nei suoi lati migliori. In compenso doveva sopportare il suo umore altalenante e le sue scappatelle occasionali. In fin dei conti sapeva bene che lui non avrebbe mai voluto ferirla di proposito, ma che il suo unico scopo era quello di trionfare e di affermarsi. E alcune di queste donne non erano che trofei per lui, in un periodo in cui la sessualità veniva vissuta con sempre maggiore disinvoltura. Maria glielo concedeva sorridendo, perché sapeva quanto fosse importante per lui impressionare gli altri con ogni mezzo a disposizione. Aristo non voleva essere solo l'uomo più ricco della terra, ma anche il più ammirato. Quindi la cosa più probabile era che non avesse affatto un lato verde, ma solo un rapporto complicato con la propria autostima. Una cosa, questa, che li accomunava più di quanto Maria avrebbe voluto.

«Ho sentito dire che Pier Paolo Pasolini vuole girare un film sul mito di Medea...»

La voce del suo amico si confuse con il lieve gorgoglio

della piscina sul ponte del panfilo ormeggiato al largo di Skorpios. L'acqua della piscina scintillava di un verde-azzurro scuro, un misto tra il riflesso del cielo e i mosaici sul fondo, una riproduzione dell'affresco della taurocatapsia del palazzo di Cnosso. Le fontane elettriche a bordo piscina erano impostate per spruzzare acqua di tanto in tanto, ricoprendo il rivestimento della nave di una soffice schiuma.

Larry, dalla sdraio accanto alla sua, le stava parlando ormai da un po', anche se Maria lo ascoltava a malapena. A pensarci bene, non aveva la più pallida idea di cosa le stesse dicendo il suo vecchio amico. Sicuramente qualcosa di brillante. Lawrence Kelly era cofondatore di svariati grandi teatri negli Stati Uniti, dove aveva accompagnato la carriera di Maria Callas fin dal suo primo successo. Da allora erano passati tredici anni e l'impresario era ancora un uomo piacente. Che fosse molto più basso dell'imponente Maria non aveva alcuna importanza, proprio come per Aristo. Anche Larry era un uomo molto carismatico e una personalità di spicco nell'ambiente dei teatri d'opera d'oltreoceano.

«Nessuno ha cantato *Medea* in modo straordinario come te» continuò Larry. Il suo monologo non sembrava avere fine, a quanto pareva non aveva neanche bisogno di riprendere fiato. «Per questo saresti perfetta come protagonista...»

«Non credo che esista qualcuno in grado di trasformare il teatro in cinema» lo interruppe lei poco convinta, ritenendo che fosse giunto il momento di obiettare qualcosa.

Ma il flusso di parole non si lasciò interrompere: «Franco Zeffirelli ha appena girato una magnifica trasposizione cinematografica della *Bisbetica domata* di Shakespeare, con Elizabeth Taylor e Richard Burton come protagonisti» insistette l'impresario.

Maria si tirò un po' più su sulla sdraio e alzò gli occhiali da sole inforcandoli sui folti capelli neri. «Quello non è uno dei suoi allestimenti per l'opera» precisò. In generale non amava essere contraddetta e in quella crociera c'erano già troppi fattori che la turbavano. Cercava di spiegarsi il proprio malessere con il disagio provocatole dal caldo, senza voler ammettere che ce l'aveva molto più con Aristo che con il sole. Aveva i nervi a fior di pelle e reagì in modo più brusco di quanto il suo devoto amico avrebbe meritato: «Il palcoscenico e il grande schermo sono incompatibili. Punto». Poi si ributtò indietro sulla sdraio.

Chiuse gli occhi e li sentì bruciare in modo strano, come se si rendesse conto di non avere alcun diritto di aggredire in quel modo Larry, un uomo così amabile e affezionato a lei. Nessuno in fondo si meritava di subire i suoi sgarbi. Ma se lei era tanto irascibile, era solo per via del cattivo umore del suo amante, del suo nervosismo, della distrazione e mancanza di tatto con i quali aveva trattato Maria in quei giorni. E pensare che si era convinta che i litigi divampati negli ultimi mesi fossero giunti al termine. Per un periodo sembrava che tra loro fosse tornato tutto a posto…

«Dovresti ricominciare a esercitare la voce.»

Maria sollevò la testa. «Cosa?»

«Potrei trovarti un ingaggio negli Stati Uniti in un batter d'occhio. Un'intera tournée, se vuoi. Il tuo ritorno sarebbe accolto con grande entusiasmo.»

Come se non lo sapesse.

«Al momento sono in vacanza» prese tempo Maria.

Non aveva voglia di raccontargli che sì, l'aveva un po' trascurata, ma non aveva certo rinunciato a far tornare la sua voce agli splendori di un tempo. Per mesi si era registrata mentre cantava per poi confrontare la sua voce con quella dei suoi vecchi dischi. In questo modo sperava di capire cosa non andasse e perché non riusciva più a tenere gli acuti. Prima di rinunciare alle esibizioni in pubblico aveva suscitato più di uno scandalo, steccando nel bel mezzo delle arie. Era un continuo su e giù, ma ultimamente aveva l'impressione che il suo talento fosse in pieno declino. E dovendo rinunciare temporaneamente al tripudio del suo pubblico, si era fatta risucchiare dalla frenetica e dispendiosa vita del jet set internazionale, nella quale si sentiva come il naufrago Ulisse che per tornare a casa deve sopravvivere a un'infinità di avventure tanto edificanti quanto pericolose. La casa di Maria era il palcoscenico e, se voleva trovare la strada per tornarci, probabilmente doveva prima trasformarsi in un'antica eroina. E in effetti a volte aveva l'impressione che eseguire un'aria richiedesse uno sforzo sovrumano.

Ma Larry aveva ragione. Anche se in realtà aveva sempre desiderato essere una semplice casalinga che si prende cura del marito e del cane, era giunto il momento di tornare a cantare. Era l'unica arma contro la sua inquietudine e le preoccupazioni che segretamente la affliggevano. Ma non sapeva ancora né come doveva esercitare la voce per farla tornare ai livelli di un tempo, né se i suoi timori che Aristo potesse lasciarla fossero fondati o meno. E finché non faceva chiarezza su questo punto non si sarebbe confidata né con Larry né con nessun altro.

«Parliamone più tardi» lo pregò con un sorriso. «Con questo caldo non riesco ad affrontare argomenti seri.»

Come per sottolineare le sue parole, allungò una mano verso la pila di riviste che un cameriere aveva disposto vicino alla sua sdraio. Ne prese una a caso e iniziò a sfogliarla sorvolando i titoli, gli articoli e le foto che raccontavano delle imminenti nozze del principe ereditario di Svezia Harald con la borghese Sonja Haraldsen, o della separazione di Frank Sinatra e Mia Farrow, o della moda autunnale che avvolgeva il corpo magro della fotomodella inglese Twiggy. Niente di tutto questo la interessava. L'unica pagina a cui dedicò tutta la sua attenzione fu quella delle ricette. Il cibo era sempre stato un elemento di consolazione per lei, anche se ormai erano quindici anni che mangiava soprattutto con gli occhi, seguendo una dieta ferrea che le permetteva di mantenere la sua taglia da cerbiatto. In pratica al suo stomaco era toccata la stessa sorte del suo cuore in quel periodo: non gli venivano concesse che le briciole.

* * *

Sulle pagine della rivista *Annabella* si posò un'ombra. Maria alzò lo sguardo e vide che Aristo si era avvicinato alla sua sdraio senza che lei se ne accorgesse. Alla vista del suo amante un sorriso le illuminò il volto.

Aristotele Onassis non ricambiò il sorriso. Nonostante tutto, Maria non riusciva a sottrarsi al suo fascino. Con il suo metro e sessantacinque di altezza non si poteva certo dire che fosse un uomo fisicamente imponente, ma il suo carisma superava quello di qualsiasi gigante. Anche da un punto di vista estetico non era bello in senso stretto, con le ombre scure sotto gli occhi, un naso importante e una bocca sensuale ma quasi troppo larga, eppure la personalità e l'ineguagliabile prestigio rendevano ai suoi occhi quell'uomo di sessantadue anni il più bello del mondo. Quanto lo amava. Era stato il primo e l'unico a saper distinguere la sua persona dalla sua voce, a saper vedere Maria senza la Callas. *Ti amo*, pensò. *Ora e per sempre.*

«Hai finito con le tue telefonate?» gli domandò allegra. Poi, senza aspettare la risposta peraltro scontata, aggiunse: «Perché non ti siedi qui con noi? Larry mi ha appena proposto...».

«Aspetto nuovi ospiti» disse l'armatore interrompendo il suo fiume di parole. Usò un tono formale, come se stesse concludendo un affare per una delle sue società armatrici o per la sua compagnia aerea, acquistando una nuova petroliera o un nuovo jet. «Tra una settimana devi lasciare la barca, Maria.» Non sembrava avere intenzione di prolungare quella conversazione, perché rimase in piedi. «Si tratta di una faccenda da uomini.»

Larry si tirò su sulla sdraio e Maria percepì il suo movimento pur senza metterlo a fuoco. L'amico espirò l'aria con un sibilo, ma con un suono così impercettibile che quasi si confondeva con il rumore delle onde che si infrangevano contro lo scafo della nave. Per un istante Maria pensò che dei delfini stessero giocando intorno al panfilo, perché il mare e il vento erano troppo quieti per provocare quel movimento. Ma a quello sopperiva l'ordine di Aristo.

Per la verità, in passato era già successo che Maria lasciasse il *Christina* perché il suo ruolo di amante non si conciliava con la morale di qualche ospite al quale Aristo teneva in modo particolare. Per esempio nel caso dell'ex primo ministro inglese Winston Churchill e sua moglie. L'anziana coppia sarebbe rimasta talmente offesa da quella relazione extraconiugale, che la donna che di solito rivestiva il ruolo più importante a bordo aveva saggiamente lasciato la nave prima del loro arrivo, nonostante fosse ormai a tutti gli effetti la padrona di casa. Maria aveva fatto coincidere la sua assenza con alcuni impegni di lavoro e si era dimostrata piuttosto comprensiva nei confronti della morale un po' obsoleta di Churchill, che in quello yacht di lusso vedeva ancora la nave da guerra che nel 1944 aveva partecipato allo sbarco in Normandia degli Alleati. Certo, Aristo nel frattempo l'aveva trasformata in una specie di reggia galleggiante, ma un importante uomo di Stato come lui era capace di vedere al di là dell'eleganza del nuovo allestimento. Ma Winston Churchill era morto da tre anni e mezzo, la vita privata e professionale di Maria era cambiata e nella sua testa si insinuò lentamente il dubbio che il desiderio di Aristo non avesse niente a che fare con la morale.

«Come, scusa?» gli domandò.

«Vorrei che te ne andassi la settimana prossima» spiegò Aristo. «Torna a casa, Maria.»

Maria non sapeva se era più arrabbiata per il fatto di essere cacciata dal panfilo, di dover terminare prima le sue vacanze estive o di dover tornare in Francia in un periodo in cui era ancora tutto chiuso. Nessuno sano di mente passava il mese di agosto a Parigi, di certo nessun parigino. A meno che non si trattasse di una donna abbandonata che non sapeva dove altro andare…

Sentì montarle dentro una sensazione di terrore. Panico, paura, rabbia. Comprensione. Ma anche insicurezza e disperazione. Sentiva pulsare nelle vene un miscuglio dei sentimenti più diversi.

«Ti raggiungo il mese prossimo» le assicurò lui con un tono diverso da prima, più dolce. «A settembre sarò da te a Parigi.»

A settembre la vita a Parigi avrebbe ripreso il suo corso normale, ma Maria dubitava che la stessa cosa sarebbe successa anche a lei e Aristo, per quanto lui sostenesse il contrario. In un attimo le fu chiaro come la luce del sole il motivo per cui doveva andarsene e chi avrebbe preso il suo posto su quella nave. Era come un *déjà-vu*, il ripetersi di una scena che a suo tempo forse non aveva saputo capire ma che stavolta la fece vacillare per la consapevolezza della pericolosa minaccia che incombeva sul loro amore. Qualunque cosa Aristo le stesse promettendo, lei non gli credeva.

Sentì le lacrime salirle agli occhi, ma le inghiottì, scavallò le gambe con gesto teatrale e si alzò. La rivista cadde a terra, le pagine aperte frusciarono al vento.

Maria superava Aristo in altezza di una mezza spanna e per la prima volta da quando era iniziata la loro relazione si sentì grata per quella differenza. Lo guardò dall'alto in basso.

«Ti odio!» sibilò.

Il cuore le batteva all'impazzata, sembrava urlare il contrario di quanto aveva appena detto la sua voce: *Ti amo!*

«Maria...» iniziò a dire Aristo.

Maria scappò via, furiosa con se stessa, con lui, con la sua collezione di trofei e con l'altra donna che sarebbe venuta. Non era più in grado di sopportare lo sguardo di Aristo, né la vicinanza di Larry o la presenza sul ponte dei membri dell'equipaggio. La grande Callas rischiava di cadere in un buco nero sotto gli occhi di tutti. Non poteva lasciare che accadesse. Non aveva mai confuso l'amore con l'orgoglio, ma qui si trattava della perdita della sua dignità, il che andava ben oltre ogni possibile umiliazione.

Voleva stare da sola e lasciare libero sfogo alle lacrime.

* * *

La camera da letto di Onassis e Maria a bordo del *Christina* era più lussuosa di qualsiasi suite presidenziale di un Grand Hotel. Non si era badato a spese né per i mobili veneziani decorati a mano con motivi floreali, né per le pareti tappezzate di seta verde acquamarina e decorate con specchi veneziani e icone bizantine. Le rubinetterie del bagno rivestito in marmo giallo di Siena erano d'oro e ovunque il lusso regnava sovrano. L'appartamento di quattro stanze del *Christina* era – dopo l'appartamento di Parigi – la seconda casa di Maria e non mancava del suo tocco personale: su una credenza avevano trovato posto le sue foto, e c'erano anche un giradischi, un registratore e una pila di riviste dalle quali amava staccare e conservare le pagine con le ricette. I suoi gioielli attendevano in cassaforte di essere indossati per una festa esclusiva e negli armadi della zona guardaroba stavano appesi abiti adatti a ogni occasione. Quel piccolo mondo racchiudeva tutte e tre le sue anime: la Mary sradicata di un tempo che cantava l'amore, la grande Callas in ansia per la sua carriera e la greca tradizionalista Maria che quando non calcava i palcoscenici amava interpretare il ruolo della perfetta donna di casa e ospitare i soci in affari del suo amante e i loro illustri amici comuni. E adesso Aristo voleva che nel giro di qualche giorno sgomberasse tutto questo per far spazio a un'altra donna. Sì, forse era solo per un po' di tempo, ma faceva male da morire.

Sebbene lui non ne avesse mai fatto menzione, nei mesi precedenti a Maria erano giunte delle voci circa una possibile infatuazione di Aristo per Jacqueline Kennedy. All'inizio si era rifiutata di dare credito ai pettegolezzi e aveva chiuso gli occhi di fronte a quella minaccia. Anche quando a metà maggio, dopo la loro annuale crociera nei Caraibi, Aristo l'aveva fatta scendere dal *Christina* al porto di Saint Thomas, aveva voluto credere alle sue parole: «Ti conviene volare a casa facendo scalo a New York. Vorrei risparmiarti la traversata verso l'Europa. Diciassette giorni di vento e mare sono noiosi per te. Ci vediamo a Parigi.» Quanto aveva desiderato che dicesse la verità. Ma dopo non molto le era giunta la notizia, attraverso le chiacchiere di cosiddetti amici e i giornali scandalistici: Aristotele Onassis stava facendo una crociera nei Caraibi in compagnia della vedova del presidente americano.

Non esistevano foto di Aristo e della sua nuova conquista che dimostrassero la natura romantica di quel viaggio per mare, ma la ex first lady era la donna più famosa del mondo e attirava molte attenzioni su di sé. L'attentato a John F. Kennedy, cinque anni prima, aveva declassato Maria al secondo posto della gerarchia, scatenando dentro di lei un'invidia e una gelosia raramente provate in precedenza. Non sapeva nemmeno lei cosa la turbasse di più: se il fatto che la vedova del presidente fosse di sei anni più giovane, effettivamente un po' più elegante e anch'essa trasformata nel frattempo in un'icona di stile, oppure il fatto che l'uomo al quale sentiva di appartenere pur senza un certificato di matrimonio non si facesse scrupoli a prendersi ciò che voleva.

Ci vediamo a Parigi. Ti raggiungo.

Il suo tono dolce le riecheggiava ancora nella mente, mentre sprofondava il volto bagnato di lacrime nel cuscino di piume del suo grande letto alla francese.

In realtà era disposta a perdonare qualsiasi cosa all'uomo che amava. Anche un'altra relazione. Ma non era temprata al punto di non provare alcun disagio a saperlo con una donna che vedeva come una vera minaccia perché alla sua altezza, se non superiore.

Quando, all'inizio dell'estate, non era più riuscita a ignorare i pettegolezzi, Maria aveva iniziato a stare sempre peggio. Si era sentita vuota e indifesa come mai prima di allora. Non solo Aristo la tradiva, ma Maria non poteva neanche compensare quell'assenza con il suo pubblico. Gli applausi non erano che un'eco lontana, un ricordo del passato, come forse anche il suo amore. Quel silenzio le aveva spezzato il cuore più di ogni altra cosa. Forse era proprio questa la nota più dolorosa di quell'infedeltà, il fatto che al momento non aveva la sua arte a rendere più sopportabile il tradimento. La sua vita era tutt'uno con la vita di lui e da quando aveva smesso di cantare sentiva di non avere più niente che le appartenesse davvero. L'idea di trascorrere il mese di agosto a Parigi, con la maggior parte dei negozi e delle finestre chiusi perché gli abitanti e i commercianti erano in vacanza, e senza poter riempire quel periodo vuoto con gli esercizi vocali, le prove e la frenesia che precede le esibizioni era una prospettiva che la spaventava a morte e che forse era ancora peggio dell'immagine di Jackie Kennedy che continuava a tormentarla.

Dei leggeri colpi alla porta interruppero il flusso di pensieri e di lacrime che l'aveva travolta. Tese l'orecchio, il cuore in attesa.

Era venuto a scusarsi. A implorarla di rimanere a bordo.

Ma non avrebbe accettato tanto facilmente le sue scuse, nonostante lo desiderasse con tutta se stessa. Quella vittoria voleva assaporarla per intero.

Si tirò a sedere sul letto, si asciugò le guance e prese gli occhiali dal comodino.

«Vattene!» gridò con la voce di un animale ferito, che in realtà non chiede altro che un po' di vicinanza.

Bussarono di nuovo. Poi una voce: «Sono io. Larry».

Ebbe un tuffo al cuore. Cominciò a tremare in tutto il corpo quando realizzò che a chiedere di entrare non era affatto Aristo venuto a chiederle perdono, ma il suo vecchio amico. Probabilmente Larry voleva consolarla e di certo le parole di conforto e la lealtà di un amico erano proprio ciò di cui aveva bisogno in quel momento. Ma era troppo scossa per la cocente delusione seguita al breve attimo di speranza. Aprì istintivamente la bocca per mandarlo via...

«Mary, ti prego! Fammi entrare. Voglio parlarti.»

Quel nome, con il quale era stata registrata all'anagrafe di New York quarantacinque anni prima, sortì l'effetto sperato. Non lo avrebbe mandato via. Forse anche perché non aveva usato il nome con cui la chiamavano Aristo e il resto del mondo. In effetti, in quel momento si sentiva proprio come Mary, la bambina bisognosa di protezione. Aveva passato quasi tutta la sua infanzia a subire i progetti e i rimproveri della sua ambiziosa madre e di certo non si era mai sentita protetta. Magari da suo padre, qualche volta, ma era raro che avesse del tempo per lei. Adesso però dietro quella porta c'era Lawrence Kelly, l'amico sul quale poteva fare sicuramente maggior affidamento che sui due uomini che amava più di chiunque altro. Lui non era né George Kalogeropoulos, né Aristotele Onassis, ed era lì per lei.

Così alla fine si alzò, strinse la cintura dell'accappatoio che si era buttata sopra il bikini, attraversò la suite e aprì la porta.

Larry allargò le braccia ed entrò, chiudendosi subito la porta alle spalle con il piede. La strinse a sé, facendola sentire piccola e vulnerabile nonostante fosse più alta di lui.

«Mi dispiace tanto» disse, tenendola stretta. Maria inspirò il suo profumo, un misto di dopobarba, aria di mare e crema solare. «Non meriti di essere trattata così.»

Questo era certo. Annuì in silenzio e appoggiò la fronte sulla sua spalla coperta dal morbido cotone della maglietta.

«Non permetterò più che ti umili in questo modo.»

Larry era sicuramente animato dalle migliori intenzioni, eppure Maria sentiva che qualcosa dentro di lei si ribellava a quelle parole di conforto e che nel profondo del suo cuore provava il bisogno di contraddirle. Non voleva che parlasse male di Aristo, perché nonostante tutto credeva ancora troppo nel loro amore.

Ma prima che avesse il tempo di obiettare qualcosa, Larry proseguì, in tono dolce ma fermo: «Credimi, tornerai a essere quella di un tempo. Mi prenderò cura io di te, non preoccuparti».

L'accenno di Larry alla sua voce le fece perdere completamente le staffe, dandole una prospettiva diversa della questione. All'improvviso gli ospiti misteriosi che Aristo voleva accogliere senza di lei al suo fianco le sembrarono un dettaglio trascurabile. Il suo corpo fu scosso da un tremito convulso di pianto. «La mia carriera è finita» singhiozzò.

«No, no» ribatté Larry, carezzandole i capelli con la dolcezza di cui solo gli uomini liberi dall'attrazione sessuale per una donna sono capaci. «Andrà tutto bene. Tornando alla tua routine di esercizio e preparandoti per le esibizioni giuste, ti sentirai subito meglio. Il tuo pubblico americano ti aspetta, ti reclama e ti riporterà al trionfo a cui eri abituata. Te l'ho detto anche prima.»

Sentendo la montatura degli occhiali premerle dolorosamente sul naso, Maria si sciolse dall'abbraccio e se li alzò sulla testa. Poi si passò le mani sugli occhi e sbatté le palpebre nel tentativo di ricacciare indietro le lacrime. La vista era annebbiata, ma nella mente vedeva tutto con improvvisa chiarezza.

«Pensi davvero che potrei tornare a esibirmi?»

«Tu sei la Callas» rispose lui ottimista. «La Diva Assoluta, la più grande cantante del nostro tempo. E hai ottenuto tutto questo con le tue sole forze. Neanche Ari Onassis potrà mai togliertelo.»

Probabilmente no, rifletté lei. Quel che era certo, era che accanto ad Aristo le sue esigenze erano cambiate. Ma l'insistenza con cui Larry le ricordava la sua posizione nel mondo dell'opera lirica fece vibrare dentro di lei una corda che era rimasta muta per molto tempo: lei era la Divina e nessuno poteva contenderle quel titolo, né su un palco, né tanto meno sul ponte di uno yacht. Aristo credeva di poterla scacciare dal suo paradiso galleggiante? Ebbene, si sarebbe scontrato con gli effetti della mela avvelenata che le aveva offerto. Lei non se ne sarebbe andata come voleva lui. Lei avrebbe... Già, che cosa avrebbe fatto?

Neanche le avesse letto nel pensiero, Larry disse: «Tu adesso prendi le tue cose e voli in America, dove tornerai a mietere successi. Fidati dei tuoi amici, Mary!».

L'idea di tornare alla ribalta per punire Aristo le piacque. Avrebbe riconquistato il suo straordinario posto nel mondo, confinando così la sua rivale in secondo piano. E lui avrebbe capito di aver fatto un errore. Un passo falso. A quel punto, l'altra non avrebbe avuto niente più di lei.

Nella mente di Maria si insinuò un sottile dubbio: il fattore tempo giocava a suo sfavore. Esercitare la voce e organizzare una tournée negli Stati Uniti richiedeva molto più tempo di una crociera tra le isole greche, e anche di un'estate solitaria a Parigi. Ma poi scacciò quei dubbi con un gesto della mano.

Se Aristo voleva liberarsi di lei, non sarebbe certo rimasta sulla sua nave e avrebbe fatto buon viso a cattivo gioco. Non si sarebbe fatta pregare, stavolta non si sarebbe piegata al suo volere.

Inspirò profondamente, come quando si esibiva in una delle sue grandi interpretazioni, e poi disse con voce grave e solenne: «Farò in modo che un aliscafo ci porti oggi stesso sulla terraferma. O preferisci prendere l'elicottero fino all'aeroporto più vicino?».

Per un attimo Larry rimase interdetto, poi il suo volto si illuminò.

Maria sorrise, nonostante non fosse affatto convinta come voleva far credere. Ma quel sorriso la caricò di ottimismo. Era tornata a essere la Diva. La primadonna. Era la star, la cantante più famosa del mondo, proprio come quando aveva incontrato Aristo per la prima volta, a Venezia. Non era cambiato niente. Persino i suoi crucci artistici erano gli stessi, perché già all'epoca si era trovata a combattere con i primi problemi alla voce. Quella volta era stata in grado di superarli, si era ripresa, e stando alle parole di Larry era a un passo dal riuscirci di nuovo.

* * *

Mezz'ora dopo il passaggio nascosto che collegava la camera da letto al guardaroba si aprì. Stavolta non bussarono. Con gesto brusco, Onassis spalancò la porta ed entrò, veniva dalla cabina di comando che si trovava proprio lì dietro. Non appena vide cosa stava facendo Maria, restò immobile.

Era intenta a raccogliere le sue cose e a mettere insieme qualche abito, lo stretto indispensabile. Sul letto era posata una borsa Valextra aperta, di morbida pelle blu scura, in grado di contenere il necessario per un fine settimana al massimo. Era un regalo di Aristo, che aveva lo stesso modello. Maria faceva avanti e indietro dal guardaroba alla borsa, buttandoci dentro le cose alla rinfusa. Normalmente se ne sarebbe occupata una delle domestiche, ma in quel caso non c'era tempo da perdere. Tentò di non far caso all'intruso, nonostante morisse dalla voglia di osservarlo con attenzione per leggergli i pensieri sul volto.

Probabilmente nel frattempo aveva saputo dal capitano Zigomalas che Maria voleva andarsene. Era evidente che non era andato lì a mendicare e a pregarla di rimanere a bordo. Forse era arrabbiato per le conclusioni che Maria aveva tratto circa la "faccenda da uomini".

«E questo cosa significa?» domandò tagliente.

Maria si strinse nelle spalle, resistendo alla tentazione di guardarlo. «Lo vedi da te» replicò sgarbata. «Me ne vado.»

«Perché?»

Sembrava sinceramente sorpreso. Nonostante quella domanda potesse essere l'indizio dell'innocuità dei suoi futuri ospiti, Maria decise di non cadere più nella trappola. Ripensò alle parole di incoraggiamento di Larry, che l'avevano aiutata a trattenersi dall'impulso di riappacificarsi il prima possibile con Aristo. «Vuoi davvero che ti risponda?»

«Ho invitato degli amici con cui voglio restare solo per qualche giorno.» Si passò una mano tra i capelli corti e ingrigiti. «Niente di importante. Perché te la prendi tanto?»

Maria strinse le labbra, scosse la testa e afferrò uno

scialle di seta accartocciandolo tra le mani come se si trattasse di Aristo stesso.

«Rimani un altro paio di giorni.» Le sue parole non suonavano come una supplica. Non era una richiesta, ma un ordine. Poi aggiunse, con voce più dolce: «Ti calmerai e...».

«No» sibilò lei. «No, non lo farò!»

Aristo rimase senza parole e si mise a camminare su e giù per la stanza, dissimulando il suo nervosismo proprio come aveva fatto lei poco prima. Non era semplicemente irritato, combatteva una vera guerra con se stesso nel tentativo di contenere la rabbia che gli stava montando dentro. A un tratto si fermò davanti a lei, in posa vagamente minacciosa. «Ti ho detto che ci rivedremo a Parigi. E così sarà.»

Lo scialle era ancora appoggiato sulla borsa e Maria accarezzò la stoffa in un gesto quasi malinconico, come se stesse accarezzando teneramente la pelle del suo amato. D'improvviso strinse il tessuto e lo appallottolò di nuovo nella mano.

«No» ripeté furiosa, guardandolo dritto negli occhi. «Noi non ci rivedremo più da nessuna parte. Non mi incontrerai più, in nessun luogo del mondo. Non tu.»

Poi gli lanciò quella palla di pura seta sul petto, con un gesto teatrale da diva. Come sul palcoscenico. La Callas aveva vinto la mano.

Per un attimo temette che Aristo rispondesse a quel suo gesto violento, per quanto innocuo, con uno dello stesso tenore. Vide una scintilla attraversargli gli occhi, il pugno stringersi. Dentro di lui infuriava una violenta battaglia, questo era evidente.

Lei non tornò sui propri passi.

Aristo si voltò senza reagire e uscì in fretta dalla stanza, calpestando lo scialle. La porta si richiuse sbattendo dietro di lui.

Non aveva ceduto, non aveva abbassato la testa. Una battaglia vinta. Ma a che prezzo?

Finì di fare i bagagli con movimenti meno rapidi di prima.

Solo una volta sbarcata si ricordò di aver dimenticato lo scialle accanto al letto, dopo che Aristo aveva lasciato la stanza. Era andata via da lui così in fretta che aveva anche dimenticato i suoi gioielli nella cassaforte. Pazienza. Non poteva più voltarsi indietro. Doveva guardare avanti. In quel momento non le importava di cosa sarebbe stato delle sue cose, il suo cuore infranto le sembrava più prezioso di qualsiasi altro oggetto sulla terra.

4

Parigi, agosto 1968

Di tutte le arie importanti che aveva cantato, le parole che Maria non riusciva a togliersi dalla mente erano quelle di Amelia nel *Ballo in maschera* di Giuseppe Verdi: «Che ti resta, mio povero cor» mormorava tra sé anche adesso, camminando avanti e indietro per l'appartamento. «Che ti resta, perduto l'amor...?»

Dalle casse dello stereo nel suo studio usciva l'eco della sua stessa voce. Era la registrazione di una serata alla Scala di Milano di undici anni prima. Si stava dedicando a quel ruolo, la prima volta che aveva conosciuto Aristo. Ma non era per questo che Amelia era così presente in quella sua prima notte solitaria a Parigi, quanto perché la vicenda di Amelia era una storia di amore, di tradimento, di gelosia, di inganno e di vendetta.

Maria si domandò se in fondo non trattassero di questi temi un po' tutte le opere. Al centro della trama c'era sempre un amore perduto e quasi tutte finivano con la morte della protagonista. Maria era bruciata viva innumerevoli volte nei panni di Norma, Violetta nella *Traviata* muore di tubercolosi, Lucia di Lammermoor impazzisce, nel ruolo di Tosca si era già buttata più di trenta volte giù dalle mura di Castel Sant'Angelo e nei panni di Medea si era piantata nel petto il pugnale di scena. Solo Amelia sopravviveva alla morte del suo amato. *Strano*, pensò Maria. *Perché proprio lei sopravvive al suo dolore?*

Maria si fermò davanti allo stereo, voleva stoppare il disco ma la mano le rimase sospesa a mezz'aria. Accarezzò con lo sguardo quella stanza in cui la sua anima si sentiva a casa, come a cercare un consiglio sul da farsi. Ma anziché trovare una risposta immaginaria, il suo sguardo si posò sulle fotografie nelle cornici d'argento disposte sul camino rivestito in marmo. Una foto di lei da bambina, qualche immagine della sua bellissima sorella Iakinthi, di sei anni più grande di lei, foto con amici e con Aristo a bordo del *Christina*. Sopra, incorniciati e appesi alla parete, i riconoscimenti ottenuti nel corso della sua carriera.

Ricordi dei suoi genitori non ce n'erano. Sua madre aveva amato Iakinthi e sfruttato Mary, spremendola come un limone per soddisfare la propria vanità e finanziare la propria dissipatezza. Evangelia aveva persino pubblicato un libro, una sorta di pamphlet sull'ingratitudine della figlia, sempre per soldi. Ma Maria aveva bandito anche il padre, quando la sua lunga relazione con Alexandra Papajohn lo aveva portato a scegliere lei a discapito della propria famiglia. Il suo amore per l'altra donna era sopravvissuto a ogni crisi, persino all'avversione delle figlie del precedente matrimonio. E proprio in questo stava la differenza tra George e Alexandra, e Aristo e Maria: nonostante gli sforzi di Maria per ingraziarsi Alexander e la piccola Christina Onassis, anche i due figli di Aristotele e Tina erano tutt'altro che entusiasti della nuova donna nella vita del padre. Aveva fallito in quello proprio come aveva fallito nel tenere insieme la relazione con Aristo. Almeno suo padre – con grande costernazione di Maria – a un certo punto aveva sposato la sua amante, mentre Onassis non si era mai deciso a portarla all'altare. Spense lo stereo con un movimento così brusco che lo fece scivolare indietro sul ripiano di un paio di centimetri. La sua voce, che fino a un istante prima aveva riempito la stanza infondendole una certa consolazione, tacque a metà di un'aria. Il silenzio la avvolse. D'istinto, tese l'orecchio nel tentativo di captare qualche rumore, ma a quell'ora nemmeno il solito brusio del traffico sull'Avenue Georges-Mandel riusciva a oltrepassare i doppi vetri delle grandi finestre del civico 36. Era piena notte, e persino Parigi dormiva. Anche lei sarebbe dovuta andare finalmente a letto.

Lasciò lo studio senza spegnere la lampada. In camera da letto fu accolta da una luce soffusa. Bruna Lupoli, la sua governante da anni, le aveva preparato ogni comodità per quella sera: il lenzuolo tirato giù, la valigia disfatta e il contenuto messo a lavare o appeso nell'armadio in buste di cellophane separate, come voleva lei. A Maria piaceva avere una casa in ordine, dove ogni cosa aveva il suo posto. Come il grosso koala di peluche che vegliava sul suo sonno dalla poltrona vicino al letto rococò riccamente intagliato e decorato da tralci di fiori. Certo non poteva aspettarsi alcuna sorveglianza da parte del suo barboncino, che russava beato nella cesta e al suo ingresso nella stanza non aveva neanche sollevato la testa. I mobili in stile rococò – il letto, il secretaire, il tavolino e la sedia – erano una delle pochissime cose rimastele dal suo matrimonio con Meneghini, un delizioso sogno di fanciulla color albicocca. Due anni prima, quando si era trasferita in quella dimora, si era portata dietro la sua camera da letto.

In realtà lei avrebbe preferito una casa in campagna, la villa di Sirmione le piaceva molto, ma Aristo aveva ritenuto che una sistemazione cittadina sarebbe stata più pratica e le aveva comprato quell'appartamento. Ovviamente Maria avrebbe potuto pagarselo anche da sola, ma lui aveva insistito per regalarglielo. Forse nel farlo aveva voluto prendere una decisione importante circa il loro futuro. Per molto tempo Maria era stata convinta che Aristo avesse optato per quella posizione nel raffinato XVI arrondissement perché si trovava a meno di un chilometro e mezzo dalla sua abitazione all'88 di Avenue Foch, ma adesso, a pensarci bene, il quarto d'ora buono di cammino in direzione nord ovest per le belle strade di Chaillot rappresentava comunque una distanza considerevole. Sicuramente troppa per un rapporto di vicinato, che magari un giorno avrebbe trasformato l'amore in amicizia. Di certo la lontananza tra i due appartamenti escludeva la possibilità di incontri fortuiti.

Da quando aveva lasciato la Grecia, il dolore per la separazione non l'aveva mai abbandonata, anzi: a tratti si acuiva, anziché indebolirsi. Era in piedi in mezzo alla sua camera da letto, impietrita dalla consapevolezza che lei e Aristo non si sarebbero mai più visti. Era finita. Il loro amore si era sgretolato e il suo cuore era infranto. La fortuna l'aveva abbandonata, la sua vita era distrutta.

Tremava dalla testa ai piedi, quasi non fosse un'afosa serata d'agosto a Parigi ma una di quelle gelide notti d'inverno senza riscaldamento trascorse ad Atene durante l'occupazione italiana e tedesca in tempo di guerra. All'epoca con il canto era riuscita a guadagnare qualche comodità per sua madre e sua sorella: del cibo migliore o dei soldi da spendere al mercato nero dove vendevano, tra le altre cose, anche combustibili. A soli diciotto anni aveva cantato la *Tosca* al Teatro Nazionale greco. Una studentessa del conservatorio di Atene ancora bruttina e maldestra, come si sentiva lei, ma benedetta da una voce versatile, dotata di talento per la recitazione e da una grande disciplina. A ripensarci adesso, le sembrava di provare di nuovo la spossatezza che l'aveva colta dopo l'esibizione sul palco della sala del Cinema Palais, dove si era ritirata la compagnia durante la guerra, e riusciva a sentire l'applauso del suo pubblico. Ma la cosa che più le era rimasta nella memoria era l'invidia dei colleghi e delle colleghe. Fin dal primo momento il successo di Maria si era trasformato nel suo lato più vulnerabile. Aveva dovuto rinunciare a così tanto per ottenerlo, aveva dovuto sacrificargli la sua infanzia e la sua giovinezza, eppure erano in pochi a vedere la fatica dietro alle sue esibizioni perfette e a capire lo sforzo fisico e mentale al quale doveva sottoporsi. La gente le invidiava gli applausi senza capire che nell'arte il talento da solo non basta a essere migliori di tanti altri. Maria non si era mai spiegata il motivo per cui le persone parlassero di lei alle sue spalle o si dimostrassero scostanti quando lei era stata gentile.

Ripensò a tutte le notti insonni che avevano seguito le sue esibizioni, perché la scarica di adrenalina che provava sempre tra l'attacco dell'aria e l'applauso la teneva sveglia e le impediva di recuperare in fretta dopo ogni spettacolo. Per decenni si era sentita una macchina del canto. Prima era stata spinta da sua madre, poi da suo marito, fin quando nella sua vita non era entrato Aristo, l'unica persona a lei vicina che non si interessasse alla sua arte, o comunque molto meno rispetto alla donna che la incarnava. Lui era stato il primo uomo che le aveva dato qualcosa senza prendersi niente in cambio. Aristo, che l'aveva cacciata per passare qualche giorno con un'altra donna. Aristo, per il quale la Callas non era abbastanza. Per il quale Maria non era abbastanza.

Si passò una mano sul volto. Il silenzio la faceva impazzire. Quella minacciosa quiete notturna sembrava ordinarle di porre fine a quella terribile giornata e di andare a dormire. Ma lei aveva paura dei pensieri che l'avrebbero assalita non appena avesse chiuso gli occhi, aveva paura dei suoi incubi. L'unico antidoto erano le pillole. Doveva prendere delle pillole per dormire, quelle l'avrebbero aiutata.

In bagno teneva un armadietto con i farmaci che assumeva regolarmente. In verità la stanza da bagno era un po' come il suo *boudoir*: uno spazio enorme e rivestito di marmo rosa chiaro, con le pareti tappezzate di specchi e arredato con un divanetto, delle piante ricadenti e un giradischi. Entrando, fu accolta dal profumo di gelsomino, dolce e seducente. Era il profumo di Skorpios. Ma non la fragranza di mughetto del "Myrto", il profumo usato dalla maggior parte delle donne greche anziane. Aristo adorava il gelsomino e ne aveva fatto arrivare una varietà dall'Asia Minore apposta per piantarlo sulla sua isola. A volte, di sera, la brezza marina portava con sé quel profumo fino al *Christina*, quando era ormeggiato al largo delle sue spiagge. In ricordo di quei momenti di profonda intimità, Maria aveva fatto mettere quelle piante anche nel proprio bagno, insieme alle rubinetterie d'oro uguali a quelle della suite Itaca.

Ancora Aristo, ovunque. Maria sentì che non c'era più vita per lei, senza quell'uomo.

5

Parigi, 19 dicembre 1958

Una morsa di terrore le attanagliò la gola, lasciandole un sapore amaro in bocca. Era solo una sensazione, eppure Maria la percepiva così distintamente da avvertire un bruciore allo stomaco. Dalla violenta infreddatura con la quale era tornata in Italia da Edimburgo, nel settembre dell'anno precedente, e lo scandalo costruito dalla stampa inglese sul suo rifiuto di aggiungere una data in Scozia, i suoi problemi non avevano fatto che aumentare in modo vertiginoso. La sua voce la tradiva sempre più spesso, si sentiva braccata dai paparazzi in costante attesa di coglierla in fallo e – cosa peggiore di tutte – l'affetto del suo pubblico cominciava a calare.

Quello che stava per concludersi non era stato certo un anno positivo, a partire dall'annullamento della sua *Norma* il 2 gennaio a Roma, continuando a essere indisposta in primavera alla Scala e arrivando al culmine con la cancellazione dei suoi impegni da parte del direttore del Metropolitan Opera House di New York, nemmeno tre mesi prima. In fin dei conti, i suoi dissapori con la nuova dirigenza, la delusione dei suoi fan e le critiche negative della stampa derivavano tutti dal fatto che, nonostante i farmaci, non fosse stata in grado di portare a termine una rappresentazione. Ma la Callas non aveva forse il diritto di ammalarsi? Non poteva avere un momento di debolezza come tutti i comuni mortali? A quanto pareva, no. La gente, che nel frattempo la venerava come una dea, si aspettava da lei una salute di ferro e una perfezione costante. Non per niente, la Diva Assoluta era una dea. E la dirigenza non tollerava disdette, forse per non dover rinunciare ai propri introiti, o forse – motivazione più accettabile – per paura di deludere il pubblico del suo teatro. Ad aprile Antonio Ghiringhelli, temendo che la Callas suscitasse l'ira del pubblico facendo fiasco nel ruolo di Anna Bolena, aveva richiesto la presenza dei carabinieri per proteggere la Scala. Alla fine era riuscita a intonare correttamente tutte le note, ma ciò non tolse che l'atmosfera della serata era stata rovinata, anche solo per l'inconsueta presenza delle forze dell'ordine in un momento in cui non si dovrebbe pensare ad altro che a celebrare la musica.

Oggi sarà diverso, si disse per l'ennesima volta. Lanciò un'occhiata irrequieta allo specchio, ma per arrivare alla propria immagine riflessa dovette allungare il collo per superare i molti mazzi di fiori che avevano iniziato a riempire la sua suite all'Hotel Ritz come stelle in un cielo mediterraneo. Tutto il mondo le augurava buona fortuna per il gala all'Opéra Garnier. Eppure Maria aveva l'impressione che ognuna di quelle rose non facesse che aumentare il suo nervosismo. Non sapeva dietro a quali riverenze si nascondessero i critici più feroci, sapeva solo che erano lì fuori e che la aspettavano al varco. Le aspettative su di lei erano alte. Non solo quelle del pubblico, ma anche le proprie.

«La *Radiodiffusion-télévision française* prevede di avere un milione di spettatori e ascoltatori per la trasmissione in diretta del tuo concerto» disse Battista Meneghini passando in rassegna i biglietti di accompagnamento ai molti mazzi di fiori. Poi, come se la presenza di radio e TV non fosse motivo sufficiente di agitazione per Maria, aggiunse: «Grazie all'Eurovisione, al giorno d'oggi è possibile mettere in onda il concerto nello stesso istante in cui si svolge. In fin dei conti, è pur sempre uno spettacolo di beneficenza in onore della Legione straniera e inaugurato dal presidente francese. È giusto che radio e TV si diano da fare.»

Maria intravide l'ombra del marito nello specchio e si sorprese a desiderare che non fosse lì o che quanto meno tenesse la bocca chiusa. Non gli rispose, tentò di ignorare la sua presenza e di concentrarsi sull'esibizione imminente. Quello era il suo debutto a Parigi, nonché il concerto più sensazionale che l'Europa vedeva dalla fine della guerra. Meneghini non si stancava mai di ribadirle l'importanza dell'evento. Ne lodava l'organizzazione e soprattutto tornava spesso a calcolarne il valore economico: a partire dal suo straordinario compenso di cinque milioni di franchi, che alla fine avrebbe donato in beneficenza, ai quasi duemiladuecento biglietti venduti in un batter d'occhio a 35.000 franchi l'uno e fino a 300.000 franchi a palco. Si trattava di cifre da capogiro, era difficile immaginare una serata più prestigiosa di quella.

«Ci sarà il presidente francese Coty» insistette Meneghini. «Ma questo l'ho già detto. Invece ho menzionato il fatto che saranno presenti anche il duca e la duchessa di Windsor? Ti ascolteranno i Rothschild, Charles Chaplin da Hollywood, la Begum Aga Khan, il signore e la signora Onassis...»

Maria serrò le labbra per non mettersi a urlare. Doveva controllarsi per preservare la voce. Nel giro di poco sarebbero passati a prenderla per portarla al trucco e la voce l'aveva già scaldata ore prima.

Mentre il marito continuava imperterrito a sciorinarle la lista degli invitati illustri, Maria passò mentalmente in rassegna le arie del suo programma. Avrebbe iniziato con "Casta Diva" da *Norma* di Vincenzo Bellini, per poi passare al *Barbiere di Siviglia* di Rossini e, prima dell'intervallo, un brano dal secondo atto del *Trovatore* di Verdi, mentre tutta la seconda parte era dedicata alla sua *Tosca*...

A un tratto tese l'orecchio e si voltò verso il marito. «Come hai detto?»

«Che vuoi dire?» domandò Meneghini ricominciando a ordinare i biglietti allegati agli omaggi floreali. *Come un giocatore d'azzardo che studia le sue carte*, pensò Maria. All'improvviso a Meneghini sembrò tornare in mente qualcosa e ripeté, con un sorriso tirato: «Ho detto che se ognuno dei tuoi fan ti mandasse tre mazzi in un solo giorno, saremmo costretti ad affittare un magazzino».

«Tre?» Maria a quel punto era tutta orecchie e nonostante si fosse ripromessa di risparmiare la voce, domandò: «Chi farebbe una cosa del genere?».

Meneghini si avvicinò alla toeletta dove stava seduta Maria, tenendo i biglietti a ventaglio come se fosse davvero a un tavolo da gioco. «A giudicare dalla dimensione dei bouquet e dall'alfabeto greco che usa, deduco che si tratti di Aristotele Onassis. O mi sbaglio?»

Maria lanciò una breve occhiata alla calligrafia e annuì. Si costrinse a non strappare i biglietti di mano a Meneghini, perché più si dimostrava interessata a Onassis e più lo avrebbe incuriosito.

Ma la verità era che non vedeva l'ora di leggerli. Maria non aveva avuto occasione di rivedere l'armatore una volta concluso il soggiorno a Venezia, nel settembre dell'anno prima. Dopo il loro primo incontro al ballo di Elsa Maxwell, lei, Meneghini, Ari Onassis e sua moglie erano diventati una specie di quartetto fisso. Avevano passeggiato per le calli, avevano preso il sole al Lido, bevuto al Harry's Bar, curiosato tra il pescato del giorno al mercato e sfrecciato per i canali sul motoscafo di Onassis. Era stata una settimana piacevole, al termine della quale le loro strade erano tornate a dividersi. Una convivenza leggera e superficiale, niente su cui basare – o addirittura forzare – un'amicizia profonda. Eppure Maria aveva ripensato spesso a Onassis. Lo aveva sentito vicino, era tornata a percepire il legame tra i loro percorsi di vita, che da alcuni punti di vista erano molto simili e avevano forgiato il loro sguardo sul mondo allo stesso modo. Non per ultimo, considerava una particolare coincidenza che fossero entrambi greci sradicati dal proprio Paese.

Meneghini posò un biglietto sul tavolo, davanti a

Maria. «Cosa scrive? Questo accompagnava il mazzo arrivato stamattina.»

«Con i migliori auguri da Aristotele Onassis» lesse lei.

Meneghini posò il secondo biglietto accanto al primo. «Questo accompagnava un mazzo identico arrivato all'ora di pranzo.»

«Oh!» Quando ebbe decifrato di nuovo la scrittura, le sfuggì una risatina divertita: «Con i migliori auguri da Aristotele Onassis».

«E poco fa è arrivato un terzo mazzo accompagnato da questo biglietto. Il bouquet è identico ai due precedenti.»

Maria sgranò gli occhi. Stavolta non lesse subito a voce alta la frase in greco di Onassis. «Che romantico!» le sfuggì.

«Cosa?»

Con un sorriso che si allargava a ogni parola e le riempiva il cuore di una gioia inusuale, spiegò al marito: «Mi manda di nuovo i suoi migliori auguri, ma stavolta senza firma. Dà per scontato che io sappia da chi provengono e mi sembra una cosa romantica.»

«Davvero?» Meneghini sembrò confuso, poi scoppiò a ridere sollevato. «Be', se fosse stato Ali Khan a farti avere tre mazzi di fiori con biglietti misteriosi avrei dovuto preoccuparmi, ma con Onassis non è necessario. Basta dare un'occhiata alla sua giovane moglie. Tu non puoi certo competere con lei.»

A Maria si spense il sorriso sulle labbra. «Neanche con Rita Hayworth, se è per questo» si arrabbiò, chiamando in causa la meravigliosa star del cinema che era stata sposata con il figlio dell'Aga Khan.

«Certo, certo» mormorò Battista, che era già altrove con i suoi pensieri. Poi le domandò: «Te l'ho già detto che solo il programma di sala costa duemila franchi? Ovviamente la realizzazione parte da una mia idea...».

Quando si accorse che Maria stava ancora fissando i biglietti, interruppe quello che stava dicendo e chiese: «Non trovi che sia uno spreco di soldi, nonché segno di scarsa fantasia, mandare tre volte lo stesso mazzo?». Ma non sembrava aspettare una risposta alla sua domanda, perché una volta fatta si limitò ad allontanarsi scuotendo la testa.

Maria tacque – e non solo per preservare la voce.

* * *

Accolse l'applauso con umiltà e riconoscenza. Era sulla lunga guida al centro del palco. Dietro di lei c'era l'ampia scalinata dalla quale era appena scesa, alla sua destra e alla sua sinistra il coro. Si nutrì dell'affetto del suo pubblico come un'ape del nettare. La mano sinistra posata sul cuore che batteva forte, a reggere la stola che le copriva le spalle. Chinò la testa con gesto regale. Del resto, i pesanti orecchini di diamanti non le permettevano movimenti esuberanti. I pendenti e il collier che indossava, del valore complessivo di un milione di dollari, erano un prestito del gioielliere Van Cleef & Arpels e rispecchiavano al contempo l'importanza della sua persona e il carattere maestoso della serata. Un ornamento scintillante pensato per la trasmissione televisiva. Peccato solo che gli spettatori incollati agli schermi di tutta Europa non vedessero i colori e dunque percepissero il suo abito da sera straordinariamente semplice come grigio, quando in realtà era di un rosso mozzafiato.

Durante l'esecuzione della *Marsigliese* era rimasta dietro le quinte, dove brulicava di *neri*, termine con il quale non si designavano persone con un determinato colore della pelle, bensì tutti quei preziosi collaboratori che rendevano possibile la realizzazione di uno spettacolo e che la regola voleva vestiti di colori scuri. Maria aveva avuto l'impressione che in occasione della trasmissione radio e TV già solo il numero di collaboratori del direttore di scena fosse raddoppiato. In effetti, quella "Grande Nuit de l'Opéra" era un evento senza precedenti, cosa che non faceva che aumentare la sua ansia da palcoscenico. In camerino aveva provato a raccogliersi, a concentrarsi, ma poi era stata assalita dalla rabbia.

Le era caduto l'occhio sul corposo programma di sala. Pesava almeno mezzo chilo e probabilmente valeva tutti i duemila franchi che gli spettatori dovevano sborsare per averlo. Sfogliandolo, Maria si era soffermata sulla sua foto: il ritratto le piaceva, ma la didascalia di accompagnamento non riportava come al solito, in grassetto:

Maria Callas

A quanto pareva Meneghini, che rivendicava la paternità della serata e che aveva voluto avere voce in capitolo su ogni dettaglio, aveva preteso che comparisse con un altro nome:

Maria Meneghini Callas

Aveva ribattezzato la donna più famosa del mondo. Lei era la Callas. Non la Meneghini. E nemmeno la Meneghini Callas.

Come aveva potuto suo marito mettere in risalto il proprio cognome? E prima di quello più celebre di sua moglie, per giunta? Si trattava di una cosa assolutamente insolita, tanto più che in Italia una donna manteneva comunque il proprio nome da nubile, che fosse una commessa o una diva della lirica. Ad aprile sarebbero stati dieci anni che Maria Callas e Battista Meneghini si erano sposati a Verona secondo le normative italiane, per cui nei documenti lei risultava Maria Callas, sposata Meneghini. Il suo nome professionale, così come il suo nome d'arte, era Callas. A che scopo suo marito aveva ignorato la legge e l'uso comune, senza neanche consultarsi prima con lei?

Quella che doveva essere una rapida occhiata al programma di sala si trasformò in un accesso di rabbia. Maria si sentiva stretta in una morsa, come se avesse un cobra avvinghiato intorno al collo. Un serpente con il volto di suo marito.

Meneghini la considerava una sua proprietà e questo atteggiamento la faceva arrabbiare ormai da tempo. Maria sapeva di dovergli essere grata per aver sostenuto la propria carriera in un momento in cui ne aveva avuto un gran bisogno, e fin tanto che il palcoscenico era stato la ragione di vita di entrambi aveva funzionato anche il matrimonio, perché a tenerli uniti era stato il lavoro attorno alla costruzione del suo successo. In realtà, Maria aveva pensato spesso che il suo amore fosse solo per l'opera, anche se nel tempo si era sviluppato tra di loro un senso di rispetto, amicizia e stima sfociati poi in un affetto profondo. Adesso, però, si chiese se Meneghini l'avrebbe amata anche dopo che avesse perso la voce che arricchiva il loro conto comune di cachet milionari. Lui aveva trent'anni più di lei, apparteneva alla generazione di suo padre. Anche Battista un bel giorno l'avrebbe tradita come aveva fatto George? *Alla fin fine si riduce sempre tutto a una questione di soldi*, pensò sentendosi sopraffare dall'amarezza.

Ma c'era anche da considerare la sua voce, il suo percorso come cantante. E l'amore che provava mentre cantava. Maria riprese il controllo di sé. Avrebbe rimandato quei ragionamenti a più tardi. Non era il momento di rimuginarci sopra, né tanto meno di chiedere spiegazioni a Meneghini. *Concentrati sull'esibizione*, si disse, *e prega la Madonna che ti vengano gli acuti.*

Il suo sguardo scivolò sull'immagine della Vergine col Bambino che portava sempre con sé. Il quadro era stato appeso sul letto nella villa di Sirmione, poi l'aveva seguita nella residenza di Milano e ora viaggiava insieme a lei da un teatro all'altro. Anche stavolta era appeso al muro del suo camerino adorno di fiori del prestigioso Opéra Garnier. Rivolse una breve preghiera al cielo, prima di concentrarsi con tutta se stessa sull'esibizione.

E adesso si trovava su quel palco, sotto la luce dei riflettori e nel mirino delle telecamere, esposta allo sguardo critico del pubblico, in attesa che gli applausi si attenuassero e Georges Sébastian, il direttore d'orchestra, sollevasse la bacchetta.

Sentiva il cuore batterle forte nel petto. Posò la mano destra su quella sinistra, affondando le dita nella stoffa della stola. Si concentrò sul proprio respiro e sulla musica. E alla fine rimase solo la musica, a cui pensare.

* * *

La pioggia batteva incessante sulle finestre del camerino. «Hanno sfidato tutti questo tempo orribile per venire a sentirti» disse Meneghini. «Persino il presidente della Repubblica francese. C'era davvero. E come lui anche tutte le altre personalità di spicco. È incredibile che nessuno abbia voluto perdere l'occasione di presenziare a questa serata. Un gruppo scelto di quattrocentocinquanta parigini ha pagato altri 15.000 franchi per il banchetto. Incredibile, non trovi? Ti stanno aspettando nel Grand Foyer.»

Sulla sua bravura, sulla sua esibizione, nemmeno una parola.

La prima parte del concerto era stata straordinaria e l'atto dedicato alla *Tosca* dopo l'intervallo un vero e proprio trionfo. Maria si era sentita immensamente sollevata quando era riapparsa davanti alle quinte vicino ai suoi colleghi, il tenore Albert Lance e il baritono Tito Gobbi. Aveva stretto loro le mani, si era inchinata e non si era limitata a prendersi l'applauso scrosciante, aveva letteralmente assorbito l'entusiasmo del pubblico. Persino il presidente René Coty, nel palco d'onore, si era alzato in piedi, cosa di cui Maria non si era accorta per via della sua miopia e dei riflettori puntati addosso, ma che le era stata sussurrata all'orecchio in una breve pausa tra un inchino e l'altro. L'intera sala si era alzata in piedi. Il pubblico aveva reso omaggio alla Diva in uno tra i maggiori teatri d'opera del mondo. E lei non era mai stata così raggiante.

Ma una volta rientrata nel camerino la sensazione di gioia era svanita. Maria aveva percepito quasi fisicamente la sua lenta discesa dal proverbiale settimo cielo. La sintesi che Meneghini aveva dato della serata forse era corretta, ma a lei era sembrata così fredda che aveva sentito la pelle rabbrividire sotto le maniche dell'abito color champagne indossato per la cena di gala che seguiva il concerto. La stola orlata di zibellino che teneva sul braccio le sembrò a un tratto incredibilmente pesante. Osservò il corpulento marito e si sorprese a chiedersi quando era successo che Battista Meneghini rinunciasse alla sua benevola gentilezza per trasformarla nella causticità di un taccagno. Quando aveva smesso di essere un amante della sua voce che sprizzava affidabilità e sicurezza da tutti i pori? L'uomo al quale lei aveva affidato volentieri la propria vita? *È la mia guardia carceraria*, pensò.

«Parli solo di soldi» lo aggredì senza tanti preamboli. La sua voce era arrochita dallo sforzo dell'esibizione. «Per caso ti interessa anche come sto?»

Meneghini le rivolse uno sguardo perplesso. «E perché dovrei parlarne? Lo vedo che sei in forma come non mai.»

«E questo cosa sarebbe?» rispose lei prendendo il pesante programma di sala dal tavolo della sua toeletta e scagliandolo ai suoi piedi, dove cadde con un tonfo sordo.

«Una brochure da duemila franchi» rispose sorpreso.

«Lì dentro ho letto che stasera canta Maria Meneghini Callas. E chi sarebbe? Nessuno conosce Maria Meneghini!»

Lui scosse la testa perplesso, poi si chinò a raccogliere il volume, un movimento che non risultò particolarmente adatto al suo fisico strizzato nel frac. «Ma certo, tutto il mondo ti conosce» la rassicurò rialzandosi. «Come ti viene in mente di dubitare della tua celebrità?»

«È la Callas a essere famosa, non Maria Meneghini!»

«Ecco» mormorò lui senza lasciare intendere cosa volesse dire con quella parola. Maria immaginò che avesse appena intuito il motivo della sua collera.

Tacque, in attesa di una risposta più esaustiva. Ma Meneghini si limitò a osservarla senza aggiungere altro.

Quando quel silenzio le divenne insopportabile, domandò tagliente: «Vuoi forse affibbiarmi un nuovo pseudonimo?».

«Tu sei mia moglie» rispose asciutto lui.

«Ma non mi chiamo Maria Meneghini. Io sono Maria Callas!»

Lui sospirò, rigirò il programma di sala che teneva tra le mani, fece scivolare lo sguardo dal volume a Maria. «Dato che siamo in Francia, pensavo fosse opportuno che tu usassi il nome di tuo marito come la maggior parte delle francesi.»

«Che sciocchezza. In questo Paese molte donne usano il nome del marito nella vita quotidiana, ma da un punto di vista legale mantengono il loro cognome da nubili anche dopo il matrimonio.» Durante l'intervallo, Maria aveva approfittato dell'assenza di Meneghini per chiedere delucidazioni su questo argomento alle truccatrici, tra un'incipriata al naso, una sistemata alle ciglia finte e una rinfrescata al rossetto. La sua voce si alzò di un altro mezzo tono, quando aggiunse: «Non c'è alcun motivo valido dietro a questa tua iniziativa, Battista».

«E da quando in qua ti interessano questi dettagli?» ribatté lui, dimostrando di aver semplicemente seguito le proprie idee, qualunque fosse lo scopo di quel cambio di nome. «Finora sei sempre stata soddisfatta di come andavano le cose, mia primadonna. Dopo questa serata hai definitivamente raggiunto l'Olimpo. Dunque cosa vuoi che cambi un nome?» Adesso la guardava di nuovo con la gentilezza e l'amore di un tempo, anche se Maria si chiese se non fosse solo un trucco per rabbonirla.

«La Diva Assoluta è la Callas» sibilò. «Non la Meneghini, né tanto meno la Meneghini Callas. Ricordatelo. Una volta per tutte.»

6

Parigi, agosto 1968

«Madame…»

La voce raggiunse Maria come da dietro una fitta coltre di nebbia, quasi incomprensibile e stranamente ovattata. Non riusciva neanche a distinguere se fosse la voce di un uomo o di una donna. A dirla tutta, non riusciva a riflettere. Non riusciva proprio a pensare. E sentiva anche poco. Era come intrappolata nel suo sonno, che la attirava in un vortice e le dava la sensazione di avere la testa sott'acqua.

Si sentiva come Ulisse che tenta di navigare tra Scilla e Cariddi. Le navi che finivano risucchiate da uno o dall'altro mostro del mare erano perdute. Neanche Poseidone poteva far nulla per il loro equipaggio…

Sono perduta come i compagni di Ulisse, pensò Maria.

Strano. In quel momento le venne in mente che in realtà Ulisse era sopravvissuto all'incontro con Scilla e Cariddi, durante le sue peregrinazioni. Non si era forse tenuto a un albero di fico per scampare alla morte?

«Madame…»

I suoi muscoli erano come paralizzati. Non riusciva a muoversi. Quando ci provò, si rese conto che neanche i muscoli facciali rispondevano più ai suoi comandi. Persino le corde vocali erano bloccate, la lingua intorpidita. Non riusciva a parlare.

«Oh, mio Dio, madame...»

L'acqua sopra la sua testa si fece meno profonda. Riuscì a capire che si trattava della voce concitata di una donna. Sapeva di conoscerla, ma non riusciva a inquadrarla.

«Madame... Dio mio! Maria! Si svegli!»

E perché avrebbe dovuto? In fin dei conti intorno a lei non c'era nessun albero di fico a cui tenersi.

7

New York, luglio 1929

«Mary! Svegliati!»

La voce di sua madre riecheggiava stridula. Doveva aver perso la pazienza. Come quasi sempre, del resto. Da quando Mary aveva origliato una conversazione tra i suoi genitori e li aveva sentiti dire che sarebbe stato meglio se avessero avuto un maschio, pensava di aver capito il motivo per cui sua madre era molto più severa e brusca con lei che con sua sorella Iakinthi. Per la sua *mamá* lei era stata una delusione fin dal momento in cui era venuta al mondo. Non era un nuovo Vassili, qualcuno che potesse risarcirla della morte prematura del figlioletto di appena tre anni. Poi, quando la piccola Mary aveva appena sei anni, era stato chiaro che da un punto di vista estetico sarebbe stata notevolmente inferiore alla primogenita dodicenne di Evangelia e George Kalogeropoulos. Mary era robusta, grassottella, scura come il padre, e non sarebbe mai stata elegante come il ramo materno della famiglia, che peraltro conosceva solo per sentito dire. La famiglia Dimitriadis viveva ad Atene, un luogo che a Mary sembrava bello come la Città di Smeraldo del *Mago di Oz* e lontano come la luna. Quasi quanto la Florida, dove Mary aveva da poco passato una bellissima vacanza insieme alla madre e alla sorella.

Erano state ospiti di una cugina che viveva in una villa a Tarpon Springs. Iakinthi aveva spiegato a Mary che quella cittadina costiera affacciata sul Golfo del Messico era la patria dei pescatori subacquei di spugne, anche loro immigrati greci ma, a differenza della loro famiglia, originari delle isole egee, dove il commercio delle spugne da bagno risaliva ai tempi antichi. Mary era rimasta impressionata dalla storia dei pescatori di spugne, ma più di ogni altra cosa l'aveva affascinata il paesaggio, con le sue spiagge sassose punteggiate di palme e le onde che si infrangevano senza posa sulla riva. Lì la madre non passava tutto il suo tempo a sorvegliarle e bacchettarle, per cui avevano avuto occasione di giocare anche con altri bambini, cosa che a New York era impossibile. Mary era felice. Una volta tornati a Hell's Kitchen, il quartiere in cui il loro padre gestiva da poco una farmacia tutta sua, sarebbero state di nuovo solo lei e Iakinthi, la sorella che amava sopra ogni altra cosa al mondo.

«Sarò sincero con voi, signore e signora Kalogeropoulos» disse una voce che a Mary non pareva di conoscere. «Se vostra figlia non dovesse tornare cosciente nel giro di poco tempo, temo di non poter fare più molto per lei. A dodici giorni dall'incidente le mie possibilità come medico sono molto esigue.»

Pian piano Mary iniziò a capire che era successo qualcosa di grave. Davvero la voce di sua madre era così stridula per la preoccupazione? Preoccupazione per lei, per Maria Anna Sofia Cecilia, la sua figlia più giovane che tutti chiamavano Mary? Impossibile!

Ricordò di aver implorato i genitori di poter andare a prendere Iakinthi a scuola. All'asilo quel giorno le avevano insegnato una nuova filastrocca e voleva assolutamente recitargliela. In fin dei conti, la sorella maggiore le leggeva spesso a voce alta e grazie alla sua rapidità nell'apprendere, Mary imparava subito a memoria i testi delle poesie o delle canzoni. Stava quindi camminando sul marciapiede per mano ai suoi genitori, quando aveva visto Iakinthi dall'altra parte della strada...

La scena si cristallizzò nella sua mente come una fotografia impossibile da spostare. Come le immagini del matrimonio dei suoi genitori e dei vecchi tempi passati in Grecia, appese sopra il loro letto accanto alle ghirlande nuziali e a un'icona. Mary non aveva il permesso di toccare le cornici, per non rischiare di spostarle o addirittura farle cadere. *Mamá* aveva sempre di queste paure, quando si trattava dei suoi ricordi. E adesso temeva anche per lei, la sua figlia minore. La sensazione che questa cosa le suscitava era inedita, ma gradevole. Anche se non capiva il motivo per cui sua madre si preoccupasse tanto.

«Mary!» strillò. «Svegliati, una buona volta!»

Avrebbe voluto dirle che ormai non dormiva più. Provò a muovere la mandibola, ma in quello stesso istante sentì un dolore lancinante attraversarle il corpo, irraggiandosi dalla testa fino alle punta dei piedi. All'improvviso sentì dolore dappertutto.

«Mary!» Evangelia urlava sempre più forte.

«Signora Kalogeropoulos, la prego!» la rimproverò lo sconosciuto e Mary fu molto colpita dal fatto che qualcuno osasse contraddire la sua severa mamma. «Capisco la sua agitazione, ma qui siamo in un ospedale. Devo chiederle di calmarsi. Oltretutto urlare addosso a Mary non la aiuterà in alcun modo.»

«Callas» intervenne finalmente il padre. «Signora Callas, non più signora Kalogeropoulos.» Evangelia alzò gli occhi al cielo, ma George continuò imperterrito: «Ho semplificato i nostri nomi greci. C'è una nuova legge che lo prevede. Nostra figlia adesso si chiama Maria Callas.»

Un nuovo nome. Emozionante. Se si chiamava come una vera americana, forse non sarebbe più stata educata con le ferree regole greche e magari avrebbe potuto muoversi liberamente come le bambine di lì, che tanto invidiava. Il suo nuovo nome aveva un suono inconsueto, ma ci si sarebbe senz'altro abituata.

Maria Callas.

Mary aprì gli occhi.

8

Parigi, agosto 1968

Quel fischio era sgradevole, sebbene avesse un ritmo regolare simile al metronomo, solo più limpido. Era un suono che non si addiceva al sogno in cui Maria era ancora intrappolata, nonostante fosse pienamente consapevole che la sua permanenza al Saint Elizabeth's Hospital di New York risalisse a un lontano passato. Eppure si vedeva ancora distesa nel grande letto d'ospedale, circondata da suore premurose e da un medico gentile che la chiamava Lucky Mary. Sua madre, con una punta di rimprovero nella voce, le aveva spiegato che era stata priva di conoscenza per dodici giorni. Come aveva potuto farle una cosa simile? Evangelia si era preoccupata davvero, ma probabilmente più per se stessa che per la figlia. Ripensando oggi all'incidente che a cinque anni e mezzo le era quasi costato la vita, Maria si rendeva conto che per sua madre era stato un capriccio a spingere la figlioletta a lasciarle la mano per correre incontro alla sorella dall'altra parte della strada, facendosi investire da una macchina che arrivava a tutta velocità. Ma forse aveva solo calcolato male i tempi, come capita spesso ai bambini. Maria non lo sapeva. Finora era venuta a conoscere quella parte della storia solo dai racconti, mentre la sua memoria si fermava al momento in cui era corsa via.

Ma oggi… Cosa significava? Nello stato di dormiveglia in cui si trovava, non riusciva a mettere ordine tra i pensieri. Non aveva la più pallida idea di cosa significasse "oggi", non avrebbe saputo dire né il giorno della settimana né una data, neanche approssimativa. Quel suono disarmonico, poi, di certo non la aiutava. Il suo ritmo non si adattava a nessuna grande aria, o almeno Maria non ricordava di aver mai cantato un'opera con quella tonalità. Pian piano sentì affiorare la consapevolezza di non salire su un palcoscenico da tanti anni. Quanto tempo era passato dall'ultima volta? Se le fosse venuto in mente, le sarebbe stato chiaro anche il significato della parola "oggi".

Il sogno si dissipava lentamente, anche se lei avrebbe desiderato dormire ancora. Era così stanca. Il letto non era del tutto comodo, come si stava rendendo conto in quel momento, e anche un po' troppo stretto, ma era disposta a passarci sopra.

Poi studiò con più attenzione lo strano giaciglio su cui si trovava. Sfiorò le lenzuola con una mano e sentì che erano di buona qualità, ma comunque inferiore a quelle cui era abituata. Tutto a un tratto la priorità non era più tanto scoprire che giorno fosse, quanto piuttosto dove accidenti fosse finita. Con la mano continuò ad accarezzare il cotone, appena un po' troppo ruvido.

«Finalmente» sospirò una voce maschile, in inglese.

Stranamente in quello stesso istante le tornò in mente che era volata da poco a Parigi. Ma allora perché sentiva parlare inglese e non francese? Era davvero tornata a essere la bambina ricoverata nella clinica di Manhattan? Eppure percepiva senza dubbio di trovarsi nel corpo di una donna adulta. Che fosse impazzita?

Sollevò lo sguardo spaventata.

Due occhi la fissavano premurosi da una testa calva. Erano gli occhi del suo amico Larry Kelly, che riconobbe subito. Ma non doveva essere a Roma? Si trovava forse anche lei in Italia?

«Bentornata alla vita.»

Maria si sentiva come schiacciata dal torpore, oltre ad avere un doloroso martellamento alle tempie e un senso di nausea. Tese la mano a Larry, operazione che risultò complicata dal tubicino della flebo attaccato al braccio. Aveva la gola irritata, per cui sentì un fastidioso raschiare quando sussurrò: «Dove sono?».

«La tua governante e il tuo maggiordomo ti hanno fatto portare all'American Hospital. Grazie a Dio ti hanno trovata in tempo. Sono stati così bravi da organizzare tutto al meglio. In questo ospedale il tuo ricovero non darà nell'occhio e sarai trattata con la massima discrezione.»

Quindi sono a Parigi, ne dedusse lei. Ancora sotto l'influsso del sogno, che non era scomparso del tutto dalla sua coscienza, domandò con la sua insolita voce graffiante: «Ho avuto un incidente?».

«Si potrebbe definirlo così.» Larry le strinse teneramente la mano. «Hai buttato giù qualche pillola di troppo.»

«Oh, mi succede di continuo» le sfuggì, senza riflettere. In fin dei conti, prendeva un sacco di farmaci e non si atteneva sempre scrupolosamente ai dosaggi. Fino a quel momento non aveva mai avuto problemi. O meglio... qualche anno prima le era già successo di trovarsi in difficoltà per lo stesso motivo. Per sbaglio aveva preso troppi sonniferi e alla fine Aristo aveva passato la notte a camminare su e giù per l'appartamento, tenendola stretta per assicurarsi che continuasse a muoversi e non si addormentasse. Le aveva salvato la vita. «Dov'è Aristo?»

«Chiamo l'infermiera» rispose Larry.

Tentò di sottrarsi alla sua stretta, ma lei non mollò la presa. Rimase stupita lei stessa della forza con cui riusciva a trattenerlo. «Aristo sa che sono all'ospedale?»

«No, Maria, non lo sa. O almeno nessuno lo ha avvisato, e finora siamo riusciti a evitare che la stampa scoprisse del tuo... incidente.»

Larry ricorse all'altra mano per sciogliersi dalla stretta di Maria. Si alzò dallo sgabello sul quale era seduto e chiamò un'infermiera. Alle sue spalle, Maria vide delle facciate anziché delle pareti, e porte aperte, alla destra del suo letto un paravento di lino bianco.

Dietro alle vetrate vide delle ombre scivolare in un'altra stanza immersa nella penombra. Nonostante l'ambiente facesse pensare all'ufficio di una compagnia di assicurazioni, a quanto pareva si trovava in un reparto ospedaliero. Era evidente che doveva essere gravemente ammalata. E Aristo non ne sapeva nulla!

Larry crede che ad Aristo non interessi quello che mi succede, pensò Maria osservando il suo amico. *Ma si sbaglia.*

«È meglio se glielo comunichi il prima possibile» disse con voce roca. «In caso alla fine trapeli qualcosa alla stampa, voglio che Aristo venga a sapere da fonti dirette cosa mi succede. Non vorrei che si preoccupasse.»

Io voglio che si preoccupi e che si precipiti al mio capezzale, pensava intanto.

La risposta di Larry fu interrotta dalla comparsa di un'infermiera all'incirca dell'età di Maria. Indossava una divisa candida e inamidata, e i boccoli castani costretti nella cuffia mostravano già le prime ciocche grigie. «Madame Callas» disse con la voce allo stesso tempo dolce e autoritaria delle governanti «è bello averla di nuovo tra noi.» Le prese il polso per misurarle il battito. «Vado a chiamare il dottore, in modo che possa visitarla» aggiunse, prima di scomparire.

«Se viene il dottore, è meglio che io vada.» Larry si chinò per posarle un bacio sulla guancia. «Torno domani, te lo prometto. Non mi perdonerò mai di averti messo sul volo per Parigi da sola.»

Era così gentile. Ma in quel momento le attenzioni di Larry non la interessavano. «Ti prego, avvisa Onassis» lo implorò. «Lui...»

«Maria... Mary...» Larry esitò, poi disse con voce talmente bassa che Maria dovette sforzarsi per sentirlo: «Me ne occupo io». Il tono flebile e la formula vaga che aveva scelto lasciavano supporre che non l'avrebbe fatto.

Maria era troppo stanca per insistere. Ma la consapevolezza che lasciare Aristo era stato uno sbaglio le trafiggeva il cuore come un pugnale. Sì, vedeva la scena perfettamente nitida davanti a sé: aveva lasciato Onassis proprio come aveva lasciato Meneghini a suo tempo. La Diva se n'era andata. Ma come avrebbe fatto a continuare a vivere senza il suo grande amore? Come avrebbe fatto a superare i giorni in cui Aristo non si sarebbe fatto vivo per implorarla di tornare?

Neanche le avesse letto nel pensiero, Larry iniziò a dire: «Ci ho pensato e credo che tu...». Ma non riuscì a proseguire, perché in quel momento varcarono la soglia due medici, oltre all'infermiera di prima e un'altra ancora.

«Madame Callas, è bello averla di nuovo tra noi» disse ripetendo le parole della sua collaboratrice il più anziano tra i due medici, che Maria ritenne essere il primario. «Mister Kelly, le dispiace lasciarci soli?»

Larry annuì e le diede qualche lieve e goffo colpetto sulla spalla, come se non riuscisse a separarsi da lei. «Non appena potrai lasciare l'ospedale, ce ne andremo insieme a New York.»

«Cosa?» Nonostante la fatica che le costava, Maria spalancò gli occhi.

«Ho sentito al telefono la tua amica Mary Mead, a Dallas. Anche lei pensa che la soluzione migliore sia che tu vada in America, per prendere un po' le distanze. Siamo tutti qui per te, Maria. E comunque mi pare sensato preparare direttamente lì le esibizioni di cui abbiamo discusso.»

Maria aveva quasi dimenticato la tournée americana. L'ago della flebo le pulsava nella vena come a dimostrarle la sua debolezza. Non sarebbe riuscita a metter su neanche una serata, figuriamoci una tournée. *Lucky Mary*. Quelle parole le suonavano sbagliate adesso come allora. Lei non era fortunata.

«Non credo che un volo oltreoceano sia la cosa più indicata» mormorò.

Larry fece un cenno al medico. «Lascia che sia il dottore a decidere cosa è meglio per la tua salute, poi vedremo. Torno domani.» Indietreggiò fino alla porta aperta con un sorriso fiducioso.

In quel momento, a Maria un viaggio in America sembrava una versione moderna dell'*Odissea* di Ulisse. Neanche la prospettiva del palcoscenico riusciva a tirarla su. L'unica cosa che voleva fare era tornare a casa e dormire. E aspettare che Aristo tornasse. Come Penelope, la moglie di Ulisse, che aveva aspettato il suo amato nello stesso posto per dieci anni. Quasi quanto era durata la storia tra lei e Aristo.

9

Londra, metà giugno 1959

Maria si rese conto che, oggettivamente, non era poi così difficile inviarle un messaggio senza che suo marito o chiunque altro del suo *entourage* se ne accorgesse. Non era necessario corrompere un inserviente dell'Hotel Savoy o affidarsi a un collaboratore del Covent Garden Opera House. Era sufficiente scriverle in greco. Passando dai canali ufficiali.

Certo, se osservava la cosa da un punto di vista femminile, Onassis avrebbe potuto darsi un po' più da fare. Il gigantesco mazzo di rose antiche di colore rosa e al massimo della fioritura era stato consegnato nella sua suite da un fattorino. Quando Meneghini le aveva chiesto chi lo mandasse, aveva risposto la verità con un moto di improvviso malumore: «Aristotele e Tina Onassis». Aveva omesso il testo del biglietto che accompagnava i fiori, che comunque poteva decifrare soltanto lei. Aristo aveva agito in nome della discrezione, ma la sua vanità richiedeva ben altro.

«Questi due stanno diventando delle vere e proprie sanguisughe» osservò Meneghini. «Ovviamente tutti i soldi di Onassis non basteranno mai ad attirare il lustro e le attenzioni che ottieni con le tue esibizioni. Per questo cerca la nostra vicinanza. Le continue telefonate e gli inviti a una crociera sul suo panfilo stanno oltrepassando i limiti dell'ostinazione e rasentando l'invadenza.»

Seppure a malincuore, Maria dovette dar ragione al marito. Quando a dicembre si erano rivisti al concerto di beneficenza a Parigi, Aristotele e Tina Onassis avevano rinnovato il loro invito, ma la confusione generale della serata li aveva dispensati dal dare una risposta. Tutti volevano congratularsi per la sua magnifica performance, sembrava che ognuno dei presenti cercasse la compagnia dell'ospite d'onore per risplendere del fulgore della Diva anche solo per qualche istante. Per cui non ci fu tempo per una conversazione dettagliata con Onassis. Stessa cosa era avvenuta al ballo organizzato in suo onore a maggio dalla figlia del direttore d'orchestra Arturo Toscanini, al quale aveva presenziato anche il magnate greco. Qualche settimana dopo era squillato il telefono nello studio della loro villa a Sirmione.

«Chiamo da Monte Carlo» spiegò Onassis con la sua voce intensa e profonda. «Tina e io stiamo facendo progetti per l'estate. Dovreste unirvi a noi per una crociera tra le isole greche e la costa turca. Sarà fantastico, vedrà.»

Non avrebbe potuto scegliere un momento più sbagliato. Certo, lui non poteva saperlo, ma Maria non fece niente per nascondere il disturbo che le aveva arrecato. Era intenta a studiare il libretto di *Medea* di Luigi Cherubini, un ruolo che cantava e interpretava da sei anni, ma che ogni volta necessitava della sua piena concentrazione e di molto esercizio. Il fatto che la governante le avesse passato una telefonata in quella delicata fase del suo lavoro era probabilmente da imputare al carisma dell'uomo più ricco del mondo.

Non con me, pensò Maria arrabbiata. *Non puoi trattarmi come se fossi la tua bambolina.*

«In questo momento non ho proprio la testa per pianificare un viaggio per mare» rispose senza troppa cortesia. «Sto per andare a Londra, dove mi aspetta un impegno importante.» Mentre diceva queste parole, le tornarono in mente i titoloni della stampa inglese di due anni prima.

Fino a quel momento era riuscita a scacciare quel ricordo, ma adesso si sovrapponeva a quello del suo primo incontro con Aristotele Onassis al ballo di Elsa Maxwell a Venezia. Tanto era doloroso il primo, tanto era piacevole la sensazione lasciatale dalla compagnia di Onassis.

Esitò per un istante, poi ripeté in tono più pacato: «In questo momento non sono in condizione di pensare a una crociera.»

«Dove si esibirà, a Londra?» domandò Onassis.

«Al Covent Garden. Canto *Medea*.»

Probabilmente non aveva mai sentito parlare di quell'opera, perché per un attimo rimase interdetto. Poi disse: «Comprerò due biglietti e darò un ricevimento in suo onore all'Hotel Dorchester, dopo l'esibizione. Spero che potremo contare sulla sua presenza».

Maria fu colta alla sprovvista. «Sì. Certo... Forse... Sì, voglio dire, ci sarò.»

Dal suono della sua voce, capì che Onassis stava sorridendo. «Allora verrò a prendermi una risposta a Londra» disse, e riattaccò senza aggiungere altro.

Maria rimase a fissare la cornetta, sbalordita. A quale risposta si riferiva? Aveva già acconsentito alla festa per la *première*. Le ci volle qualche altro respiro, per rendersi conto che parlava della crociera.

Quando all'Hotel Savoy, circa un mese dopo, lesse il biglietto che aveva in mano, capì subito a cosa si riferisse:

> Mi deve ancora una risposta.
> Quando potrò averla?

Per un magnifico istante si sentì lusingata. Ma subito dopo il disincanto prese il sopravvento. Cosa si aspettava Onassis da un *tête-à-tête*? Perché quella domanda non sembrava alludere a niente di diverso. Tutto sommato, non si stava comportando in modo già abbastanza invadente? Voleva crogiolarsi nel successo di Maria, anziché curare la sua amicizia? O era solo un ammiratore del suo talento, come tanti altri?

Sentì le guance arrossire, rendendosi conto che per un attimo aveva creduto ci fosse qualcosa di più. Che stupida era stata. Onassis era sposato, per di più con una donna giovane e bella. Certo, Tina non aveva preso proprio alla lettera il voto di fedeltà matrimoniale, come le aveva rivelato Elsa Maxwell in segreto, e un uomo greco non accettava di buon grado che gli venissero messe le corna; ma d'altro canto non l'avrebbe neanche lasciata andare, probabilmente l'avrebbe rinchiusa, piuttosto che lasciarla a un amante.

E comunque sono sposata anch'io, pensò Maria all'improvviso. Si spaventò all'idea che le fosse tornato in mente solo allora. Come se il solo pensiero di un flirt con Onassis le avesse fatto dimenticare il suo matrimonio.

Senza esitare un istante di più, strappò il biglietto in mille pezzi.

* * *

Da quando era arrivata, un'orda di fotografi si era accampata nella stradina che conduceva al Savoy. A volte, quando non aveva voglia di esporsi alla pioggia di flash, Maria scivolava via da una porta posteriore. Ma ormai era raro che si prendesse la briga di giocare a nascondino, perché la riconoscevano e fotografavano ovunque fosse, andando alle prove, al ristorante o in giro per compere da Marks & Spencer o Selfridges. Quel giorno aveva scelto deliberatamente di passare dall'ingresso principale, davanti al quale la aspettava una Rolls-Royce di proprietà di un membro della famiglia reale inglese. Il diluvio di flash la investì non appena ebbe oltrepassato la porta girevole.

Indossava un abito da viaggio verde chiaro e un cappellino di paglia con un'ampia tesa piegata verso l'interno. La *mise* ideale per un assolato fine settimana in campagna. Maria si mise in posa vicino all'auto, mentre l'autista le teneva aperta la portiera e Meneghini si faceva spazio tra la folla per raggiungere l'altro lato della macchina e sedersi sui sedili posteriori senza l'aiuto di nessuno. Maria sorrise paziente, perché sapeva quanto fosse importante il ruolo di una stampa favorevole e con foto accattivanti. Le immagini di una Diva infuriata dietro le quinte – come quelle che avevano seguito certe esibizioni nelle quali i suoi nervi avevano ceduto insieme alla voce – le lasciavano sempre un vago senso di colpa. Come una bambina sgridata dalla madre. Una cronaca negativa faceva una cattiva impressione anche sul suo pubblico. E questo lei lo sapeva bene.

Ma quel giorno splendeva il sole e anche se Maria non si era mai considerata bella in senso stretto, sapeva di avere un bell'aspetto ed era felice di essere stata invitata dai Conti di Harewood alla loro tenuta nel West Yorkshire. In realtà a così breve distanza dalla sua *première* della *Medea* londinese non avrebbe dovuto accettare inviti simili, ma in fin dei conti George Lascelles era il più importante promotore dell'opera lirica in Gran Bretagna, oltre che del calcio inglese. A Maria il cugino della regina piaceva, e non solo perché era un grande intenditore di opera, ma anche perché – in gran segreto – vi trovava una certa somiglianza con Gary Cooper. Senza contare il fatto che era una persona fascinosa e intelligente, e che era sposato con una fantastica pianista. Maria montò sull'auto che George Lascelles le aveva mandato con la prospettiva di passare due giorni piacevoli.

«Cosa c'è di più noioso di un fine settimana nella campagna inglese?» si lamentò Meneghini mentre la Rolls-Royce si metteva lentamente in marcia. «Cavalli, cani, giardini e pessimo cibo ne saranno gli elementi principali, e io non potrò partecipare ad alcuna conversazione.»

Le lamentele del marito la irritarono. Le stava rovinando la gioia per il fine settimana nel West Yorkshire, oltre a dare il *la* a una discussione che avevano già fatto più di una volta, in occasioni diverse. Maria frugò in borsa per cercare gli occhiali, se li mise e lanciò a Meneghini uno sguardo affilato. «Io non credo che da George Lascelles si discuta solo di cliché. È stato il direttore del Royal Opera House, come tu ben sai, e ha scritto un'importante guida all'opera lirica.» Ma Meneghini non si lasciò distogliere dai propri pregiudizi. «La lingua mondiale dell'opera è l'italiano, ma sono sicuro che gli altri ospiti di Lord Harewood parlino solo inglese.»

«Avresti potuto studiare le lingue» ribatté lei irritata. Si chinò in avanti e si mise a guardare fuori dal finestrino con aria dimostrativa. La macchina procedeva sul Victoria Embankment, lungo il Tamigi, regalando a Maria una meravigliosa vista sul fiume in quel radioso sabato mattina. Stava appena iniziando a rilassarsi un po', quando Meneghini ricominciò a lamentarsi: «Come faccio a occuparmi dei tuoi ingaggi, se non posso parlare con la gente?».

«Se non puoi più essere il mio manager» disse Maria voltandosi di scatto verso di lui e rivolgendogli un'occhiata furiosa «allora lascia perdere!»

«Non sei carina a dire così, dopo tutto quello che ho fatto per te» brontolò lui, distogliendo lo sguardo.

Dal suo finestrino si vedeva in lontananza la famosa

torre dell'orologio del Big Ben. Ma Maria era certa che Meneghini non si sarebbe soffermato a guardare i monumenti storici, durante il loro tragitto verso l'aeroporto.

* * *

Quando arrivarono a Heathrow, Maria si accorse con sorpresa che l'autista non li stava portando al solito terminal della prima classe, ma verso un hangar staccato dai padiglioni dell'aeroporto. «Dove stiamo andando?»

«Mister Onassis vi ha messo a disposizione il suo jet privato per il vostro viaggio a Leeds.»

«Oh!» Un accenno di sorriso le increspò le labbra. A quanto pareva, alla fine si era dato da fare per impressionarla. «E Mister Onassis volerà con noi verso Leeds?» domandò.

«No, Madame. Stando alle mie informazioni, a bordo ci sarete solo lei e Mister Meneghini.»

Il sorriso le si spense sulle labbra. Peccato. Con Ari Onassis il volo sarebbe stato senz'altro più piacevole che con suo marito, il quale dopo lo screzio di poco prima non era ancora tornato a rivolgerle la parola. Ma in quello stesso istante pensò che forse Onassis si trovava già a Harewood House e la stava aspettando. Avrebbe voluto chiedere all'autista se sapeva chi erano gli altri ospiti dei Conti, ma alla fine preferì tenere la domanda per sé.

* * *

Harewood House era un imponente edificio di pietra arenaria chiara con un colonnato all'ingresso e circondato da un prato all'inglese che sembrava tagliato a mano con le forbicine da unghie e innaffiato regolarmente con una vernice verde acceso. Il prato terminava in un'elegante piantagione di bossi e faggi, che a sua volta sfumava nel paesaggio collinare e boscoso sul quale si srotolava un cielo estivo azzurro pallido. Se Maria non avesse visto il parco con i suoi occhi, avrebbe scambiato quella vista per una cartolina ritoccata.

Meneghini sollevò il bavero dell'impermeabile. «Fa fresco. Questo vento freddo dell'Inghilterra del nord non va affatto bene per noi. Mi raccomando Maria, stai attenta a non prenderti un'infreddatura.»

Maria scosse la testa risentita. Quella brezza le sembrava più tiepida che fresca, e comunque molto piacevole. L'ampiezza del paesaggio le trasmetteva una sensazione di libertà che di solito le dava soltanto il mare. «Tu puoi andare a riposarti in casa, io vorrei fare una passeggiata.»

«Maria Callas!» George Lascelles scese a braccia aperte la scalinata esterna. Era seguito da sua moglie Marion, un'austriaca mora molto attraente. «Che gioia poterla salutare come nostra ospite d'onore.»

Maria scivolò immediatamente nel ruolo della Diva. Come sul palco, dove grazie al suo talento attoriale arricchiva i suoi ruoli di un certo non so che, anche adesso si calò nella parte di un'ospite raffinata e mondana. Dissimulando la sua timidezza entrò nel palazzo scortata dai padroni di casa, si fece mostrare gli arredi e la galleria di quadri, anche se non vide quasi niente perché nel frattempo si era tolta gli occhiali. Il conte la intrattenne con la storia della tenuta, che affondava le sue radici nel XVIII secolo, e le raccontò di come il suo predecessore dell'epoca avesse scelto di affidarne gli arredi a Thomas Chippendale, le cui creazioni erano ormai rare e avevano raggiunto prezzi da collezionismo. Maria ascoltava interessata, poneva qualche domanda al momento opportuno, ma tenne per sé l'unica cosa che voleva sapere davvero. Non chiese dei coniugi Onassis neanche quando Marion Stein Lascelles fece cadere l'argomento sugli altri ospiti che si stavano riunendo in giardino per un incontro di tennis o una partita a *pétanque*. Promise invece di raggiungerli non appena si fosse rinfrescata un po'.

«Faresti meglio a riposarti» la esortò Meneghini non appena si furono sistemati nelle camere da letto collegate da una porta comunicante e il personale si fu ritirato. Maria aveva chiesto alla domestica che voleva disfarle la valigia di tornare più tardi.

Posò il cappello sul letto a baldacchino ricoperto di broccato e velluto. «Ti ho già detto che voglio fare una passeggiata» sibilò. Si sarebbe unita ai giocatori di tennis o di bocce solo per scoprire chi fossero gli altri ospiti del fine settimana, non aveva alcuna intenzione di partecipare ai giochi. Ma questo non lo disse al marito, perché la irritava dover giustificare anche il desiderio di sgranchirsi le gambe dopo il viaggio.

«Considera che devi essere in perfetta forma per l'esibizione» rispose Meneghini col tono più del manager che teme qualche problema, che del marito premuroso. «Non puoi permetterti un'altra disdetta, creerebbe troppo scompiglio. La gente ha iniziato a mettersi in coda davanti al Royal Opera House tre giorni prima dell'inizio della vendita dei biglietti e nel giro di tre ore era tutto esaurito. Dovrai esserci al cento per cento per il tuo pubblico, glielo devi.»

«Continui a darmi l'impressione che io ti debba qualcosa» commentò lei. «Se sei stanco, riposati. Io sono perfettamente sveglia e voglio andare nel parco… da sola» precisò per scrupolo, temendo che Meneghini si proponesse per accompagnarla.

Il marito esitò. «Non trovo giusto che trascuri in questo modo la tua salute.»

«Adesso mi fai anche da tutore?» Essendo una domanda puramente retorica, aggiunse subito: «So io cosa è meglio per me».

«Lo spero» borbottò lui, ritirandosi. La porta si richiuse con un tonfo sordo.

Maria fece un respiro profondo. Non si era neanche accorta che stava trattenendo l'aria.

Si cambiò in un battibaleno nel timore che Meneghini ricomparisse per tentare di dissuaderla ancora dal fare la passeggiata. Per non perdere tempo ad acconciarsi di nuovo i capelli, si legò in testa uno scialle di seta che, come ebbe modo di verificare guardandosi allo specchio, le stava divinamente. L'ampia gonna del suo abito estivo giallo limone le svolazzava leggera attorno alle gambe, quasi fosse un simbolo della libertà, per quanto breve, appena conquistata. Si buttò una giacchina di maglia sulle spalle, infilò un paio di scarpe comode e lasciò la stanza.

Sulla terrazza incontrò Randolph Churchill, il figlio dell'ex primo ministro britannico. Churchill junior teneva in mano un bicchiere: era sicuramente pieno di whisky e di certo non era il primo della giornata. Notando la presenza di Maria, si alzò dalla poltrona di rattan dalla quale si stava godendo in tutta comodità la vista sul parco. «Maria Callas, la Divina! Lei porta lustro e vita in questa dimora. Lascelles ha invitato l'intero vicinato, ma sono tutti noiosi come solo la nobiltà terriera inglese sa essere. Sono onorato di vedere una persona speciale come lei.» Si inchinò, ondeggiando leggermente. Maria conosceva la sua lingua affilata, per cui si guardò bene dal porgli la domanda che più le premeva. «Dove sono gli altri?» domandò in un tono completamente neutro.

Lui agitò la mano con un tale impeto che un po' di whisky schizzò fuori dal bicchiere. «Da qualche parte nel parco. Ci si dedica alle attività sportive e intellettuali, si gioca a tennis o alle bocce. Le basterà seguire il rumore delle palle da tennis che rimbalzano o delle sfere metalliche che cozzano, per trovarli.» Detto questo, si lasciò ricadere sulla poltrona e stese le gambe, come se quella conversazione l'avesse sfiancato. Poi avvicinò una seconda poltroncina con il piede. «Ma non vuole sedersi qui con me?»

«Più tardi lo farò molto volentieri» gli rispose Maria

in tono cordiale, nonostante non fosse affatto attratta dall'idea di passare il suo tempo con un cinico ubriacone «ma in questo momento vorrei fare due passi.»

Churchill junior annuì. A quanto sembrava, aveva già perso interesse per lei, perché tornò subito a dedicarsi al suo whisky con le palpebre semiabbassate.

Maria si lasciò alle spalle le bordure barocche delle aiuole fiorite ai piedi della scalinata e si incamminò lentamente lungo un vialetto che si addentrava nel giardino all'inglese, con i suoi tipici praticelli, cespugli e muretti. All'ombra dei faggi faceva fresco e Maria si strinse nella giacchina che le copriva le spalle. Le indicazioni di Randolph Churchill si rivelarono utili: udì i tonfi sordi delle palline da tennis in lontananza e, un po' più vicino, il ticchettio di una sfera da *pétanque* e un'esclamazione di entusiasmo, seguita da un mormorio di ammirazione. Decise di imboccare il sentiero sabbioso da dove proveniva il rumore delle bocce. Le piaceva quel gioco, la sua pacatezza e precisione. Sfortunatamente era troppo conosciuta per frequentare i bocciofili di Sirmione, dato che la sua presenza suscitava sempre grande scalpore e riempiva l'atmosfera di tensione. Ma qui, in mezzo agli amici del Conte di Harewood, era diverso: certo, la Callas veniva comunque vista come una celebrità, ma erano tutti troppo consapevoli della propria posizione sociale per sentirsi in soggezione.

* * *

Maria trascorse le ore successive nella piacevolissima compagnia di una manciata di esponenti della nobiltà terriera che non trovò affatto noiosi come li avevano dipinti il figlio dell'ex primo ministro e suo marito. Lanciò le bocce, guardò le partite di tennis, rise e si divertì moltissimo. Né Tina né Aristotele Onassis figuravano tra le sue nuove conoscenze, ma era venuta a sapere che in serata era previsto l'arrivo di altri ospiti. Nessuno fece dei nomi e in quell'atmosfera allegra e rilassata Maria finì per dimenticare la sua curiosità segreta. In quel pomeriggio assolato e luminoso, con la brezza che faceva ondeggiare le punte del suo foulard e giocherellava con l'orlo della sua gonna, si sentì pervadere da un inedito senso di libertà. Per la prima volta dopo tanto tempo, Maria ebbe di nuovo la sensazione di essere, se non proprio se stessa, qualcosa di molto simile.

Quando rientrò nella sua suite, trovò la porta di collegamento con la camera di Meneghini aperta. Per un attimo osservò in silenzio il marito seduto allo scrittoio, intento a prendere degli appunti. Non si poteva certo definire un bell'uomo, era basso e corpulento, di ventisette anni più anziano di lei e comunque non si intonava particolarmente né all'*entourage* del nipote della regina inglese Mary, né alla cerchia di una star mondiale. Fino al matrimonio aveva vissuto con sua madre a Verona ed era sempre stato un solerte imprenditore edile e un appassionato frequentatore dell'opera.

Maria pensò che probabilmente non lo avrebbe risposato, ma era pur sempre vero che lui le aveva messo a disposizione un palcoscenico e la sicurezza affettiva in un momento in cui aveva un gran bisogno di entrambe le cose. Non doveva mettere in discussione il matrimonio solo perché lui non capiva il suo bisogno di cambiamento e di qualche banale svago come lo sport o il ballo. In ogni relazione c'erano divergenze come quella. Maria si armò di un bel sorriso e bussò alla cornice della porta.

Meneghini sollevò lo sguardo. «Ah, eccoti qua. Hai passato un pomeriggio gradevole?»

«Sì. Vorrei che fossi venuto con me per ammirare il parco.»

«Mi dispiace. Ero stanco. E poi non tollero molto questo clima» rispose lui dando un dimostrativo colpetto di tosse.

Maria si appoggiò alla parete e decise di ignorare quell'obiezione. «Sai, ho pensato che dovrei passare molto più tempo nella natura. Sono sfiancata da tutti questi incarichi e vorrei concedermi un po' più di tranquillità. Mi sono resa conto che anche solo qualche ora di relax in un contesto così bello mi ha fatto molto bene.»

«Non pensarci nemmeno. Devi continuare a esibirti come hai fatto finora» rispose Meneghini, dimostrando ben poco interesse verso le esigenze della moglie. «Devi guadagnare, se vuoi mantenere il tuo stile di vita, Maria.»

«Be', ho guadagnato talmente tanto in passato che...»

«Non è rimasto più niente» la interruppe lui.

«Come, scusa?»

«È stato speso tutto» ripeté lui serio.

Maria si sentì mancare la terra sotto i piedi. Raddrizzò

la schiena, cercò appiglio alla cornice della porta con la mano. Le sembrava che sul suo cuore gravasse tutto il peso di un temporale estivo. «E questo che significa?»

«Be', c'erano da saldare i debiti che avevo contratto investendo nel lancio della tua carriera. All'epoca, quando ancora non guadagnavi le cifre di oggi, abbiamo dovuto sostenere delle spese ingenti che andavano finanziate in qualche modo, non credi?»

Maria rivide davanti a sé la bambina che non possedeva giocattoli suoi perché il padre continuava a cacciarsi in guai finanziari e non poteva permettersi niente che rispondesse alle esigenze della figlia minore. E comunque, dal momento in cui la madre si era accorta del suo talento, aveva deciso che per la bambina prodigio il tempo dei giochi era finito. Aveva fatto tutto il possibile per trasformare Maria in una vera e propria macchina del canto, in grado di dimostrare il proprio talento a comando. Una costrizione che la perseguitava da tutta la vita. Adesso era il marito a rubarle il sogno di una maggiore tranquillità forzandola a cantare, cantare e cantare ancora.

A un tratto tutta la buona disposizione di poco prima scomparve, lasciando spazio solo alla rabbia: «Non è possibile. Dove sono i miei soldi? Dove sono spariti tutti i miei compensi?».

«Sul mio conto, naturalmente, come avevamo deciso insieme.» Meneghini sospirò. L'espressione del suo viso tradiva rammarico, ma anche perplessità. «Eravamo d'accordo che mi occupavo io della parte finanziaria del tuo lavoro. Era questo il nostro patto, Maria!» Il suo tono di voce, di solito così cordiale, aveva assunto una sfumatura stranamente minacciosa. Era rimasto seduto allo scrittoio, ma si era voltato verso di lei e la fissava con uno sguardo pungente. «Io agisco sempre e solo nel tuo interesse.»

Maria provò l'impulso di urlargli contro. Voleva solo dare sfogo alla sua rabbia, come faceva sempre quando c'era qualcosa che non le tornava. Ma poi serrò le mascelle. Tutto a un tratto le fu chiaro che il modo più intelligente di agire era mostrarsi comprensiva. Le sembrava di avere un angelo seduto sulla spalla che le infondeva la forza necessaria a prendere una decisione. Anziché assecondare il senso di panico e urlare addosso a Meneghini che da quel momento in poi avrebbe voluto essere più coinvolta nelle questioni finanziarie, passò mentalmente in rassegna i suoi prossimi incarichi con sorprendente freddezza. Dopo l'ingaggio a Londra sarebbe volata ad Amsterdam per l'Holland Festival e da lì in Belgio. Doveva fare in modo che i suoi cachet non finissero più in mano al marito. Doveva farsi venire in mente una soluzione per impedirgli di spendere i suoi soldi come più gli aggradava.

A un tratto Maria si rese conto che il suo silenzio lo stava innervosendo. Le sue dita tamburellavano frenetiche sul taccuino davanti a lui. Era forse quello che usava per segnare le entrate e le uscite? Lei non aveva mai controllato, non aveva mai fatto domande su come spendesse quei soldi. A dirla tutta, era sempre stata convinta che il marito avesse investito di tasca propria nella loro vita comune e nella sua carriera come cantante. Almeno all'inizio. Quando si erano conosciuti e lui era diventato il suo manager. Non aveva mai fatto i conti, letteralmente, col fatto che avesse contratto dei debiti per finanziare il tutto. La casa a Milano, la villa a Sirmione... a chi appartenevano? In quel vortice di pensieri che attraversarono all'improvviso la sua mente, Maria provò un senso di vertigine. Eppure decise di non esprimerne neanche uno.

Si scostò dalla parete alla quale era appoggiata e tornò in camera sua. Sbatté la porta alle sue spalle senza aggiungere una parola.

* * *

All'inizio Maria temeva che passare un fine settimana con persone più o meno sconosciute risultasse faticoso. Ma dopo la discussione con Meneghini fu grata della costante presenza degli altri che impediva che si creasse un'occasione, al di fuori della loro suite, per riprendere quella spiacevole conversazione. Fino all'ora di cena fece in modo che l'accesso alla sua stanza restasse chiuso. Rivide il marito solo in corridoio, mentre si avviavano entrambi al cocktail. La domestica assegnata a Maria le aveva riferito di questo appuntamento e, su sua richiesta, aveva messo al corrente anche Meneghini.

Poco più avanti, una delle pesanti porte che davano sul corridoio si aprì e una profonda voce maschile farfugliò qualcosa che Maria non riuscì a capire. Ma d'istinto si fermò e si voltò per guardare chi stava lasciando la stanza: i coniugi Onassis.

«Mi sarei meravigliato, se non avessi trovato qui anche loro» mormorò Meneghini alle spalle di Maria.

Lei gli lanciò un'occhiata fugace e vide il sorriso gelido sul suo volto. Probabilmente quella sera il marito non si sarebbe divertito neanche la metà di quanto sperava di fare lei in compagnia di Onassis, che di certo non le avrebbe più concesso di indugiare e avrebbe preteso una risposta.

«*Kalispéra*» disse in greco Maria con un sorriso, traducendo subito dopo in inglese per Tina Onassis: «Buonasera».

«Oh, ciao» cinguettò Tina, abbracciandola come se fossero migliori amiche e baciandola su entrambe le guance secondo l'usanza francese. «Che bello rivedervi.»

«Sì, è vero.»

Onassis portò la mano di Maria alle labbra, dicendo: «*Kalispéra*».

«Devo ringraziarla» iniziò a dire Maria, pur rendendosi conto con un certo disagio che le stava tenendo stretta la mano destra da decisamente troppo tempo. In un primo momento non aveva neanche fatto caso di aver continuato a parlare in greco e quando se ne accorse era troppo tardi per passare a un'altra lingua in modo elegante. «È stato molto gentile a metterci a disposizione il suo aereo privato.»

«Spero che il volo sia stato di suo gradimento» rispose Onassis galante. «È il modo più comodo per viaggiare. Dopo lo yacht, ovviamente.»

Maria sfilò la mano dalla sua presa. «Ovviamente» ripeté con un sorriso.

Avanzò lentamente al fianco di Onassis in direzione dell'imponente scalinata. Non si voltò indietro, ma era certa che il marito avesse offerto il braccio a Tina per seguirli.

Onassis invece non sembrava preoccuparsi della moglie. Gesticolando animatamente, raccontò a Maria che il suo aereo era poi tornato a Londra per prendere lui e Tina e portarli a loro volta a Leeds. «Siamo appena arrivati, perdendoci tutti gli intrattenimenti sportivi tipici dei fine settimana in campagna nel West Yorkshire. Lei gioca a tennis?»

«No» rispose lei. «E non vado neanche a cavallo.»

«Magnifico.» Onassis sorrise. «Neanch'io.»

Maria sollevò il suo vestito da sera verde smeraldo per scendere i primi scalini. Per quanto fosse certa che Onassis stesse flirtando con lei, era decisa a non prendere troppo sul serio i suoi tentativi di avvicinamento. Quella loro conversazione a due le parve persino un po' infantile, in fin dei conti i loro rispettivi coniugi erano a pochi passi dietro di loro. Ma nel profondo le piaceva il modo in cui la guardava, il modo in cui cercava ogni scusa per sfiorarla con un gesto fortuito e che non perdesse occasione di farle intendere cosa voleva. Dopo il senso di libertà che aveva provato quel pomeriggio nel parco di Harewood House, il sentirsi desiderata da parte di un altro uomo le sembrò una perfetta ciliegina sulla torta.

Senza volere, le comparve davanti agli occhi l'immagine del marito chino sul libro degli appunti, probabilmente intento a registrare delle cifre, e il ricordo dei loro presunti problemi finanziari rischiò di rovinarle l'umore. Per distrarsi, cercò rifugio nel miglior argomento che riuscì a farsi venire in mente per continuare la conversazione con Onassis: «Sa che dopo cena Benjamin Britten ci suonerà la sua ultima composizione?».

«Sì, purtroppo. Non sono un grande amante della musica moderna. Anzi, neanche le grandi sinfonie classiche sono il mio genere.»

Maria si ricordò che una volta le aveva detto di non sapere che farsene dell'alta cultura. «Eppure si fa vedere all'opera...»

«Solo quando canta lei» rispose Onassis. «Ho anche comprato trentatré biglietti per la sua *Medea* al Covent Garden.»

«Non è una spesa da poco» osservò lei.

Di nuovo quel suo sorriso carismatico e affascinante. «Lo so.»

Nel frattempo erano arrivati in fondo alla scalinata, dove li attendevano i padroni di casa e alcuni dei loro vicini che Maria aveva conosciuto nel pomeriggio. Durante i saluti Onassis tornò al fianco della moglie e Maria si guardò istintivamente intorno in cerca di Meneghini. Lo trovò che cercava goffamente riparo nella sua ombra, come al solito. Maria fece tutto il possibile per tentare di dissimulare il suo astio nei confronti del marito, gli sorrideva di quando in quando, gli traduceva qualche conversazione, si chinava su di lui e si concesse addirittura di sbocconcellare dai suoi antipastini in accompagnamento all'aperitivo. Un gesto molto intimo, che probabilmente avrebbe trasmesso a tutti i presenti l'impressione che la Callas avesse un matrimonio felice. E a lei stava bene così, perché era esattamente ciò che voleva lasciar credere.

In quanto ospite d'onore, Maria era seduta vicino a George Lascelles, mentre Onassis prese posto all'altro capo del tavolo, vicino a Marion, per cui la tanto attesa conversazione rimase in sospeso durante la cena. Di tanto in tanto si sentiva uno sguardo addosso, al quale all'inizio non aveva dato alcun peso essendo convinta che fosse Meneghini a osservarla. Ma poi si rese conto che ogni tanto Onassis guardava verso di lei. In quei momenti il mormorio di voci tutto intorno sfumava in un suono di sottofondo e Maria tornava con la mente ai fiori e ai biglietti che lui le aveva mandato nel tempo. Davvero quell'uomo, l'uomo più ricco del mondo, voleva usarla solo come una medaglia o come un trofeo? Così diceva Meneghini, affermando che Onassis si pavoneggiava allo stesso modo anche nelle sue amicizie con Winston Churchill, Margot Fonteyn e Greta Garbo. Ma la sua galanteria era davvero solo l'espressione di un arrivista che – per qualche motivo – cercava la vicinanza della donna più famosa del mondo? O forse c'entrava anche il desiderio di un uomo – un greco per giunta – al quale piaceva lei come donna, e non solo la sua voce?

Poco prima aveva detto di andare all'opera solo se cantava lei e in quel caso si era trattato di pura adulazione.

Ma ripensandoci adesso, Maria giunse alla conclusione che doveva essere stata la sua voce a colpirlo, non lei come donna. Che peccato.

Con un sorriso gentile si voltò di nuovo verso George Lascelles e riprese il filo della loro conversazione sulla nuova, imminente stagione lirica. Maria gli raccontò delle registrazioni discografiche programmate per settembre alla Scala, per le quali avrebbe cantato *La Gioconda.* Per un attimo le tornò in mente che quella stessa opera aveva rappresentato il suo debutto in Italia, dodici anni prima. All'Arena di Verona aveva incontrato Battista Meneghini per la prima volta, che l'aveva conquistata anche con l'entusiasmo dimostrato nei confronti della sua voce. Maria ricacciò quel ricordo nell'angolo più recondito della memoria, insieme alla delusione per l'interesse presumibilmente solo artistico di Onassis.

Alla fine, Marion Stein Lascelles ruppe le righe. Mentre le signore si spostarono chiacchierando nel salottino in cui erano state disposte alcune file di sedie intorno al pianoforte a coda, gli uomini si riunirono in terrazza per una sigaretta o un sigaro. Dopo neanche mezz'ora, i mariti si ricongiunsero alle loro mogli, anche se Maria notò che Tina Onassis era rimasta sola. Ma non sembrava sentire la nostalgia del consorte, anzi era impegnata a fissare con aria raggiante il bel compositore Benjamin Britten. Maria dovette sorridere. Elsa Maxwell le aveva raccontato che la moglie dell'armatore aveva un debole per gli uomini dall'aspetto più piacente di suo marito. A quanto pareva, però, Tina non aveva ancora conosciuto il tenore Peter Pears, il compagno di vita di Benjamin Britten. La padrona di casa invitò Maria a sedersi in prima fila, su una sedia vicino a quella di Tina. Il posto accanto a lei, destinato a Onassis, rimase vuoto anche durante il concerto. Ma alla fine Maria fu talmente rapita dalle potenti e melodiche composizioni di Britten da dimenticare l'assenza del suo compatriota.

Più tardi chiese a Meneghini di andare a prenderle la stola di visone in camera. Con quell'indumento caldo sulle spalle, uscì in terrazza per prendere un po' d'aria. Gli altri ospiti erano intenti a discutere sulla performance musicale o si scambiavano gli ultimi convenevoli di una serata che volgeva ormai al termine. Maria, invece, voleva far risuonare ancora un po' quelle magnifiche melodie nel silenzio della notte. Voleva stare qualche minuto da sola, con la mente vicina al cielo e lontana dal marito, la cui inadeguatezza le appariva sempre più evidente. Era appena riuscita a sgusciare via, ma era certa che nel giro di poco sarebbe uscito a cercarla.

Le finestre illuminate disegnavano strisce di luce sulla terrazza, il giardino brillava dei riflessi argentati della luna. Il cielo sembrava stranamente chiaro, molto più di quanto non sarebbe stato alla stessa ora in Italia o in Grecia. L'aria era cristallina, fresca e quasi setosa. Maria fece un respiro profondo e si appoggiò al parapetto. La pietra era fredda sotto le sue mani.

«Ecco dove si nasconde.»

Maria non ebbe bisogno di voltarsi per sapere chi stava cercando la sua compagnia. In quella casa nessuno le parlava in greco, al di fuori di Onassis. Aspettò in silenzio che si avvicinasse. Il fumo denso del suo sigaro la sfiorò per un istante, prima di disperdersi in una nebbiolina grigia sospesa sul giardino. Maria tossì.

«Mi perdoni» disse Onassis. Gettò a terra il sigaro appena acceso e probabilmente di ottima qualità e ne calpestò la cenere incandescente.

«Devo salvaguardare la mia voce» disse Maria.

«Ma certo. Le chiedo scusa. Mi sono comportato come un… un…» Sembrava cercare la parola giusta. Poi aggiunse: «Come un *tourkosporos*. Aveva ragione lei».

Maria sorrise, continuando a tossicchiare. «Se lo ricorda ancora?»

«Ricordo ogni sua parola.»

Allora non si era sbagliata, stava davvero flirtando con lei.

Per placare le palpitazioni provocate da questa nuova consapevolezza, Maria cercò di riportare la conversazione sulla musica: «Si è perso un concerto straordinario. La nuova composizione di Benjamin Britten è magnifica. Come ha fatto a sottrarvisi senza sembrare scortese?»

«Ho ricevuto una telefonata dal mio ufficio» si giustificò lui.

«Molto conveniente, per qualcuno che non ha particolare interesse per gli eventi culturali.»

«È la verità. Se il principe di Monaco ha bisogno dei miei consigli, mi prendo tutto il tempo necessario, non importa quando e dove sono. In quanto azionista principale della Société des bains de mer de Monaco, ci tengo molto che il principe Ranieri faccia le scelte giuste. Altrimenti per me sarebbe una grave perdita e non faremmo altro che incoraggiare il progetto francese di inglobare il principato. Ecco perché Ranieri ha bisogno dei miei consigli.»

Erano le pacate parole di un uomo di mondo che si sentiva regista e sovrano dello scacchiere della grande politica internazionale e guardava ai paesi coinvolti come a marionette nelle sue mani. Maria non poté fare a meno di restarne affascinata. Nel corso della sua vita aveva conosciuto molti uomini importanti, ma nessuno le si era mai avvicinato tanto come Aristotele Onassis. In realtà, i suoi contatti con l'altro sesso si limitavano ai membri della propria famiglia, ai colleghi di palcoscenico, registi e direttori, a un'esitante storiella vissuta in gioventù con un tenore decisamente più grande di lei al Teatro dell'Opera di Atene e, com'era ovvio, a suo marito. In quell'istante le venne in mente Meneghini, che al momento la stava incredibilmente lasciando in pace, e pensò che ormai non era più adatto alla donna che era diventata negli ultimi anni. O forse non lo era mai stato.

Maria si voltò verso Onassis, che le si era fatto vicino e, come lei, osservava le ombre del giardino davanti a sé. Senza guardarla, continuò a dire: «È ingiusto che mi si accusi di essere fuggito dal concerto. A me piace la musica. Davvero. Ma a colpirmi sono melodie diverse da quelle eseguite nei teatri o alle cene eleganti.»

«Quindi niente musica moderna e niente musica classica» sintetizzò lei. «Allora cos'è che le piace?» Prima che lui avesse il tempo di rispondere, Maria sollevò una mano e aggiunse, con un sorriso: «E non venga a dirmi che è un appassionato di opera lirica. Non le crederei».

Onassis rise sommessamente. «Posso farle una confessione? Di solito vengo via dagli spettacoli teatrali durante l'intervallo. Non riesco quasi mai a starmene seduto in silenzio fino alla conclusione.»

«Non sa cosa si perde.» Per un attimo fu indecisa se ridere o piangere di fronte a quella dimostrazione di rozzezza. Alla fine decise di sorridere.

«A dirla tutta, non esiste niente che riesca a tenermi inchiodato a una sedia. Però mi piace ballare» le confidò. «Soprattutto il rebètiko e il tango.»

«Santo cielo!» esclamò Maria esterrefatta. «Che accostamento.»

Lui la guardò dritto negli occhi. Poiché indossava un paio di occhiali dalle lenti colorate, Maria non poté decifrare il suo sguardo. «Per un greco di Smirne cresciuto in Argentina non è un accostamento così strano. Lei non trova?»

«Ad ogni modo, in entrambi i casi si tratta di musica popolare dalle melodie molto forti e dai testi profondi e malinconici.»

«Da questo può dedurre che non sono l'uomo venale e superficiale che lei di certo crede.»

Maria rimase senza fiato per un secondo. «Oh, ma io non lo credo affatto...»

«Sarei molto felice, se non fosse così» osservò lui a bassa voce.

Quando, negli anni a venire, a Maria capitava di ripensare a questa scena, non riusciva mai a spiegarsi perché tutto a un tratto le loro mani si fossero ritrovate così vicine sul parapetto da sfiorarsi con la delicatezza del frullo d'ali di un minuscolo uccellino. Nell'oscurità della notte non riusciva a distinguere chiaramente le dita di lui, coperte dalla sua ombra. Eppure percepiva la potenza virile che scaturivano. La sottile peluria delle sue mani rilasciava una scarica elettrica che le attraversava i muscoli. Sentì la schiena tendersi come una corda di violino.

«Maria!» La voce di Meneghini. «Maria, dovremmo andare a dormire.» Le sue parole le giunsero alle orecchie come note stonate.

Si voltò e vide la silhouette del marito in piedi sulla grande porta a vetri. «Certo, si è fatto tardi» gli rispose lei sforzandosi di sembrare allegra e in un tono molto più cordiale di quello che gli aveva riservato nelle ultime dodici ore.

«Domani all'alba riparto per Londra» disse Onassis, ancora accanto a lei. «Ma disporrò che il mio aereo venga a riprendervi a Leeds nel pomeriggio.»

«*Efcharistó*. Grazie.» Allontanandosi da lui, si rese conto che le tremavano le ginocchia. *Ha ragione Meneghini, sono stanca*, pensò. Ma nel profondo sapeva che era qualcos'altro a provocare quella reazione nel suo corpo. E quella notte non sarebbe riuscita a dormire, per colpa di quel pensiero. Per fortuna che nel suo bagaglio portava sempre la borsa dei farmaci, tra i quali non mancavano mai né i sonniferi né le pillole dimagranti.

«Ci vediamo dopo la sua *première*» le gridò Onassis. Maria annuì e prese suo marito sottobraccio.

* * *

L'opera *Medea* di Luigi Cherubini si basava sulla saga degli Argonauti della mitologia greca. È la storia della maga Medea che si innamora di Giasone, il figlio del re, lo sposa e gli dà due figli, finché lui, anni dopo, non la lascia per un'altra donna. Spinta dalla gelosia e dal desiderio di vendetta, Medea compare poco prima del matrimonio tra i due e, per punire Giasone, uccide la rivale e persino i propri figli. Alla fine si suicida e sprofonda agli inferi in un mare di fiamme. Un finale in grande stile. Maria aveva già cantato più volte quel ruolo, ottenendo grandi successi. Sembrava essere l'opera perfetta per il suo talento, perché non si limitava a cantarne le arie, ma le recitava anche, donando al suo personaggio una forza e un'autenticità particolari. Eppure Maria era preoccupata, come spesso le capitava negli ultimi anni, che la voce non le reggesse. Una preoccupazione che l'accompagnava almeno fino al momento in cui metteva piede sul passaggio che la conduceva dal camerino al suo palcoscenico e al suo pubblico.

Alla fine, quando la Callas salì sul palco del Royal Opera House avvolta in un velo nero, la concentrazione ebbe la meglio su tutti gli altri sentimenti, e ogni insicurezza scomparve. Si ritrovò lì, sola al centro di quel palco gigantesco, incorniciata da due colonne e col volto semicoperto dal quale spuntavano gli occhi scuri truccati di nero, demoniaci e mistici allo stesso tempo. E nelle due ore e mezzo che seguirono, man mano che si rendeva conto di calamitare l'attenzione del pubblico, diventò sempre più brava ed espressiva. Riuscì a dare vita a un crescendo di tensione che sfociò in un finale fulminante: su un carro circondato di serpi, annunciò che attraverso la morte dei propri figli la vendetta era stata compiuta. Il suo canto trasmise odio e disperazione, amore e morte, il tutto alle note più acute che le sue corde vocali erano mai riuscite a emettere. Percepiva il sudore colarle lungo la nuca e la schiena, si sentiva fisicamente spossata come se avesse corso una maratona, ma allo stesso tempo era del tutto consapevole del fatto che poche altre volte in vita sua si era meritata l'epiteto di "Divina" come in quella esibizione.

Alla sua uscita di scena, accompagnata da uno scroscio di applausi, seguì una sequela infinita di inchini, il sipario si aprì e si richiuse una quantità incalcolabile di volte e dietro le quinte le piovvero addosso innumerevoli complimenti. Quando si ritrovò finalmente in camerino, Maria tentò di recuperare la calma. Ma il suo cuore continuava a battere all'impazzata, l'affanno sembrava spezzarle il respiro in gola e i pensieri non facevano che turbinare tra il personaggio, il successo e il desiderio di cedere allo sfinimento fisico e mentale, per poter essere per un istante solo Maria, senza la Diva. Chiuse gli occhi ancora adorni del drammatico trucco di scena e li riaprì subito dopo, posando lo sguardo su un invito lasciato sul suo tavolo da toeletta.

Ufficialmente aveva conservato il biglietto solo come promemoria. In realtà ogni volta che guardava quel pezzo di carta i suoi pensieri tornavano a un altro luogo e a una toccante e gradevole conversazione. Le aveva fatto bene prendere coscienza dell'ammirazione di quell'uomo. Solo un estimatore della sua arte o della sua persona poteva organizzare una festa in suo onore. Le due possibilità si fusero in un unico fuoco, caldo e piacevole.

Il signore e la signora Onassis
sarebbero lieti di averla ospite alla loro soirée,
il 17 giugno 1959 alle 23.15 all'Hotel Dorchester.

In fin dei conti non faceva alcuna differenza cosa spingesse Onassis a cercare la sua compagnia. Quello che c'era tra loro, quel piccolo scambio tra compatrioti, era un piacevole diversivo dai problemi quotidiani di Maria, che in quel momento erano causati principalmente da Meneghini.

Desiderò di poter evitare lo sguardo indagatore del marito che aveva appena incontrato nello specchio davanti a sé. Si rese conto di quanto le pesasse averlo sempre intorno a ricordarle che anche per lui non era altro che una macchina del canto: la Callas, che doveva essere perfetta in ogni momento e in ogni luogo. Voleva solo sguazzare nell'applauso che si era guadagnata con il suo canto, voleva godersi quell'attimo straordinario senza dover pensare che non le era concesso di smettere di brillare, perché c'era la propria situazione economica in ballo.

Voleva trattenere il più a lungo possibile quell'euforia, che da quando si era chiuso il sipario la faceva sentire come sulle nuvole.

«Non voglio essere struccata» comunicò alla truccatrice che aspettava istruzioni in un angolo. «Andrò alla festa con il trucco di scena. Dov'è il mio abito da sera?»

La Diva fece il suo ingresso nella sala da ballo del Dorchester con addosso il drammatico volto di Medea e un cappotto di cincillà. Al suo arrivo, nell'immenso salone di marmo color crema con le sue colonne dorate in stile *Art déco*, erano già riuniti almeno duecento invitati, i cui nomi rappresentavano un altisonante elenco di esponenti della scena internazionale. Una marea di rose rosa sprigionava un profumo inebriante e i camerieri versavano senza sosta lo champagne rosé nei bicchieri. Maria si chiese cosa avesse spinto Onassis a supporre che il rosa pallido fosse il suo colore preferito. In realtà era il turchese, anche se questo non scalfiva in nessun modo la travolgente bellezza di quell'ambiente. Il suo sguardo cadde sulla fontana di champagne a più piani che si rifletteva all'infinito negli specchi appesi alle pareti. Non faceva meno impressione di tutte quelle celebrità in abito da sera, frac o smoking.

* * *

All'ingresso di Maria, il chiacchiericcio e le risate nella sala si interruppero di colpo, trasformandosi in un applauso scrosciante.

Lei chinò la testa con benevolenza.

Onassis si avvicinò e portò la sua mano alle labbra. «È un grandissimo onore poterle dare il benvenuto qui, stasera.»

«*Efcharistó*» rispose Maria. «Grazie.»

«Sente quanto la ama il pubblico? E io posso capire ognuno di loro. Non avevo mai assistito a un'interpretazione intensa come la sua Medea.»

«Fino all'intervallo» commentò lei divertita.

Onassis scosse la testa. «È stata fantastica. Mi ha incantato. Sono rimasto fino all'ultimo minuto.»

Maria aggrottò la fronte, sorpresa. Prima dell'esibizione, per un istante era stata indecisa se chiedere al direttore di scena di far caso a quando Onassis avesse lasciato il teatro. Ma alla fine aveva messo un freno alla sua curiosità, convinta che Onassis non si sarebbe comunque fatto remore a esprimere la propria opinione. Lui lasciava un teatro quando si annoiava, per questo di solito se ne andava al più tardi durante l'intervallo. Ma poi si era pentita di non aver chiesto il favore al direttore di scena, motivo per cui adesso fu doppiamente felice di sapere che Onassis era rimasto fino alla fine.

Nonostante questo, ribatté con prontezza di spirito: «Allora si è sottoposto a una gran bella prova».

«Le donne forti mi affascinano. Sul palcoscenico come nella vita» rispose Onassis.

Maria non gli restituì la cortesia e non ammise che anche a lei piacevano gli uomini determinati.

Nel frattempo, attorno a loro si stavano assiepando

amici, conoscenti e ammiratori. Fu abbracciata da Elsa Maxwell, salutata da George Lascelles e la ricca imprenditrice texana Mary Mead, con la quale aveva stretto una profonda amicizia dopo una sua esibizione al Met di New York di qualche anno prima, le sussurrò: «Mi tremano le ginocchia per il solo fatto di trovarmi nella stessa stanza di Gary Cooper. È mai esistito un uomo più attraente di lui?».

Maria non aveva mai avuto un debole per gli uomini piacenti, per cui il fascino di quella star del cinema non la attirava più di tanto. Le venne in mente il film *Arianna*, che era andata a vedere solo perché la protagonista femminile al fianco di Cooper era la sua amata Audrey Hepburn. E quella sera, mentre le presentavano il grande attore, Maria ebbe la magnifica sensazione di immedesimarsi nel suo idolo.

Una band suonava in sottofondo delle musiche orecchiabili, soprattutto dai film di Hollywood e *chansons* francesi. «Le piace questa musica?» si informò Onassis. «Se vuole sentire qualcos'altro deve solo chiedermelo.»

Maria lo guardò da dietro il suo bicchiere di champagne, che peraltro non aveva neanche assaggiato. Prima ancora di aver formulato il pensiero, le sfuggì: «Tango. Mi farebbe piacere un tango.»

«In effetti è più adatto alla situazione, e poi dubito che la band abbia a disposizione un vero *bouzouki* greco.» Poi le rivolse un sorriso complice e si allontanò per raggiungere il direttore della band e dargli istruzioni.

Anche senza champagne, Maria si sentiva come stordita, ebbra dello sfavillio della serata e del carisma del suo organizzatore. La festa al Dorchester era una specie di prosecuzione del suo trionfo al Covent Garden, un successo senza fine. Si dimenticò di tutto ciò che l'aveva oppressa nelle settimane e nei mesi precedenti. Tutti la festeggiavano e lei si sentiva come sulle nuvole, rideva, scherzava e percepiva una profonda venerazione in coloro che la circondavano. Per una notte si era trasformata in tutto ciò che aveva sempre sognato di essere: una donna bella, brillante, di successo, famosa e corteggiata. Le sembrò come una gita nel suo paradiso personale, creato su misura per lei.

Questa sensazione di allegra felicità fu il motivo principale del suo cambio di prospettiva su Aristotele Onassis. Non lo vedeva più solo come un connazionale al quale la legava un rapporto di amicizia, ma iniziò a considerarlo sempre più come un uomo che sapeva dosare il proprio charme e che le regalava dei sogni che altrimenti poteva vivere solo grazie alla sua arte e alle grandi arie. Era come un gioco delle possibilità, e la cosa le piaceva. Ovviamente era consapevole della presenza di sua moglie, così come del proprio marito. Ma sapendo che la notte sarebbe presto sfumata nell'alba e che l'indomani l'avrebbe costretta di nuovo alla quotidianità di una Diva ambiziosa, lontana dalla piccola Mary bisognosa di amore e di attenzioni, decise di lasciarsi andare ai suoi struggenti desideri. In fin dei conti, si trattava solo di un istante. Un regalo del momento. Lei non era mica una cortigiana come Violetta nella *Traviata*.

Lasciò che Onassis la cingesse con il braccio. Alle tre

di notte, quando la stanchezza ebbe il sopravvento sulla sua voglia di festeggiare, lui la accompagnò all'uscita della sala tenendola stretta a sé.

«Lei mi deve ancora una risposta» le sussurrò.

«Oh, mio Dio! La crociera! Me ne ero completamente scordata» ammise Maria. Per simulare meglio la sorpresa, si portò la punta delle dita alle labbra.

Lui si avvicinò ancora, le prese la mano e la baciò sul punto che aveva sfiorato la sua bocca un secondo prima. «Aspetterò. Ma la avverto: non sono un tipo molto paziente.»

In quel momento Maria sentì il cappotto caderle sulle spalle. Per quanto il cincillà fosse leggero come una piuma, lo sentì piovere addosso come un macigno. Glielo aveva posato da dietro Meneghini, che ora tendeva la sua mano sinistra al di sopra della spalla di Maria per stringere la destra di Onassis. Forse voleva sfilargli la mano di sua moglie, o forse voleva solo esprimere la sua gratitudine prima di andarsene. In ogni caso fu un gesto strano, che incastrò Maria tra i due uomini come in una morsa. Guardò irritata Onassis davanti a sé.

Dietro la porta un gruppo di fotografi faceva la posta alle celebrità. Quando due uscieri in livrea aprirono la porta d'ingresso, si sollevò un nugolo di flash.

* * *

La foto che fu pubblicata nei giorni e nelle settimane seguenti su ogni possibile giornale e rivista, rifletteva perfettamente il disagio che quella situazione le aveva provocato. Mostrava una Callas stanca e incastrata tra il marito e l'organizzatore della festa. Non aveva l'aspetto di una Diva, ma di una donna confusa che sembrava non sapere quale fosse il suo posto. Quest'impressione la riempì di imbarazzo, soprattutto perché dovette ammettere a se stessa che c'era molta verità in quello scatto fotografico.

Decise di stroncare sul nascere ciò che stava germogliando tra lei e Onassis. Ovviamente il suo interesse la lusingava, ma aveva urgenza di indirizzare altrove i propri pensieri. Come prima cosa doveva fare in modo che i suoi compensi non venissero più pagati a Meneghini, dopodiché avrebbe messo ordine anche nella sua vita privata. Fino a quel momento, se Ari Onassis avesse telefonato, si sarebbe fatta negare. Doveva avere la mente lucida, se voleva prendere in mano le redini del suo futuro.

10

Parigi, agosto 1968

Perché sono tutti convinti che volessi uccidermi?, pensò Maria. Aveva solo preso due sonniferi in più per dimenticare la discussione con Aristo e passare qualche ora in tranquillità, senza dover rimuginare su cosa avesse fatto di sbagliato. Probabilmente aveva esagerato un po' con il dosaggio. Poteva pur succedere, con tutti i farmaci che assumeva ogni giorno. Qualche volta le capitava di non riuscire a distinguere ciò che era necessario da ciò che non lo era e allo stesso modo in quel momento non sapeva cosa fosse giusto e cosa no. La veneravano come una dea ancora oggi, ad anni di distanza dai suoi trionfi sui palcoscenici più importanti del mondo, anche se lei si sentiva più come un angelo caduto. E il chiedersi cosa avesse fatto di male perché l'uomo che amava la cacciasse dal loro paradiso comune la stava uccidendo più della medicina che le avevano pompato via dallo stomaco.

«Ha chiamato qualcuno per me?» chiedeva in continuazione all'infermiera.

E ogni volta la giovane donna in divisa esitava. Poi ripeteva, come un disco rotto: «Nessuno, a parte Monsieur Kelly, Madame».

Erano passati un paio di giorni da quando si era svegliata dallo stato di incoscienza. I medici ritenevano necessaria una settimana di ricovero nella clinica e controllavano con i loro macchinari moderni e con costanti prelievi del sangue che tutti i suoi organi fossero tornati a funzionare come dovevano. Maria si sentiva male, nonostante il dottore le dicesse che, date le circostanze, le era andata anche troppo bene. A quanto pareva, un ECG non era in grado di rilevare un cuore spezzato.

Ben più evidente era invece il suo mal di gola causato dal tubo con cui le avevano svuotato lo stomaco. La lavanda gastrica le aveva infiammato la trachea e il timore che le corde vocali potessero restare danneggiate opprimeva la Callas ogni volta che, nel parlare, le uscivano quei suoni rauchi, nonostante le avessero garantito che l'operazione si era svolta con la massima cautela e che non persisteva alcun rischio di lesione. Con un po' di riposo, le assicurarono, sarebbe completamente guarita. Ma cosa ne sapevano i medici e le infermiere dell'Ospedale Americano? Non avevano idea di cosa avesse bisogno Maria per guarire.

Quando fu dimessa, andò a prenderla Larry.

Maria, seduta dietro i vetri oscurati di una limousine a noleggio, aspettò di essersi allontanata dalla clinica per fargli la domanda che più le premeva: «Hai avuto notizie da Aristo?».

Larry esitò. «Non mi ha telefonato, no.»

Le mani di Maria si agitavano come le ali di un uccello spaventato. «Forse è troppo impegnato e ancora non ha neanche saputo che ero malata. Lui...» Si interruppe, perché Larry accanto a lei le prese i polsi e li strinse forte.

«Maria, ascoltami bene.» Per un attimo rimase in silenzio, come per assicurarsi che lo stesse ascoltando davvero, poi continuò: «In effetti, Onassis è molto impegnato a organizzare magnifiche feste. Il *Time Magazine* riporta che Jacqueline Kennedy e suo cognato Edward Kennedy sono suoi ospiti sul *Christina.* A quanto pare, era loro che stava aspettando».

Maria non rispose. Perché avrebbe dovuto? In fondo, sapeva della sua relazione con la vedova del presidente fin dall'inizio. Desiderava un nuovo trofeo. La donna più famosa del mondo non era più Maria Callas, adesso era un'altra. E lui se l'era presa, perché ornarsi di una come quella lo faceva stare meglio. Maria pensò che avrebbe fatto meglio a lasciargli il suo giocattolino e aspettare che gli venisse a noia.

Guardò fuori dal finestrino. L'auto si fermò al semaforo rosso e il suo sguardo cadde su un'edicola all'angolo della strada. Era uno di quei chioschi verde scuro tipici di Parigi, con una striscia ornamentale di metallo e una piccola cupola sulla cima. Le pareti laterali erano a malapena visibili dietro le file di giornali francesi e internazionali appesi, che gareggiavano per attirare lettrici e lettori a suon di titoloni.

Per quanto Maria avesse poco interesse per quel genere di storie, sapeva benissimo che ogni giorno nel mondo venivano dissotterrati degli scandali e all'occorrenza, in caso non fossero abbastanza arditi, venivano addirittura gonfiati. Questo pensiero le diede la consapevolezza che la scappatella di Aristo avrebbe assunto tutt'altra dimensione, non appena ne avesse parlato la stampa. Il suo comportamento non feriva solo Maria in quanto sua compagna: l'esibizione in pubblico del suo tradimento avrebbe danneggiato indicibilmente anche la Callas, la grande cantante. E a lei essere tradita sotto gli occhi di tutto il mondo avrebbe causato un enorme imbarazzo.

No, non poteva accettarlo.

Ma cosa avrebbe dovuto fare? Aristotele Onassis era la sua vita. La sua. Non quella della signora Kennedy.

Si liberò dalla dolce ma ostinata stretta di Larry e posò le mani in grembo. «Aristo si farà vivo, non appena avrà tempo» disse a voce bassa, prima di chiudersi in uno stoico silenzio. Quanto avrebbe voluto credere alle proprie parole, nonostante una voce interiore le dicesse che il suo amore non avrebbe affatto chiamato. Ma una volta espressa la sua speranza a voce alta, questa sembrava già più verosimile di quando era solo un pensiero struggente.

«Sì, certo» mormorò Larry.

Maria fu grata all'amico per non averla contraddetta.

Non appena fu rientrata nel suo appartamento, si sentì cogliere da un raggelante senso di vuoto. Bruna si era data un gran da fare per darle il bentornato con una casa piena di fiori freschi in ogni stanza, ma nonostante l'afa dell'agosto parigino, Maria sentiva freddo. Anzi, peggio. I suoi saloni, arredati con maestosi mobili antichi come fossero la scenografia di un'opera lirica, non la fecero sentire raggiante come un'Aida innamorata, ma la trasformarono in una versione penosa e tremebonda della principessa etiope. Camminava per le stanze con le braccia avvolte attorno al proprio esile corpo, desiderando solo di infilarsi a letto e tirarsi la coperta sulla testa. Ma per poter cadere in un profondo sonno ristoratore aveva bisogno dei sonniferi e la probabilità di prenderne ancora troppi era piuttosto elevata. Non aveva alcuna intenzione di risvegliarsi di nuovo in una clinica con lo stomaco svuotato dalla lavanda gastrica.

Larry la aspettava nello studio. Era in piedi vicino alla libreria e sfogliava un volume illustrato sulla Scala di Milano. Quando Maria entrò, alzò lo sguardo e le rivolse un sorriso incoraggiante. «Non appena avrai recuperato le forze, ti aspettano i palcoscenici di tutti i teatri d'opera del mondo» sentenziò, chiudendo il libro con un tonfo sordo che non ammetteva repliche.

Maria si portò la mano alla gola. «Forse dovrei dedicarmi a qualcos'altro. La recitazione, per esempio.»

«Perché no?» Il sorriso di Larry si allargò. «Finché pensi al tuo futuro, va tutto bene. Ma prima di cominciare a fare piani concreti, dovresti rimetterti in forze. Le ultime settimane per te sono state… pesanti.»

Maria si mise a camminare in su e giù per lo studio, sfiorando le superfici dei mobili e gli oggetti come per salutarli dopo la lunga assenza. In effetti era stupita di trovare ogni cosa come l'aveva lasciata, nonostante dentro di sé si fosse rotto qualcosa. La profonda disperazione che l'aveva pervasa fino a quel momento si trasformò in una rabbia incontrollabile, mentre si rendeva conto di quanto il suo amato fosse parte della sua casa, oltre che della sua vita.

Come osava Aristo non solo togliere a Maria la serenità, ma anche privare apertamente la Callas della sua dignità? Lo spiraglio sul suo futuro delineato appena pochi istanti prima scomparve dietro un cielo nero di tempesta.

Ovviamente il suo vecchio amico aveva ragione. Doveva prima ritrovare la pace e smettere di lasciarsi dilaniare dai dubbi e dalla rabbia. Eppure in quel momento non aveva voglia di pensare agli sviluppi futuri della sua professione. A dirla tutta, l'unica cosa che voleva era tornare da Aristo. Stare con lui.

«Sì» mormorò poco convinta. «Sì, Larry.»

«Hai bisogno di una vacanza.»

Anche su questo aveva ragione. Ma nessuna persona dotata di un minimo di amor proprio avrebbe trascorso il mese di agosto a Parigi. Un tempo, se lei e Meneghini non resistevano al Lago di Garda d'estate, si trasferivano al Lido di Venezia. Con Aristo di solito trascorrevano quel periodo dell'anno per mare, intervallandolo al massimo con un breve soggiorno nella sua casa di Monte Carlo. Ma né l'Italia, né il sud della Francia erano un'opzione, men che meno le isole greche. Il rischio di trovare il *Christina* ormeggiato da qualche parte e che Maria incontrasse il suo amante fedifrago era troppo alto.

«Non c'è un solo posto al mondo che mi attiri e nel quale mi sentirei al sicuro.» *Da Jacqueline Kennedy*, aggiunse tra sé.

«Vieni con me negli Stati Uniti» le propose Larry in tono persuasivo. «I tuoi amici di lì ti aspettano. Vogliamo tutti occuparci di te. Permettici di aiutarti.»

La patria dei Kennedy non era certo il primo luogo che le veniva in mente per trovare un po' di pace e tranquillità. D'altra parte, gli Stati Uniti erano talmente grandi che non sarebbe stato difficile evitare la vedova del presidente. In effetti, Maria non aveva mai incontrato la sua rivale. Quando c'era stata l'occasione, era Jacqueline Kennedy la donna tradita che fuggiva dai riflettori per la vergogna della storia tra suo marito e Marilyn Monroe. All'epoca la Callas non aveva compreso l'atteggiamento di Jackie Kennedy, ma adesso si chiedeva se non avrebbe fatto esattamente la stessa cosa al posto suo. Anzi, non era proprio quello che stava facendo adesso?

11

New York, 19 maggio 1962

Era stato magnifico.

Il pubblico era in delirio. L'applauso frenetico non finiva mai, gli oltre quindicimila spettatori del Madison Square Garden erano troppo entusiasti. Le due arie della *Carmen* cantate dalla Callas avevano fatto alzare in piedi gran parte degli spettatori e l'arena tremava per il tripudio chiassoso, riportando Maria sotto i riflettori ancora e ancora, come un'onda. Si inchinava, usciva, rientrava, si inchinava di nuovo, posava la mano destra sul cuore che le batteva all'impazzata.

Non aveva mai cantato davanti a tanta gente. Non aveva mai ricevuto un applauso da un pubblico così numeroso. La sua voce aveva retto, aveva intonato persino gli acuti più insidiosi, e quella sera anche il suo udito funzionava perfettamente. Il che non era scontato, dopo i ripetuti attacchi di sinusite di cui aveva sofferto. Anche per questo la tanta gente accorsa a quel concerto era come un balsamo per la sua anima. Senza fiato, si godette le ovazioni dopo l'estenuante esibizione e non provò nient'altro che gioia. La sua carriera aveva toccato un nuovo vertice.

E quella serata era speciale sotto ogni aspetto. Il presidente americano festeggiava il suo quarantacinquesimo compleanno con uno spettacolo di beneficenza a favore del suo partito, i democratici. Per l'occasione, che venne festeggiata con dieci giorni di anticipo rispetto alla data di nascita effettiva, a Manhattan si erano riunite tutte le personalità di spicco americane in un concentrato di lustro e denaro. Nonostante si sentisse più greca che statunitense, Maria dovette ringraziare ancora una volta il proprio passaporto americano che le spettava di diritto per essere nata negli Stati Uniti, perché con qualsiasi altra nazionalità non avrebbe avuto modo di esibirsi in onore di John F. Kennedy. D'altro canto, il programma non sarebbe stato completo, se fosse mancato il soprano più famoso del secolo. E quella sera lei aveva brillato, si era fusa con la musica, e adesso provava una sensazione magnifica. Non desiderava altro che rimanere per sempre sotto quei riflettori e gioire...

Peccato che Aristo non avesse potuto assistere. Il suo compagno, infatti, non era stato invitato. Era da un pezzo che cercava di conoscere personalmente il presidente degli Stati Uniti, ma senza successo. E da quella sera Maria poteva dire di esserci riuscita prima di lui, cosa che in segreto la divertiva: sapeva che le avrebbero presentato John F. Kennedy e che avrebbe stretto la mano più potente del mondo occidentale. Ma solo la sua, perché la First Lady era la grande assente della serata. Jacqueline Kennedy era indisposta, dicevano, e Maria ne era rimasta sorpresa. Non capiva come una donna potesse starsene per conto suo in un'occasione come quella, anziché trovarsi al fianco del marito. Cosa mai poteva aver spinto la First Lady a disdire la sua presenza al Madison Square Garden? Naturalmente sarebbe stata curiosa di vedere da vicino Jackie Kennedy, che – Maria lo sapeva benissimo – le contendeva il titolo di donna più famosa al mondo. D'altro canto era anche felice di farne a meno, giacché la leggendaria eleganza di quella signora più giovane di lei le avrebbe sicuramente suscitato una certa invidia, che non avrebbe portato a niente di buono. Né per se stessa, né per gli interessi finanziari di Aristo.

Con la coda dell'occhio osservò Peter Lawford che si agitava nervoso al margine del palco. L'attore cinematografico e cognato di Kennedy voleva andare avanti con la serata, ma lo scroscio di applausi per la Callas era incessante e impediva la prosecuzione del programma. Maria dovette lasciare il palco.

«Avete visto Marilyn da qualche parte?» Con queste parole, Lawford riprese possesso della scena. Fece scivolare lo sguardo sul pubblico. «Marilyn è ancora più in ritardo di quanto immaginassi.»

L'applauso per la Callas si trasformò in una sonora risata per quella battuta che Lawford ripeteva per l'ennesima volta. Tutti conoscevano la mancanza di puntualità di Marilyn Monroe, ne aveva sentito parlare anche Maria, che dal canto suo non amava nessuna forma di indisciplina. La scadente battuta del moderatore non contribuì a migliorare le cose, dato che aveva sedato un applauso che in realtà apparteneva a lei.

Sentì delle gocce di sudore correrle giù per la nuca,

più per la fatica che per l'afa ancora soffocante di quella che era stata la giornata più calda di tutto l'anno. Gli strascichi dell'ansia da palcoscenico e il successivo sollievo furono rimpiazzati da un senso di rabbia per quell'applauso a suo parere sottratto: una pessima combinazione. Stava già per scacciare rabbiosamente le mani tese verso di lei per aiutarla, come accadeva sempre dietro le quinte dopo un'esibizione, quando qualcosa la bloccò nel bel mezzo del gesto.

Le passò accanto un qualcosa di luccicante, seguito da un nutrito capannello di gente: uomini della sicurezza, truccatori, guardarobieri e tecnici del palco. I chiacchiericci sottovoce si fecero più forti. Persino i *neri*, i collaboratori che lavoravano dietro al palco vestiti di scuro, persino quelli che stavano tendendo la mano a Maria si voltarono curiosi in direzione del nuovo arrivo.

Eccola lì, dunque, la Monroe. In un attillatissimo abito color carne tempestato di strass che più che vestirla la spogliava, i capelli biondo platino piegati in morbide onde, lo sguardo leggermente vitreo e confuso, come se avesse bevuto. Riusciva a malapena a muoversi, in quel vestito, zampettava sui tacchi alti come una vecchia cinese con i piedi fasciati. Una sarta le correva dietro annodando due fili sulla schiena, evidentemente stava finendo di confezionare l'abito all'ultimo secondo. Qualcuno aiutò Marilyn a infilarsi una giacca di ermellino lunga fino ai fianchi, che da un lato nascondeva la sua scintillante nudità e dall'altro non faceva che rafforzarne l'aspetto equivoco.

Santo cielo, pensò d'istinto Maria, *quale sarebbe il ruolo di Marilyn Monroe in questo contesto? Sembra una...* Cercò la parola giusta, anche se le veniva in mente un'unica definizione possibile. Le venne spontaneo abbassare gli occhi sulla propria *mise*: indossava un abito di seta morbido alle maniche e sui fianchi, un vestito adeguato alla Callas, al guardaroba di una diva, non certo lo straccetto – per quanto probabilmente molto costoso – di una puttana. Perché mai la Monroe si strizzava in quell'abitino che non lasciava margine ai dubbi?

«Signor presidente, Marilyn Monroe...» riecheggiò la voce di Peter Lawford attraverso gli altoparlanti. Ma lei non uscì dall'ombra, rimase ai piedi della scaletta che portava al palco. Le risate del pubblico riempirono l'arena.

Il capannello di gente si divise. Sulla scena comparvero due giovani uomini in uniforme bianca da lavoro, i cappelli da cuoco brillavano nella semioscurità e i loro volti arrossati testimoniavano non solo una grande agitazione, ma anche la fatica con la quale trasportavano una specie di lettiga con sopra un'enorme torta alla crema di cinque piani che doveva essere tagliata dal festeggiato. I pasticceri con il loro pesante carico giunsero alle spalle della Monroe, come a rendere omaggio a una sposa con la torta nuziale.

Maria era talmente rapita dalla visione di quel dolce gigantesco, che le parole del presentatore sfumarono nella sua testa come un sottofondo musicale. Neanche le persone che aveva intorno e che continuavano a parlarle sottovoce la interessavano più. Tutta la sua attenzione era concentrata sulla torta. Una seduzione molto più potente della stessa Monroe nel suo vestito imbarazzante. Maria amava ogni forma di pasticceria, nonostante se ne concedesse solo poche briciole per mantenere la sua forma. Ma proprio perché non poteva mangiarne, si beò di quella visione e abbracciò con gli occhi le colonne di meringa o di marzapane che sostenevano la copertura di quel sogno di zucchero e panna. Poi abbassò lo sguardo sull'inserviente che accendeva le quarantacinque candeline.

Dal pubblico si alzò un applauso scrosciante. Solo allora Maria si accorse che Marilyn Monroe aveva salito le scale e si trovava adesso sotto i riflettori, seguita dal suo pianista.

Poco dopo, fra il tripudio del pubblico, riecheggiò un sussurro, un canto quasi parlato: «Happy Birthday to you, Happy Birthday to you, Happy Birthday, Mister President...».

L'esibizione era talmente bizzarra, che per un attimo Maria si dimenticò della torta.

La voce della Monroe pareva sul punto di spezzarsi, sembrava senza fiato e dava l'impressione di trovarsi in camera sua, magari dopo aver fatto l'amore, ancora a letto. Quando agli auguri seguì una rivisitazione di *Thanks for the Memory*, Maria non fu l'unica a chiedersi per quale tipo di ricordo Marilyn Monroe ringraziasse John F. Kennedy.

Un vero e proprio affronto alla moglie. Se la First Lady aveva saputo in anticipo di questa scenetta, non c'era da stupirsi che non si fosse presentata al concerto. O forse no...

Maria si sorprese a chiedersi cosa avrebbe fatto lei in quella situazione. *Il posto di una donna è al fianco del proprio uomo*, pensò. Maria non aveva mai perdonato sua madre per aver lasciato il padre dopo aver scoperto che aveva un'altra. Maria stessa, tempo dopo, aveva fatto in modo di scacciare l'amante dal letto di suo padre, ma i suoi genitori non si erano mai rimessi insieme. E comunque sì, sua madre aveva ignorato per tanti anni le storie d'amore del marito. Che il matrimonio dei Kennedy si basasse sullo stesso principio? Quello di distogliere lo sguardo di fronte alle scappatelle dell'altro? *Ne dubito*, concluse Maria, *altrimenti Jackie sarebbe qui.*

La sua comprensione per la moglie tradita scemava a ogni parola che dal palco riecheggiava fin giù nelle catacombe del Madison Square Garden, finché a un certo punto finì per non chiedersi neanche più come dovesse sentirsi in quel momento la donna sconosciuta.

L'inserviente fece cenno a tutti i partecipanti della serata di avvicinarsi. Una Diva come la Callas ovviamente non poteva limitarsi a salire sul palcoscenico, ma si librò letteralmente sulla scena unendosi al coro di altre quindicimila voci che cantavano: «Happy birthday, Mister President». Le candeline sulla torta, che aveva fatto il suo ingresso nell'arena trasportata sulle spalle dei due giovani pasticceri come il vincitore di una gara sportiva, tremolavano allegre.

12

New York, agosto 1968

A ripensarci adesso, il suo rientro più felice nella natia Manhattan era stato quello dell'autunno 1945, otto anni dopo che sua madre l'aveva costretta a lasciare la città. Maria si era sentita così felice nel vedere suo padre alla banchina dei transatlantici nonostante non l'avesse avvisato del suo arrivo. Solo dopo era venuta a sapere che aveva visto il suo nome in una lista passeggeri delle navi in arrivo dall'Europa che veniva regolarmente pubblicata sul giornale. Ma tutta l'euforia era scomparsa di colpo quando aveva messo piede nell'appartamento in Washington Heights dove un tempo aveva vissuto con sua sorella e sua madre: Maria aveva dovuto constatare con grandissimo dispiacere che il padre non viveva solo. Tra le lenzuola bianche orlate di pizzo che erano state la dote di Evangelia e sotto le ghirlande nuziali dei suoi genitori appese alla parete, dormiva Alexandra Papajohn, l'amante di lunga data del padre. Maria era fuori di sé e fece in modo che l'altra donna si allontanasse da quella casa. All'epoca era convinta che il padre avrebbe lasciato Alexandra per sempre, che avrebbe raggiunto sua madre e che sarebbero tornati a essere una famiglia. Ma si sbagliava.

Nel frattempo Maria era tornata varie volte nella sua

città natale, ma non si era mai sentita così miserabile come quel giorno, atterrando al John F. Kennedy Airport. Che l'aeroporto portasse il nome del presidente assassinato, e di conseguenza anche della sua rivale, non migliorava certo le cose. Quanto meno anche in quell'occasione trovò un volto amico ad aspettarla dopo i controlli di frontiera: Anastasia Gatsos strinse subito Maria tra le braccia. Anastasia era la moglie di Costa Gatsos, amico intimo di Aristo e amministratore delle Compagnie Onassis negli Stati Uniti. Maria li aveva informati del suo arrivo e accettato volentieri l'invito a essere loro ospite nella Upper East Side per il tempo della sua permanenza. Larry sosteneva che fosse una buona idea essere accudita da suoi connazionali anziché starsene da sola in qualche albergo di Manhattan. E in effetti anche lei era soddisfatta della soluzione, perché in quel modo era certa che Aristo sarebbe venuto a sapere dove si trovava. E non appena si fosse accorto dell'errore madornale che aveva commesso l'avrebbe chiamata. Si aggrappava a questo pensiero con tutte le sue forze, ignorando la voce dentro di lei che la metteva in guardia sulla possibilità che si stesse sbagliando.

La prima delusione le venne dall'amica Mary Mead, che declinò il suo invito a raggiungerla. Parlando al telefono, disse che le dispiaceva ma non poteva lasciare Dallas dato l'imminente inizio della scuola dei suoi figli. Maria si finse comprensiva, ma dentro di sé si sentiva profondamente ferita. Le sarebbe piaciuto fare acquisti con Mary. Non da Saks sulla Quinta Avenue o da Bergdorf Goodman, non nei lussuosi templi dello shopping, ma molto più semplicemente da Woolworth. Fin da quando si erano conosciute, Maria adorava andare con Mary a caccia di offerte speciali, perché trovavano sempre cose carine e, soprattutto, completamente inutili. Tutti oggetti che finivano presto nel dimenticatoio, mentre l'esaltazione per la caccia all'affare e le risate che l'accompagnavano rimanevano indelebili nella loro memoria. Sarebbe stata una piacevole distrazione. Anastasia Gatsos, invece, era una figura troppo in vista nella High Society newyorkese e non si sarebbe mai abbassata a girellare per i grandi magazzini.

Maria si rifugiò nella sua stanza, arredata come un *boudoir* francese. Degnò a malapena di uno sguardo la magnifica vista sul Central Park nella sua bellezza estiva e optò invece per accendere la TV e guardarsi vecchi e nuovi episodi di *Bonanza* e di *Gunsmoke*. Nonostante i western fossero la sua passione, non riuscì a concentrarsi neanche su quelli. Continuava a venirle in mente l'immagine di Aristo, che si andava a sovrapporre a quella dei Cartwright e degli avvenimenti di Dodge City. I lineamenti e i capelli di Aristo si mescolavano con la testa brizzolata di Lorne Greene, finché l'attore non si trasformava da capofamiglia in armatore greco.

Maria sentì le lacrime salirle agli occhi nel rendersi conto di quanto i suoi pensieri si aggrappassero all'uomo che amava. Per distrarsi, andò alla TV e cambiò canale. I notiziari, che da giorni riferivano sull'invasione delle truppe sovietiche a Praga, non avrebbero certo contribuito a sollevarle il morale. Premette il bottone per scorrere i canali in cerca di un programma più allegro. Per caso incappò nel Merv Griffin Show.

L'allestimento dello studio ricordava quello di un salotto moderno. Le personalità invitate al talk show erano sedute su divanetti e sedie attorno al presentatore, che troneggiava dietro una scrivania stilizzata. Accanto a Merv Griffin aveva preso posto una donna che Maria a una prima occhiata aveva scambiato per Doris Day. Solo dopo aver sentito qualche altra frase si rese conto che in realtà si trattava di Doris Lilly, autrice di best seller e giornalista di cronaca rosa che somigliava come una goccia d'acqua alla star del cinema. Maria non era particolarmente interessata, ma nel tentativo di distrarsi decise di seguire comunque l'intervista.

Merv Griffin teneva una sigaretta in una mano e una copia del *New York Post* nell'altra. «Cosa ne pensa delle voci che circolano in merito al fidanzamento della signora Kennedy con Aristotele Onassis?» domandò il moderatore.

«Be', questo può leggerlo direttamente sul giornale» rispose Doris Lilly raggiante.

Maria trattenne il fiato.

«La prego, non ci tenga sulle spine, Doris! Ci dia un indizio. Crede che i due si sposeranno?»

Maria, a bocca aperta, non staccava gli occhi dal televisore.

Doris Lilly si concedette una breve pausa a effetto. Poi disse: «Sì, penso che Jacqueline Kennedy diventerà ben presto la signora Onassis».

Prima ancora di aver compreso a pieno il significato di quelle parole, Maria si mise a urlare. Fu un urlo istintivo, si sentiva come in un ascensore senza freni che precipitava dall'ottantaseiesimo piano dell'Empire State Building.

In preda a una sensazione a metà tra l'impotenza e la rabbia, Maria si buttò in terra e cominciò a battere i piedi, come se le fosse venuta una crisi isterica. Si coprì il volto con le mani per soffocare le grida di dolore, senza riuscire in alcun modo ad arginare il fiume di lacrime che le scorreva dagli occhi.

Non sapeva quanto tempo avesse trascorso in questo stato di profonda disperazione. A un certo punto sentì qualcuno che bussava con forza alla porta. «Maria?» Era la voce di Anastasia Gatsos. «Maria? Stai bene?»

Dato che Maria non riusciva a proferire una parola di senso compiuto, i colpi alla porta si fecero più insistenti.

Dopo un po' Anastasia premette sulla maniglia e aprì la porta.

«Oh, mio Dio! Maria!» esclamò la padrona di casa.

Maria deglutì, singhiozzò, annaspò in cerca d'aria. Non era in grado di controllare le lacrime, né di dire qualcosa. Ma quando Anastasia si inginocchiò accanto a lei e abbracciò il suo corpo tremante, Maria smise di urlare e anche di battere i piedi. Si abbandonò al conforto dell'amica e lasciò libero sfogo alla sua disperazione.

In sottofondo, Merv Griffin e Doris Lilly continuavano a chiacchierare sugli ultimi pettegolezzi dell'alta società.

* * *

Maria posò il bicchiere dal quale aveva appena bevuto un sorso di cognac sul piano di vetro del tavolino. «Con Aristo ho vissuto gli anni più belli della mia vita» disse con una voce piatta e arrochita dal lungo pianto, che sottolineava la sincerità delle sue parole. «Ma ora sto passando il momento peggiore della mia esistenza.» Con un sospiro si abbandonò sullo schienale del divano dei Gatsos.

«Magari sono solo chiacchiere» cercò di tranquillizzarla Anastasia. Poi lanciò un'occhiata affilata al marito: «Oppure tu sai qualcosa, Costa?».

L'uomo nascose la propria espressione dietro la fitta nuvola di fumo del suo sigaro. «Io sono sempre stato dell'opinione che Ari dovesse sposare Maria» farfugliò. «Ti è molto affezionato e tu sei la donna giusta per lui.»

Maria increspò le labbra in un debole sorriso. «Forse si tratta davvero di un equivoco. Aristo si farà sentire e mi spiegherà tutto, non è vero?» Guardò i suoi amici con occhi luccicanti. La speranza fluiva nelle sue vene come se sgorgasse da una fonte tiepida.

«Non dovresti startene qui a New York ad aspettare una telefonata» osservò Larry visibilmente indignato. Anastasia lo aveva chiamato dopo la crisi nervosa di Maria e lui era subito accorso. «Non volevamo fare progetti per la tua *rentrée*?»

«Sì, giusto» concordò Maria. Anche se l'unica cosa che voleva davvero in quel momento non era avanzare nella carriera, bensì un futuro con Aristotele Onassis. Ma non lo disse apertamente.

A Maria non sfuggì il breve sguardo preoccupato tra Larry e Anastasia. Poi il suo amico continuò: «Che ne diresti se andassimo a Dallas? Potremmo far visita a Mary Mead e intanto organizzare i primi appuntamenti al Teatro dell'Opera.»

Perché adesso i suoi amici volevano mandarla via da New York? Era arrivata solo da un paio di giorni. Maria esitò. Del resto, non sapeva bene che fare delle sue giornate come ospite dei Gatsos. Manhattan ad agosto era noiosa quasi quanto Parigi. Tutto a un tratto la prospettiva di andare a trovare Mary a Dallas le parve allettante. Ma c'erano molte considerazioni da fare. Per esempio, se Aristo sarebbe riuscito a chiamarla anche a Dallas…

«Ci penserò su» promise.

Larry lo prese subito per un sì. Batté le mani sulle cosce in un impeto di entusiasmo esagerato. «Allora telefoniamo a Mary. Perché non ci ho pensato prima che potevamo andare noi da lei, quando ci ha detto che non poteva lasciare la città per via dei bambini?»

Un volo per Dallas avrebbe significato che la sua vita continuava a scorrere. *Qualunque cosa pur di non rimanere nella stasi…* pensò Maria. E comunque sarebbe stata rintracciabile ovunque. Proprio come Aristo sul *Christina*. Certo, Maria non avrebbe navigato nel Mediterraneo su un panfilo, ma tutto a un tratto un viaggio attraverso gli Stati Uniti le sembrava un'alternativa adeguata. Riposo e avventura allo stesso tempo. Dovette riconoscere che Larry forse aveva ragione. D'altro canto, sapeva anche che mai più in nessuna parte del mondo avrebbe ritrovato il senso di libertà che le dava stare con Aristo a bordo del *Christina.*

13

Amsterdam, inizio luglio 1959

«Te lo ripeto ancora una volta, Maria: il nostro stare insieme perde di senso, se non ho il controllo su tutto ciò che ti riguarda.»

Le parole di Meneghini le riecheggiavano nella memoria come una maledizione. Si sentiva come un Rigoletto al femminile, anche se con meno istinti omicidi, nonostante la rabbia che le infuriava dentro. A differenza del triste personaggio dell'opera di Verdi, per lei era una questione di soldi e non d'amore. Ma inganno e tradimento erano gli stessi. La domanda era se alla fine lei – diversamente da Rigoletto – non potesse avere la meglio. Per farlo non voleva certo uccidere suo marito, ma nel frattempo le era perfettamente chiaro che le loro strade finanziarie dovevano dividersi.

La questione la tormentava giorno e notte. Da quando aveva lasciato Londra rimuginava su dove poter aprire un conto bancario al quale Meneghini non avesse accesso e del quale, possibilmente, non fosse neanche a conoscenza. Ma per una donna non era certo una cosa semplice, soprattutto in Italia.

L'opera lirica pullula di personaggi che perdono il senno, rifletté Maria quando si rese conto che i suoi pensieri giravano in cerchio attorno alla propria indipendenza economica senza mai prendere in considerazione il fatto fondamentale, cioè che un passo come quello era il preludio alla separazione da suo marito. Che stesse perdendo anche lei il senno? Nel sole che illuminava la vivace zona di Leidseplein, al centro di Amsterdam, Maria sentiva la testa girare al pensiero di tutti i numeri e delle possibilità che lei si prospettavano, mentre lasciava in secondo piano la domanda cruciale: cosa ne sarebbe stato di lei e Meneghini, se avesse smesso di far versare i suoi compensi sul loro conto comune?

Aveva richiesto un incontro a quattr'occhi con Peter Diamand, il direttore dell'Holland Festival, sganciandosi da Meneghini con la scusa di aver fissato un massaggio. Perché non si era resa conto prima di non avere praticamente mai un attimo solo per sé? Meneghini si muoveva sempre nella sua ombra, vedeva e sentiva tutto, mantenendo così il controllo sui suoi giorni e sulle sue notti. Sapeva con chi parlava, chi guardava, a chi urlava quando perdeva il controllo. I momenti come quello a Harewood House, in cui era andata a passeggio da sola e la sera aveva parlato indisturbata con Onassis, erano ormai rari. Meneghini si era fatto sempre più attento, anche perché aveva capito che Onassis era interessato a sua moglie, anche se, essendo sposato, non lo considerava una reale minaccia.

Per Maria l'argomento separazione o addirittura divorzio era piuttosto delicato, perché non era certo una donna come la Carmen, che prendeva gli uomini a suo piacimento. Nel profondo del cuore Maria era sempre rimasta una persona tradizionale, fedele ai princìpi della sua educazione greca. Di conseguenza non avrebbe mai messo in dubbio la classica divisione dei ruoli all'interno del matrimonio. Ma questo, per lei, significava anche che suo marito le fosse leale e la proteggesse tanto quanto la desiderava. E adesso era proprio questo equilibrio a essersi spezzato nella loro unione. Si era talmente abituata che qualcun altro decidesse del suo destino, che ora non era in grado di trovare una soluzione al suo dilemma personale. Inoltre, era preoccupata per le conseguenze sociali che un divorzio avrebbe comportato. Nelle cerchie americane le separazioni non erano più una novità, tanto più nell'ambito artistico, ma in Italia – così come in Grecia – una donna separata soffriva sempre di una certa emarginazione sociale. Anzi, a dirla tutta in Italia non era neanche possibile ottenere un divorzio legale, a differenza per esempio degli Stati Uniti. E poi, come avrebbe reagito il pubblico dell'opera, spesso molto conservatore, al sogno di libertà personale della Diva? Inseguire i propri desideri si addiceva a una cantante acclamata come "Divina"? A volte Maria aveva l'impressione che non esistesse soluzione ai suoi problemi.

Peter Diamand la aspettava all'ingresso del palcoscenico. Era un uomo attraente, con i capelli scuri arricciati sul collo e un naso affilato al centro di un volto gentile. Le tese entrambe le mani con un sorriso, mentre il sole si rinfrangeva sulle lenti dei suoi occhiali.

«Che momento straordinario» esclamò entusiasta. «Un *rendez-vous* segreto con Maria Callas!»

Lei lo baciò su una guancia. «Grazie per concedermi un po' del suo tempo.»

«Venga, andiamo a fare due passi.»

Maria accettò il braccio che lui le porgeva e lo seguì per le strade di Leidseplein. Lo Stadsschouwburg, il teatro comunale di Amsterdam, era un edificio in mattoni rossi dallo stile classico, i cui merli e le cui torri le ricordavano sempre un po' il Louvre di Parigi. Davanti al teatro pullulava di gente, locali e turisti, che mangiavano il gelato, si guardavano intorno ammirati, ridevano e correvano loro accanto. Una comitiva di turisti americani riconoscibili per la bandierina sul cappello della capogruppo stava studiando la bacheca del teatro. Riconobbero Maria nonostante il foulard in testa e gli occhiali da sole e le si precipitarono incontro. Lei si mise pazientemente a firmare autografi, finché Diamand non la tirò via con dolcezza in direzione del ponte sul canale.

«Non voglio sottrarla al bagno di folla, ma forse dovremmo proseguire.»

«Be'» ribatté lei «in realtà non mi sento mai molto a mio agio in mezzo a tanta gente. Ma queste persone sono state gentili e educate.»

«In questo momento mi pare più urgente parlare delle sue preoccupazioni» disse Peter Diamand entrando nel vivo della questione.

«Come sa che ho delle preoccupazioni?»

«Se non le avesse, non mi avrebbe chiesto questo incontro» replicò lui pragmatico. Poi, senza aspettare una risposta, aggiunse: «Il nostro amico comune, George Lascelles, mi ha riferito che era un po'… agitata, durante la sua visita da lui e Marion a Harewood House».

«Agitata?» ripeté Maria sorpresa. Si aggiustò gli occhiali da sole sul naso, come se migliorando la visuale potesse anche capire meglio cosa succedeva dentro di lei. Dopo un po' disse: «Credo di essere arrivata a un bivio».

«Quindi si tratta di scegliere una direzione» constatò Diamand in tono comprensivo. «Mia cara, in che modo posso aiutarla?»

Maria deglutì. Era arrivato il momento di esprimere a voce alta per la prima volta ciò che aveva in mente da tempo. Per quanto a lungo e nel dettaglio si sia riflettuto su un progetto, nell'istante in cui gli si dà voce cambia inevitabilmente forma, diventa subito più concreto. Poteva ancora lasciare tutto com'era, poteva continuare a delegare ogni cosa al marito e tornare al suo ruolo di cantante sempre perfetta che funziona a comando, senza esigenze, senza desideri, al ruolo per il quale l'aveva cresciuta sua madre dal momento in cui aveva scoperto il talento musicale di Mary, a soli otto anni. Sarebbe bastato liquidare Diamand con una scusa e niente sarebbe cambiato. Gli argomenti certo non mancavano, primo fra tutti la sua salute.

«Tenga in sospeso il mio cachet» sbottò a un tratto. «Lo tenga lei finché non avrà mie notizie.»

Diamand ebbe un attimo di esitazione, poi annuì. «Ma certo, predisporrò tutto come desidera.»

Prima di riflettere su ciò che stava dicendo, Maria continuò a parlare. Le chiome degli alberi si chinavano sopra la sua testa, la brezza estiva frusciava tra le foglie, la ghiaia sul sentiero del Vondelpark, dove erano appena arrivati, scricchiolava sotto i suoi piedi e dal prato giungevano le urla allegre dei bambini che giocavano. Quell'atmosfera familiare la spinse a esprimere a parole ciò che non aveva osato neanche pensare, ma che ora le pareva ineluttabile: «Ho intenzione di portare un cambiamento nella mia vita».

Diamand rimase di nuovo in silenzio per un po'. Quando rispose, le sue parole suonarono dolci e vagamente preoccupate: «Deve badare bene a se stessa, Maria».

«Lo so. Al momento sto riflettendo molto sulla mia salute. E anche su qualcos'altro, che a essa si lega.»

Ripensò alle parole di Meneghini quando lei gli aveva proposto una pausa dalle esibizioni. L'unico interesse di suo marito sembrava quello di sfruttare al massimo il potenziale della Callas, senza pensare alle condizioni fisiche e mentali di Maria. A essere sinceri, bastava quello a screditarlo una volta per tutte come marito e Maria si chiese perché mai avesse aspettato tanto a fare questo passo.

«Si prenda una vacanza, Maria» propose Diamand. Poi, quasi vedesse nel suo intimo, aggiunse: «Dovrebbe andare al mare. Una vacanza al mare farà bene al suo corpo e al suo spirito, e le decisioni più importanti si prendono meglio a una certa distanza».

Maria inspirò profondamente, come per riempire i polmoni con la salubre aria del Mare del Nord. «Mi promette che resterà sempre mio amico, qualsiasi cosa accada?»

Diamand annuì e d'istinto le strinse la mano che teneva al suo braccio. «Di me può fidarsi.»

* * *

Elsa Maxwell troneggiava nella hall dell'Hotel De L'Europe circondata dal personale alberghiero a sua disposizione e da due assistenti. Beveva caffè, fumava il sigaro e scorreva un foglio di carta apparentemente infinito che srotolava davanti a sé, probabilmente un telex. Alzò lo sguardo nell'istante in cui Maria attraversava il maestoso ingresso per raggiungere la reception e prendere la chiave della sua stanza. La giornalista la invitò ad avvicinarsi con ampi gesti.

Maria le andò incontro, sciogliendo il nodo del foulard di seta che aveva in testa. «Ciao, Elsa. Stai lavorando?»

«Leggo le notizie» rispose Elsa con un sospiro, lasciando cadere il rotolo di carta che una delle sue collaboratrici si affrettò a raccogliere. «La redazione di New York mi ha mandato un telex con tutte le novità che dovrebbero essere di rilevanza mondiale. Ma cosa vuoi che mi importi della visita del vicepresidente Nixon a Chruščëv, a Mosca? E le nuove scenografie delle opere di Wagner per il festival di Bayreuth non sono certo più entusiasmanti. Raccontami qualcosa tu, piuttosto.»

«Purtroppo non mi è capitato niente che abbia un interesse vagamente paragonabile alle tue notizie» rispose Maria sedendosi sul bracciolo dell'imponente poltrona nella quale stava sprofondata la bassa e rotonda Elsa.

«Sciocchezze!» ribatté la giornalista. «Hai un'aria così soddisfatta, Maria. Cos'è successo? Dimmelo!»

Maria scosse la testa. Non c'era niente da raccontare. Il fatto che stesse facendo la funambola sul sottile crinale delle sue decisioni non era certo una notizia da condividere con Elsa Maxwell, per quanto quest'ultima ne sarebbe stata follemente interessata.

«Ho appena fatto una piacevole passeggiata con Peter Diamand.»

«Che noia!»

«Niente affatto.» Maria si schiarì la voce. Giocherellò per un po' con il suo foulard, prima di chiedere con aria indifferente: «Sai mica dirmi come potrei raggiungere telefonicamente la signora Onassis?».

Maria si sorprese della propria domanda non meno di Elsa. Da quando aveva lasciato Diamand, non faceva che pensare alle vacanze al mare. Ovviamente avrebbe potuto andare al Lido di Venezia, ma perché invece non poteva trascorrere i suoi giorni liberi in mezzo al mare? Meneghini non ne sarebbe stato contento, ma in fondo esisteva qualcosa in grado di accontentarlo davvero? Dopo quella passeggiata nel Vondelpark, aveva definitivamente capito che tra lei e suo marito non c'era più niente che giustificasse un matrimonio. Nessun progetto condiviso, nessun sogno o desiderio comune: oltre alla sua carriera sul palcoscenico, non c'era niente che li unisse come coppia. O lei si adeguava alle sue proposte, o lui si adeguava a quelle di Maria, cosa che succedeva raramente e comunque senza che lui perdesse di vista neanche per un istante le priorità lavorative della moglie.

«Vuoi parlare con Tina?» rispose Elsa, visibilmente sorpresa. «E perché mai?»

«Voglio chiederle che tipo di guardaroba si porta su uno yacht.» Maria sorrise. Da quando Diamand le aveva menzionato gli influssi positivi del mare sul corpo e sull'anima, non riusciva a smettere di pensare all'invito di Onassis. Maria credeva nel potere del destino e non poteva ignorare il fatto che quella coincidenza stesse lì a indicarle una direzione.

Elsa fece schioccare la lingua. «Oh, là là! Vuoi davvero andare per mare con Tina e Ari?»

«Non ne ho idea. Sinceramente in questo momento non so cosa voglio.» Maria decise che poteva concedere quella dose di franchezza all'amica, senza tuttavia svelarle troppi dettagli sui suoi progetti. «Intanto mi piacerebbe sapere cosa si indossa in una crociera, poi deciderò se è nel mio stile.»

«*Mmm.*» Elsa era pensierosa e Maria si domandò se stesse riflettendo sulla questione del guardaroba o piuttosto su cosa accadeva dentro di lei. Di certo Elsa era abbastanza intelligente da capire che con la sua risposta avrebbe potuto aprire il vaso di Pandora. Dopo un po', disse: «Credo che siano a Monte Carlo. Ti cercherò il loro numero di…».

«Grazie!» la interruppe di colpo Maria. «Ce l'ho già.» Onassis le aveva fatto arrivare da tempo il suo biglietto con tutti gli indirizzi e i numeri di telefono, incluso il contatto radio del suo yacht.

«Ah!» Elsa mise il broncio.

«Non te la prendere» disse Maria, chinandosi su di lei e posandole un bacio fraterno sui capelli grigi. «Si tratta davvero solo del guardaroba.»

«*Mmm*» mormorò Elsa di nuovo. «A proposito, sai che Tina Onassis ha avuto una storia piuttosto bollente con Porfirio Rubirosa? Non so se è ancora invaghita di lui. È l'ex marito di Barbara Hutton, l'ereditiera dei Woolworth. Non appartengono a loro quei grandi magazzini in cui ti piace tanto fare acquisti quando sei in America?»

«La prossima volta che vado a New York, tornerò di certo a fare shopping da Woolworth.» Maria mantenne un'espressione impassibile, non diede a vedere quanto la notizia dell'infedeltà di Tina l'avesse colta alla sprovvista. Né quanto fosse felice di sentirla. Rivolse all'amica un sorriso distaccato e aggiunse: «Adesso vado a stendermi un po'».

«Non è vero» ribatté Elsa. «Vai a telefonare.»

Maria si strinse nelle spalle e si incamminò.

«Tina ha un debole per gli uomini come Rubirosa» le gridò dietro Elsa. «Be', come Marilyn Monroe, Ava Gardner, Joan Crawford e Jayne Mansfield prima di lei. E Zsa Zsa Gabor. Ah, quante sono state…»

* * *

Quando Maria tornò nella sua suite, trovò Meneghini in salotto che era impegnato al telefono con gli organizzatori di un festival in Germania, cosa che intuì dalla dizione attenta e scandita che usava ogni volta che parlava con qualcuno all'estero. Maria sentì nominare la città di Amburgo. Quella conversazione sarebbe sicuramente durata un bel po'.

Sollevata di potergli sfuggire, Maria andò in camera e si chiuse la porta alle spalle. Attraversò la stanza sfilandosi le scarpe lungo il tragitto e si lasciò cadere vestita sul letto. Da sdraiata frugò nella borsa alla ricerca del biglietto da visita che aveva nascosto nella tasca laterale. Per un po' rimase lì a rigirarselo tra le dita, sovrappensiero. Poi si voltò di lato con gesto deciso, sollevò la cornetta del telefono sul comodino e chiese al centralino dell'hotel di metterla in comunicazione con il numero di Monte Carlo.

«*Âllo, c'est qui?*» rispose una profonda voce maschile.

«*Bonjour*» disse Maria. Poi continuò, sempre in francese: «Vorrei parlare con Madame Onassis. Sono Maria Callas».

«*Kaliméra*» rispose la voce in greco. «Come sta?»

«Bene, grazie.» Maria sorrise in silenzio. «In realtà volevo parlare con sua moglie.»

«Dovrà accontentarsi di me. Tina non è qui.»

«Ah...» Maria esitò.

«Cosa voleva da Tina? Sono a disposizione per rispondere a qualsiasi domanda.»

«Io... Be'... Sì... Io...» Maria si sentiva a disagio a

chiedere a Onassis quale fosse l'ultimo grido in fatto di moda sul Mar Mediterraneo.

«Sì?» disse lui interrompendo i suoi balbettii.

Maria, che era ancora sdraiata su un fianco, si voltò sulla schiena senza allontanare il telefono dall'orecchio. Chiuse gli occhi e vide davanti a sé l'immagine dell'acqua argentata che luccicava sotto la chiara luce del sole. La sua voce cambiò istintivamente registro, si fece più profonda e dolce, quando chiese: «Mi interessa sapere che tipo di guardaroba si porta in una crociera».

Onassis rise piano. «Sarebbe un sì, Maria?»

«No.» Con un sorriso malizioso aprì gli occhi e guardò il soffitto della stanza, dove i cerchi della luce del sole che entrava dalla finestra giocherellavano con le ombre. «No. È solo una domanda su cosa si indossa su uno yacht.»

«Lei può indossare tutto quello che vuole...»

Tipico degli uomini, pensò Maria. *Molto utile.*

«... porti un paio di pullover e qualcosa per nuotare. Non le servirà nient'altro a bordo.»

Il sorriso sulle labbra di Maria si spense. Pullover e costumi da bagno non erano tra i suoi capi d'abbigliamento preferiti.

Ovviamente Onassis notò il suo silenzio, ma decise di tagliare corto, dicendo, con una risata: «Si compri qualcosa di bello. La aspetto il 21 qui a Monte Carlo. Il giorno dopo il *Christina* salpa e io la voglio a bordo, Maria».

«Sì, però...» cominciò a dire lei.

Ma Onassis non la stava più ascoltando. Aveva già riattaccato.

No, pensò Maria sedendosi sul bordo del letto. Riagganciò la cornetta e rimase a fissare il telefono pensierosa. *No!*

Non sarebbe andata in crociera con lui. Non avrebbe pagato quel prezzo, non si sarebbe impacchettata in un pullover, né tanto meno in un costume, mettendo in mostra le sue gambe robuste accanto a quella silfide di Tina. Era un prezzo troppo alto. Aristotele Onassis poteva partire per il suo viaggio con chi gli pareva, ma di certo non con la Callas.

Gli occhi di Maria si riempirono di lacrime di delusione.

14

Milano, metà luglio 1959

Maria camminava a passi svelti lungo via Monte Napoleone, sperando di non essere continuamente intercettata da ammiratori e cacciatori di autografi. Grazie alle lenti scure dei suoi occhiali da sole riusciva a sfuggire gli sguardi dei passanti intorno a lei, facendo comunque attenzione a non urtarli. I suoi occhi correvano avanti e indietro tra le vetrine piene di articoli pregiati e lussuosi. Non conosceva una via al mondo che offrisse la stessa magnificenza dei negozi di moda in quelle poche centinaia di metri di strada piuttosto stretta e costeggiata di palazzi neoclassici. Neanche nella Quinta Avenue di New York o nell'Avenue Montaigne di Parigi si era presi da una frenesia di shopping come succedeva lì a Milano. E Maria aveva intenzione di spendere tutto il denaro necessario a procurarsi il guardaroba perfetto.

Perché l'ostinazione di Onassis l'aveva costretta ad accettare. Quanto meno, lei aveva fatto tutto il possibile per tirarsi indietro. Era rimasta salda sulla sua posizione. Una volta tornata a Sirmione, dopo la fortunata ma molto impegnativa tournée di concerti in giro per l'Olanda e il Belgio, era convinta che le loro strade si sarebbero divise per sempre. Ma poi le sue telefonate avevano cambiato tutto.

Maria se ne stava seduta in terrazza con una tazza di tè e una rivista da sfogliare, in uno di quei momenti di serenità e pace interiore che neanche la presenza di Meneghini poteva turbare. In compenso, ci riuscì la comunicazione della governante: «C'è il signor Onassis al telefono, vorrebbe parlare con la signora Callas».

Meneghini lanciò un'occhiata tagliente a Maria, ma rimase in silenzio.

Lei fece un respiro profondo. Un desiderio insensato la spingeva ad andare a parlarci, nonostante non lo volesse affatto. Sapeva cosa le avrebbe chiesto. Una settimana esatta dopo sarebbe salpato da Monte Carlo. *Devo farla finita*, pensò Maria. «Dica al signor Onassis che non ci sono.»

«La cosa migliore» aggiunse il marito mettendo lo zucchero nel suo caffè «è che gli dica che siamo a Milano.»

«Molto bene, signor Meneghini.»

Maria sentì tutto il suo buon umore sparire come il sole dietro i cipressi del suo giardino. Era ragionevole sottrarsi a Onassis e assolutamente corretto smettere di discuterci. Doveva difendersi dalla sua invadenza. Ma in realtà non c'era niente che desiderasse di più che parlare con lui dell'imminente crociera. Fare progetti. Cullarsi in un sogno. Il problema era che quel sogno non aveva niente a che vedere con la sua realtà.

«Quando partiamo per il Lido di Venezia?» domandò al marito.

«Non appena comunico all'Excelsior il giorno in cui intendi arrivare. Quando vogliamo, dunque.»

«Allora prendiamoci ancora un po' di tempo. Sono molto felice di essere qui.»

Maria chinò la testa e sfogliò la rivista senza vederla, solo per evitare che Meneghini le leggesse in faccia che tutto a un tratto le sue parole non rispecchiavano affatto i suoi sentimenti.

«Dovremmo partire a breve» la contraddisse Meneghini. A Maria venne quasi da pensare che ignorasse i suoi desideri di proposito. «Il medico ti ha consigliato l'aria di mare. Devi rimetterti in forze prima dei tuoi prossimi impegni, Maria.»

«Sì» disse lei. Non aveva intenzione di aggiungere altro sull'argomento.

«Mi scusi, signora.» La governante si schiarì la gola. Era sulla soglia della porta della terrazza e si torceva le mani. «C'è di nuovo il signor Onassis al telefono, chiede di lei.»

Maria buttò la rivista sul pavimento. I suoi nervi erano tesi come corde di violino. «Non gli ha detto che non ci siamo?»

«Sì, signora. Certo. Ma a quanto pare il signor Onassis ha telefonato a Milano, dove ha scoperto che siete qui a Sirmione. Vorrebbe parlarle a tutti i costi.»

«Io. Non. Ci. Sono.»

«Gli dica che la signora è indisposta» propose Meneghini con voce pacata.

«Molto bene, signore.»

Perché il signor Onassis mi fa questo effetto?, si chiese Maria turbata. Non era attraente nel senso classico del termine e neanche la sua altezza rispettava i canoni di bellezza tradizionali. In più dava l'impressione di essere una persona culturalmente rozza. Eppure la sua personalità la attirava, lo trovava affascinante, intelligente, spiritoso e stava volentieri in sua compagnia. Le piaceva la perseveranza con cui continuava a corteggiarla, nonostante lei lo respingesse. Ma qual era il vero oggetto dei suoi desideri? Era Maria o la Callas? Se lei avesse ceduto, sarebbe cambiato tutto. Forse non per lui, ma lei non sarebbe uscita illesa da un'avventura con Onassis, di questo era certa. Perché l'oggetto dei suoi, di desideri, non era l'uomo più ricco del mondo, ma – adesso se ne rendeva conto – l'uomo al cui fianco si sentiva diversa da come si era sempre sentita con gli altri uomini. Colui che sembrava non volere niente da lei, se non Maria stessa.

Sono pazza, sentenziò tra sé. *Lui è sposato e finora il suo invito è sempre stato anche a nome della moglie.* A quanto pareva, le relazioni della consorte non lo turbavano. Ma Maria non era disposta a essere la sua ripicca, e tanto meno il suo trofeo.

Il buon umore con il quale aveva iniziato la giornata era definitivamente scomparso. I suoi muscoli vibravano di tensione, le gambe dondolavano e le dita tamburellavano sul bracciolo in ferro battuto della sedia da giardino.

Percepì lo sguardo stupito di Meneghini, prima di voltarsi nella sua direzione. In realtà, Maria non osava ammettere neppure a se stessa il motivo della sua improvvisa inquietudine.

«Vado in camera mia» disse, andandosene via.

Non sapendo bene che altro fare, accese la radio e si buttò sul letto. L'emittente trasmetteva le hit dell'estate: Domenico Modugno cantò di una lunga e solitaria notte, Adriano Celentano di un bacio sconvolgente e i Platters languivano con la loro *Smoke Gets in Your Eyes*. Maria amava la semplicità e l'emotività di quelle canzoni, ma quel giorno era proprio l'ultima cosa di cui aveva bisogno per riacquistare lucidità. Nella sua testa vorticava un turbinio di sentimenti, possibilità, paure e delusioni, che si confondevano in un caleidoscopico guazzabuglio colorato. Eppure non spense la radio.

Un notiziario e qualche hit dopo, bussarono alla porta. «Sono io» disse Meneghini.

Maria si precipitò a sedersi sul letto, si passò una mano tra i capelli e si guardò intorno cercando febbrilmente qualcosa con cui sembrare impegnata. Non lo trovò.

Non volendo farlo aspettare oltre, disse: «Entra pure» e posò le mani in grembo.

Dalla radio, Frankie Avalon cantava *Venus* a squarciagola.

Non appena entrò nella stanza, Meneghini andò alla radio e la spense. «Che orribile stazione stavi ascoltando?» mormorò, voltandosi verso di lei.

«Vuoi forse impormi anche i gusti musicali?»

«Io non ti impongo niente, Maria, lo dico solo per te.»

Maria intrecciò le mani. *Un'altra parola e gli graffio la faccia*, pensò.

«Onassis ha telefonato altre due volte» le spiegò il marito.

Maria trattenne il fiato.

«La prima volta gli è stato detto di nuovo che non c'eri» continuò Meneghini, parlando come se stesse tenendo una lezione. «La seconda volta ha chiesto di me e non volevo farmi negare anch'io.»

Che uomo!, rifletté Maria ironica. Si morse la lingua per non lasciarsi sfuggire che si era comportato da vero eroe. Tacque per proteggere lui – e forse anche se stessa – dal proprio sarcasmo.

«Ho parlato con la signora Onassis, non solo con lui. E ho accettato l'invito per la crociera anche a nome tuo.»

Maria fissò il marito. Per un attimo non seppe se ridere o piangere. Saltò su d'istinto e allargò le braccia in un gesto quasi di disperazione. «Che cosa hai fatto?»

Meneghini le rivolse il suo sorriso tiepido e privo di umorismo, che non raggiungeva mai gli occhi. «Perché ti agiti tanto? Onassis non ci dà tregua e il medico ti ha prescritto aria di mare. Vorrà dire che andremo su quel panfilo. Onassis ottiene quello che vuole e tu respiri l'aria di mare. E sono tutti contenti.»

«Non mi hai neanche interpellato» lo aggredì Maria.

«E perché avrei dovuto?» domandò Meneghini visibilmente sorpreso. «Decido comunque sempre io cosa è meglio per te.»

Maria rimase senza fiato, ma prima che avesse il tempo di urlargli addosso qualcosa il marito aggiunse, in tono sorprendentemente dolce: «E poi possiamo tornare a casa quando vogliamo. Se la crociera non ti piace, scendiamo al primo porto e ce ne andiamo a Venezia». Questa opzione sembrava quella che lo soddisfaceva di più.

Al contrario di Maria.

Si lasciò cadere sul letto senza dire una parola. Non aveva idea del perché Meneghini avesse improvvisamente cambiato opinione. Forse era vero che voleva solo il meglio per lei, o forse aveva ceduto di fronte alla forza persuasiva di Onassis. Ma a dire la verità non le interessava neanche più cosa avesse spinto il marito ad accettare l'invito, nonostante fosse sempre stato contrario. La cosa più importante era che la decisione ormai era stata presa.

«*Moira*» mormorò tra sé e sé.

La parola greca per destino.

Ed era stato quello stesso destino a condurla, il giorno dopo, in via Monte Napoleone a Milano. Aveva fretta, perché le restavano solo cinque giorni inclusa la domenica per procurarsi e organizzare un guardaroba adatto a una crociera. Quindi in realtà i giorni erano solo quattro.

Maria era agitata come una debuttante di New York alla vigilia del ballo, o come una cantante in erba che sta per affrontare il suo primo ruolo di protagonista in un'opera. La prima cosa non l'aveva mai sperimentata e alla seconda preferiva non ripensare. L'ansia da palcoscenico la tormentava fin da quel giorno di aprile di esattamente vent'anni prima, quando aveva interpretato Santuzza nell'opera *Cavalleria rusticana* ad Atene e aveva sentito il perfido chiacchiericcio di una cantante in terza fila, finita nel secondo cast, che si prendeva gioco della paura di Maria. Maria non si era né giustificata né arrabbiata, ma semplicemente, senza starci tanto a pensare, le aveva dato un sonoro schiaffone. Alla fine, Maria Kalogeropoulos, come era tornata a chiamarsi in Grecia per ordine di sua madre, aveva fatto un'esibizione brillante e vinto addirittura un premio. Dopo quella volta non aveva più schiaffeggiato le sue rivali, ma l'ansia da palcoscenico e soprattutto i suoi accessi di rabbia dietro le quinte erano rimasti il suo marchio di fabbrica. Non c'era niente da fare, dietro il palco perdeva subito la pazienza se le cose non andavano esattamente come voleva. Del resto lavorava troppo sodo per poter tollerare qualsiasi negligenza. In quel caso, però, non poteva certo costringere Biki Bouyeure a rivestirla in tutta fretta per una crociera sul Mar Mediterraneo.

Aprì con gesto deciso la porta del palazzo che ospitava l'atelier della stilista. Biki, che in realtà si chiamava Elvira, era la nipote del compositore d'opera Giacomo Puccini, e a Maria l'aveva presentata Wally Toscanini. Maria, che all'epoca era decisamente più in carne, si era sentita subito a suo agio con quella donna graziosa e all'apparenza senza età. Il talento e il gusto di Biki sembravano compiere dei veri e propri miracoli con il suo corpo. E da quando era dimagrita la vivace Biki creava addosso alla Callas degli abiti di uno stile straordinario.

E Maria contava su di lei anche quel giorno. Si trovava in una situazione di grande emergenza, perché niente la spaventava di più che ritrovarsi a bordo di quella nave senza gli abiti adeguati. Un vestito per Maria era molto di più che un pezzo del guardaroba, era come una corazza che la proteggeva dalle ferite. La proteggeva dalle risate delle compagne di scuola che la prendevano in giro per il suo corpo e che ancora oggi riecheggiavano nella sua testa ogni volta che si guardava allo specchio. Poi c'erano state cantanti gelose che l'avevano derisa per le sue rotondità, finché il regista d'opera Luchino Visconti non le aveva imposto di dimagrire, o non avrebbe più lavorato con lei. Oltre a tutto questo, doveva a malincuore ammettere a se stessa di voler fare la migliore figura possibile con Aristotele Onassis.

Maria fu accolta dalla direttrice dell'atelier di Biki Bouyeure e invitata a entrare. Un attimo dopo comparve Alain Reynaud, un uomo alto e moro con un paio di occhiali dalla montatura di corno, genero di Biki e stilista che aveva già lavorato come assistente di Jacques Fath a Parigi. Maria, sollevata dalla sua presenza, lasciò che la baciasse su entrambe le guance. Era esattamente l'uomo di cui aveva bisogno in quella situazione. Anni prima Reynaud le aveva insegnato a muoversi con grazia ed eleganza dopo il suo dimagrimento, a camminare – anzi incedere – nel modo giusto, come trovare gli indumenti che più le donavano e come scegliere gli accessori più alla moda. E adesso le avrebbe insegnato come ci si doveva vestire per una crociera. Di certo non l'avrebbe fatta partire con solo pullover e costumi da bagno in valigia.

«Biki arriva subito» disse Reynaud dopo il saluto affettuoso. «Mi ha detto che al telefono le era sembrata molto agitata. Cos'è successo? Mi confidi tutto ciò che le pesa sul cuore, cara Maria, sono qui per questo.»

Maria, togliendosi gli occhiali da sole e sostituendoli con un paio chiari, gli espose tutti i fatti, evitando però di mettere a nudo i suoi sentimenti. «Siamo stati invitati su uno yacht per una crociera privata sul Mar Mediterraneo, tra cinque giorni dobbiamo essere a bordo e non ho niente da indossare per l'occasione.»

Reynaud, pensieroso, fece scivolare il suo sguardo su di lei. «È per caso ospite di Ari Onassis?»

«Oh... come fa a saperlo?» Maria era visibilmente irritata.

«Io leggo tutto sulle mie clienti» affermò Reynaud con un sorriso. «E i giornali erano pieni di foto di voi due a quella festa a Londra.» Poi batté le mani e continuò: «Bene, bene. Allora vedrò cosa possiamo fare per sistemarla in modo adeguato, mia cara.»

Poi comparve Biki Bouyeure, in un abito semplice ed elegante e con una collana di perle a più fili. Fece portare a Maria un caffè e chiese alle sue modelle di sfilare con le creazioni della collezione estiva. Maria stava seduta su una poltrona in stile Luigi XIV e osservava pantaloni, camicie, giacche, vestiti e gonne con un misto di stupore e disagio. La linea a trapezio e a botte – così le aveva definite Reynaud – di giacche e vestiti erano chiuse in vita da larghe cinture, che sembravano donare molto alla figura e che si addicevano al gusto di Maria. Altri abiti erano più in stile impero, con un nastro sottile a stringere sotto il seno, anche se a differenza della moda di centocinquant'anni prima, la parte di sotto non ricadeva morbida fino alle caviglie, ma era gonfiata da una sottogonna. Le gonne erano decisamente più corte della stagione precedente, con l'orlo che terminava appena sopra il ginocchio, e i pantaloni sportivi arrivavano alla caviglia. Niente che donasse alle sue gambe, osservò amareggiata. Invece apprezzò molto i colori pastello, che ben si intonavano ai suoi capelli neri.

«In autunno torneranno le tonalità più scure» affermò Biki «ma per il momento i nostri tessuti brillano come un quadro di Claude Monet. Le consiglio molto il lino. Con la calura estiva è un materiale fresco che le donerà un'aria impeccabile in ogni momento.»

Poco dopo, Maria si ritrovò nella spaziosa cabina di prova tra due pareti a specchio per farsi aggiustare i capi d'abbigliamento. Biki era inginocchiata accanto a lei con il puntaspilli legato al polso come un gioiello, e accorciava, stringeva o allargava le cuciture di ogni indumento. Reynaud invece stava alle spalle di Maria, osservando, dando consigli e aiutando Maria a sentirsi pian piano sempre più sicura.

A un certo punto le posò in testa un cappello di paglia tinto di bianco. «Al giorno d'oggi i cappelli sembrano tutti dei paralume» osservò ridacchiando «ma questo modello le sta benissimo, Maria.»

Lei si guardò allo specchio, voltò la testa da una parte e dall'altra, e fece un giro su se stessa. Sì, quel cappello le donava. E soprattutto distoglieva l'attenzione dai suoi polpacci robusti, rivelandosi dunque un'ottima scelta.

Maria lasciò l'atelier di moda carica di sacchetti e cappelliere, seguita da un apprendista della sartoria pieno di borse e sacchi porta-abiti. Il resto del suo guardaroba sarebbe stato consegnato il martedì seguente, prima del suo volo per Nizza. Biki e Reynaud le avevano promesso che per allora sarebbero state apportate tutte le modifiche necessarie e Maria sapeva di potersi fidare di loro.

Dopo che l'autista ebbe caricato gli acquisti nella bauliera, Maria salì sull'auto nella quale la aspettava Meneghini.

Suo marito sgranò gli occhi. «Quanti milioni di lire hai speso nelle ultime due ore, per tutta questa roba?»

«Non lo so» ammise.

«Tutto questo non è solo assurdo, ma anche esagerato.»

«Trovi?» Maria distolse lo sguardo e si rivolse verso il finestrino. «Io no.»

Con sua grande sorpresa, Meneghini le prese la mano. «Non devi aver paura degli altri ospiti. Certo, a bordo ci sarà anche Sir Winston Churchill con la moglie, ma non devi sentirti in soggezione. Finora hai sempre interpretato ogni ruolo alla perfezione.»

Ma mai quello dell'adultera, pensò lei.

Si sottrasse alla tenera presa del marito. «Certo» mentì. «Non c'è motivo di agitarsi.»

15

Monte Carlo, 22 luglio 1959

Dalla sua terrazza all'Hotel Hermitage, Maria godeva di una vista che arrivava fino al porto e al Palazzo Grimaldi, arroccato su uno scoglio a picco sul mare. Ai suoi piedi dondolava l'immenso panfilo bianco di Aristotele Onassis, che luccicava alla luce del sole mettendo in mostra lo stravagante color giallo del fumaiolo. In alto quell'edificio dall'aria un po' fatiscente, in basso la magnifica imbarcazione bianca: sembrava il simbolo dei rapporti di ricchezza a Monaco. Ranieri III era il principe, ma il vero sovrano era Onassis, che con i suoi immensi investimenti in hotel e casinò aveva salvato il principato dal fallimento economico, rendendolo praticamente una sua proprietà. Onassis teneva corte a Monte Carlo.

Quando, il giorno prima, Maria e Meneghini erano atterrati a Nizza da Milano, avevano trovato ad attenderli una sua auto che li aveva condotti insieme alla loro incredibile quantità di bagagli a Monte Carlo, dove Onassis aveva già riservato una suite. Tutto era stato predisposto. Maria si era sentita gratificata da quel trattamento degno del suo status di Divina. Il loro albergo, accanto all'altrettanto mondano Hotel de Paris, era come un sogno uscito dai tempi della Belle Époque e sembrava fatto apposta per accogliere una grande star dell'opera lirica.

Fortunatamente Bruna, la sua governante a Milano, le aveva fatto i bagagli con molto criterio, per cui Maria aveva potuto portare con sé un'unica valigia e un beauty-case per quella notte in hotel e lasciare il resto dei suoi voluminosi bagagli in una stanza messa a disposizione dall'albergo, in attesa di essere trasportati sul *Christina*. Ma provandosi l'abito pensato per la cena con i coniugi Onassis, Maria si era resa conto di aver fatto la scelta sbagliata: quello adatto all'occasione si trovava nel baule. Oppure no? Era confusa e non sapeva più cosa mettersi per dare sfoggio delle proprie risorse allo stesso modo in cui lo faceva il loro anfitrione. Ovviamente in una situazione come quella, qualunque abito avesse scelto e per quanto a lungo ci avesse riflettuto sopra, sarebbe stato quello sbagliato. Consapevole di questo, aveva deciso di accontentarsi di quello che indossava.

La cena al ristorante dell'Hotel de Paris si svolse in un'atmosfera pesante. Gli Onassis avevano chiamato anche Elsa Maxwell, la quale era visibilmente offesa per non essere stata invitata alla crociera. Nei pochi momenti in cui non teneva il broncio lanciava frecciate, soprattutto ai danni di Tina e Meneghini, che peraltro non capiva una parola perché parlavano tutti in inglese e in francese. Aristotele Onassis tentò di tenere allegro il tono della conversazione e Maria fece del suo meglio per partecipare, anche se ne avrebbe fatto volentieri a meno in quelle circostanze: era tutto così banale che dimenticava il contenuto dei loro scambi nello stesso istante in cui le veniva in mente una risposta adeguata a quanto era appena stato detto. Più tardi, ripensandoci, Maria non avrebbe ricordato niente di quei dialoghi, salvo un paio di criptici commenti di Elsa e Tina riguardo a uomini, donne e relazioni. E comunque il clima era rimasto teso.

«Non mi piace la tua amica Elsa Maxwell» le disse Meneghini prima di andare a dormire. Era seduto sul suo letto alla francese, separato da quello della moglie da un comodino. A vederlo così, nel suo pigiama azzurro e con i capelli arruffati, Maria sentì un moto di compassione verso quell'uomo che le sembrò improvvisamente vecchio. Un sessantatreenne che non si era tenuto particolarmente bene. Quando i loro sguardi si incrociarono, lui scosse la testa amareggiato. «Ti ha trascinato in questa cricca di gente che pensa solo ai soldi e che vive al di fuori di ogni morale.»

Il sorriso gentile di Maria si trasformò in un'espressione esterrefatta. Com'era possibile? Era in piedi sulla soglia del bagno, con indosso una vestaglia di seta a fiori e sul viso una crema da notte che le rendeva le guance lucide. Per quanto cercasse di ricordare, non le veniva in mente nessuna osservazione fatta a cena che Battista avrebbe potuto capire. Era improbabile che fosse riuscito a tradurre quando Tina Onassis aveva confessato a Elsa Maxwell: «Sa, mia cara, non fa poi molta differenza essere sposate a un uomo mediamente ricco o a uno ricco sfondato...». Maria stessa si ricordava questa frase solo perché dentro di sé l'aveva ritenuta la cosa più stupida che era stata detta nel corso della serata. Elsa, invece, si era affrettata ad annuire e aveva consigliato a Tina di tenere bene sotto controllo Ari durante la crociera. Che conversazione imbarazzante.

«Questa gente conduce una vita completamente diversa dalla nostra, Maria» aggiunse Meneghini.

Maria fu assalita da un pensiero che la riempì di angoscia. «Hai forse cambiato idea sulla crociera?» Poi, senza aspettare una risposta, aggiunse subito: «Non possiamo declinare adesso e tornare a casa. È impossibile».

La prospettiva di non salire a bordo del *Christina* le provocò una fitta al cuore, come il pugnale di Medea. Nonostante all'inizio fosse stata titubante e l'invito di Onassis l'avesse fatta precipitare in un conflitto interiore circa la lealtà a suo marito, adesso si sentiva profondamente felice per la crociera. Complici anche Biki e Reynaud, si era creata un'aspettativa da sogno della vita in mare, circondata solo dal vento e dal cielo e con una magica libertà. Certo, aveva già attraversato l'Atlantico per mare nelle cabine di terza classe, ma non era mai stata l'ospite d'onore su uno yacht privato, tanto meno sulle dolci acque del Mar Mediterraneo. Non aveva intenzione di farsi portare via quel sogno. E nemmeno la sensazione piacevole che le suscitavano le attenzioni e l'ospitalità di Onassis.

Meneghini scostò il lenzuolo, ci si raggomitolò dentro e chiuse gli occhi. «Se a te fa piacere, ovviamente saliremo a bordo.» Le sue parole erano ridotte a un mormorio impastato di sonno.

Mentre cercava di riprendersi lentamente dallo choc, Maria sentì il respiro regolare del marito trasformarsi in un leggero russare.

* * *

Maria partì alla volta del *Christina* seguita da Meneghini e da un fattorino che trasportava le sue valigie, i sacchi con gli abiti e le borse. Erano le tre del pomeriggio e il sole picchiava da un cielo azzurro sgombro di nuvole. Nonostante Biki Bouyeure avesse affermato che in quel completo di lino color crema si sarebbe sentita fresca come una primavera, già in Place du Casino Maria aveva smesso di credere alle parole della stilista. Faceva talmente caldo che temette di arrivare a bordo sgualcita e completamente sudata…

Onassis li attendeva davanti alla passerella. Indossava un completo chiaro, camicia bianca e cravatta scura, che gli davano un'aria elegante e mondana, ben lontana da quella da marinaio che si era immaginata Maria. Le aveva parlato così spesso del fascino che esercitavano su di lui gli avventurosi viaggi di Ulisse, che Maria aveva finito per immaginarsi il suo anfitrione a bordo del *Christina* in abiti decisamente meno formali di quelli che sicuramente indossava per lavorare dietro alla sua scrivania. Sperò di non aver sbagliato con il proprio guardaroba come aveva fatto con le aspettative sulla *mise* di Onassis. La sua inquietudine crebbe.

Onassis lasciò che un marinaio aprisse la portiera dal

lato di Meneghini e aprì invece personalmente quella di Maria.

«*Kalós írthes*» disse portandosi alle labbra la mano di Maria, che stringeva nella sua. «Benvenuta.»

Qualcosa nel suo atteggiamento la intimidì. «Grazie dell'invito» rispose formale.

«Ora che ci siamo tutti, voglio presentarvi l'altro mio ospite d'onore. Sir Winston è arrivato un'ora fa.» La condusse sulla passerella, ignorando completamente la presenza del marito.

Maria lo seguì sui suoi sandali bassi. Aveva scelto scarpe senza tacco apposta per non risultare ancora più imponente rispetto a Onassis, che era già dieci centimetri più basso di lei. Inoltre le sarebbe stato più facile camminare sulle assi della passerella. Eppure si sentiva insicura come poche altre volte in vita sua. La stretta di Onassis avrebbe dovuto farla sentire protetta, ma per qualche motivo ottenne il risultato opposto. E non poteva nemmeno sottrarsi alla sua presa, perché la passerella era sottile e non le lasciava sufficiente spazio, per cui andò a finire che non lasciò la mano di Onassis neanche una volta raggiunto il ponte della nave.

Sir Winston Churchill era maestoso come se l'era immaginato Maria. Un uomo di ottantacinque anni, corpulento e carismatico, con radi capelli bianchi. Nel suo completo formale, l'ex primo ministro inglese e premio Nobel per la letteratura sembrava in partenza per una visita ufficiale, più che per una crociera privata. Era seduto in poltrona sul ponte, sotto una grande tenda da sole verde, e vicino a lui stava una gabbia con un pappagallo che blaterava qualcosa tra sé. Quando Onassis si avvicinò con la sua accompagnatrice, Churchill non si alzò.

«Posso presentarle Maria Callas?»

Lei si chinò per prendere la mano del grande uomo politico. Il suo cuore accelerò. Non ricordò un momento degli ultimi anni in cui si era sentita così poco straordinaria come di fronte a quell'uomo. Questa presentazione distaccata non prometteva certo una piacevole convivenza durante la crociera.

«Sono molto lieta di conoscerla» disse educata.

«Piacere mio» brontolò Churchill.

Il pappagallo emise un suono indistinto. Poi gracchiò: «Bacetto».

Maria restò di sasso. Imbarazzata, spostava lo sguardo avanti e indietro dal pappagallo al suo proprietario, sperando che Churchill non si accorgesse dell'espressione scandalizzata dei suoi occhi, nascosti dietro le lenti scure.

«Bacetto» ripeté il pappagallo.

Un sorriso rischiarò il volto serio e coperto di rughe nonostante le guance rotonde dell'uomo. Churchill scoppiò in una fragorosa risata. «Lui è Toby» disse.

Maria si unì alla risata, divertita e sollevata allo stesso tempo.

Di lì a poco, Maria e Meneghini fecero la conoscenza degli altri ospiti della crociera: la moglie di Churchill, Lady Clementine, la loro figlia maggiore insieme alla nipote sedicenne, il segretario privato di Churchill, Anthony Montague Browne, con sua moglie Noel, che si presentò in modo insolitamente cordiale usando il soprannome "Nonie", e, insieme a una lunga serie di servizievoli accompagnatori come maggiordomi e insegnanti privati, furono presentati a Maria anche i due figli di Tina e Aristotele Onassis: Alexander di undici anni – un ragazzo dall'aspetto gradevole anche se silenzioso – e la timida Christina, di otto anni, a cui lo yacht del padre doveva il nome. Onassis era visibilmente innamorato dei suoi figli, cosa che Maria non avrebbe mai detto della loro madre, almeno a una prima occhiata. Si sentì pervadere da un'ondata di invidia al pensiero dell'immeritata fortuna della giovane Tina Onassis. Maria avrebbe dato qualsiasi cosa per avere due figli così.

Anche più tardi, distesa sul letto della sua cabina – la suite Itaca – in cerca di un po' di riposo prima del cocktail sul ponte, Maria ripensò ai bambini e a quanto avrebbe voluto diventare madre. Fino a quel momento il suo desiderio non aveva potuto compiersi, perché Meneghini non era certo un uomo tagliato per la paternità. Poi, a un certo punto, nei suoi pensieri aveva fatto la sua comparsa Ari Onassis, che sembrava così a suo agio nel ruolo di padre. Lei non doveva e non voleva separarlo dai figli. Piuttosto, era disposta a trovare una pacifica convivenza con Meneghini. Almeno per la durata di questa crociera.

* * *

La cena fu servita sulla terrazza dell'Hotel de Paris. A Maria parve un po' bizzarro scendere dallo yacht sul quale era salita solo un paio di ore prima, ma non appena ebbe preso posto alla sinistra di Onassis ed ebbe posato lo sguardo sulla vista del porto monegasco, le fu subito chiaro il senso di quella scelta. Le luci delle barche scintillavano come lucciole sul mare scuro, mentre quelle del *Christina* al confronto sembravano un collier di diamanti. Era un'ostentazione della sua ricchezza e bastava quella ghirlanda di luci per dare l'idea dell'orgoglio dell'armatore. Onassis voleva mostrare ai suoi ospiti tutta la magnificenza dell'imbarcazione su cui avrebbero trascorso le due settimane successive. E per il digestivo sarebbero già tornati a bordo.

Dopo che il loro anfitrione aveva invitato tutti a risalire sul panfilo, chiamandoli a raccolta di fronte all'hotel, Maria perse di vista suo marito. Il suo sguardo sorvolò la Place du Casino, le appariscenti auto sportive, le eleganti limousine, le signore al braccio dei propri mariti e tutti quegli uomini che entravano nelle sale da gioco. I gioielli scintillavano come le luci sulle barche e nonostante la calura della sera, stole di pelliccia pregiata avvolgevano le spalle scurite dal sole. Senza occhiali, Maria non era in grado di distinguere i volti di quelle persone, ma di certo non mancavano teste coronate, regine di Hollywood e di altrove. Era la clientela tanto cara a Elsa Maxwell. La sua amica non era stata invitata quella sera e Maria si chiese da dove la stesse osservando.

«Maria!» Meneghini comparve al suo fianco. La prese

per un braccio. «Ho cambiato idea, preferisco non imbarcarmi.»

Maria strizzò gli occhi. «Come, scusa?»

«Purtroppo non è possibile stare un'altra notte in hotel» si intromise Onassis in tono gentile. Maria non si era resa conto di averlo alle spalle. Da lì era impossibile che non avesse sentito le parole di Meneghini. «Ho dato ordini al capitano di partire subito dopo mezzanotte.»

«Noi non possiamo venire» affermò il marito di Maria. «Sa, mia madre è gravemente malata e alla sua età bisogna esser pronti a tutto. Quindi è meglio se torniamo in Italia, così le staremo più vicini.»

Onassis gli diede una pacca amichevole sulla spalla. «Ma mio caro, non si preoccupi. Lei sarà reperibile in ogni istante e allo stesso modo avrà la possibilità di informarsi sulle condizioni della sua signora madre. Abbiamo quarantadue radiotelefoni a bordo e nell'arco di pochi minuti potete collegarvi con qualsiasi parte di mondo.»

«Be'...» mormorò Meneghini esitante.

«In caso dobbiate lasciare lo yacht, ovviamente vi metterei a disposizione il mio idrovolante parcheggiato sul ponte di coperta. In più abbiamo quattro imbarcazioni da diporto e un aliscafo.» Onassis diede un altro colpetto sulla spalla di Meneghini. «Andiamo! Dal *Christina* può raggiungere Varese nello stesso tempo che impiegherebbe da Milano o da Sirmione.»

Maria si domandò come facesse Onassis a conoscere il luogo di residenza di sua suocera e pensò che probabilmente la velocità con cui millantava di poterlo far rientrare in Italia dal *Christina* fosse pura spacconeria. Ma a lei stava bene così. Il pensiero di dover tornare indietro con Meneghini era come un incubo per lei. Pensò all'ospitalità greca e al fatto che nella patria dei suoi genitori era considerata una grave scortesia rifiutare un invito. La messa in scena di Meneghini non era solo inconsulta e fuori luogo, ma anche offensiva.

Mentre ascoltava in silenzio il dialogo dei due uomini, era arrivata l'auto che avrebbe dovuto portare lei e Meneghini al porto. Maria non si sentì indispettita quando Onassis diede la precedenza a suo marito e lo accompagnò con dolcezza sui sedili posteriori. Nel rialzarsi, la mano dell'armatore sfiorò come per caso il suo braccio.

«Farò in modo che suo marito abbia tutto ciò di cui ha bisogno, a bordo» le disse Onassis in greco. «Voglio che vi sentiate a vostro agio, come miei ospiti.»

«Questo lo so» rispose lei con un sorriso.

* * *

Meneghini si ritirò in cabina poco dopo essere risalito a bordo dello yacht. Maria, che lo aveva seguito nella suite Itaca, non poteva neanche pensare a dormire, da quanto era arrabbiata. Rimase in poltrona vestita di tutto punto senza riuscire a calmarsi, mentre il russare di suo marito non lo faceva sembrare tanto preoccupato per sua madre, come aveva affermato poco prima. Maria non aveva idea di come fosse arrivato a quell'improvviso cambio di rotta ed era furiosa per il suo comportamento. Per distrarsi, ascoltò l'aprire e il chiudersi delle porte delle altre cabine e cercò di ricordare dove era stato sistemato ogni ospite. Ma la rabbia che provava non si lasciava appianare come le pieghe del suo vestito. Neanche quando capì dai rumori intorno a lei che erano salpati riuscì a tranquillizzarsi. Accanto a lei, Meneghini spalancò la bocca nel sonno, in cerca di aria.

Per un attimo pensò di svegliarlo e parlarci, per porre l'accento sull'imbarazzante figura che aveva fatto. Ma poi decise di non farlo, si alzò e lasciò la cabina. Sul ponte sarebbe stata sicuramente meglio. In quel momento anche la prospettiva di dormire su una sdraio le pareva più allettante che passare la notte nella stessa stanza di suo marito.

I corridoi erano immersi in una penombra indefinita. Maria superò senza fare rumore le porte delle altre cabine e raggiunse la scala a chiocciola che collegava i vari piani dell'imbarcazione. Il corrimano di bronzo era fresco al tatto e le colonnine di onice si confondevano nella semioscurità. Passeggiò per la nave, felice di non incontrare nessuno, e inspirò l'aria a pieni polmoni. Adesso che era sola percepiva gli spazi intorno a sé in modo diverso rispetto a quando avevano fatto la visita guidata con Onassis. Gli arredi dello yacht erano pretenziosi, certo, ma dimostravano un tale gusto e una tale ponderatezza, che Maria non aveva potuto fare a meno di credere a Onassis quando aveva detto ai suoi ospiti che il *Christina* era la sua vera casa.

Una volta raggiunto il ponte, il rumore dei motori si fece più forte e il vento che la accolse era inaspettatamente fresco. Il mormorio del mare e lo sciabordio delle onde che si infrangevano sullo scafo si mescolavano al suo leggero fruscio.

Senza pensare a una meta precisa, Maria si avviò verso poppa come sospinta da un incantesimo. Forse stava seguendo istintivamente la ghirlanda di luci a bordo e i puntini scintillanti sulla terraferma, sempre più lontani.

Si accorse con sorpresa di non essere sola. Appoggiata al parapetto c'era una figura in smoking, una sigaretta in mano. Doveva aver sentito i suoi passi; stava osservando in direzione del porto, che vedeva allontanarsi piano piano, e non verso il ponte immerso nell'oscurità, perché si voltò solo quando Maria gli giunse vicino.

«Me ne sto sempre qui, quando salpiamo.» La voce di Onassis era sommessa, come se stesse facendo un discorso solenne. «Venga qui da me, così guardiamo insieme indietro.»

«Che meraviglia» disse lei quando gli fu accanto. Da lontano, le luci di Monte Carlo sembravano galleggiare a mezz'aria. Su di loro, le stelle scintillavano come un nastro luccicante che univa la terra al mare.

Onassis tirò dalla sua sigaretta, assorto. Dopo qualche istante raccontò: «La prima volta che ho visto questa immagine è stato trentasei anni fa, quando partii da Napoli per l'Argentina con un biglietto di terza classe. La nave costeggiò l'Italia e la Francia. Io ero giovane e senza mezzi, un povero diavolo insomma, e potevo solo intuire da lontano lo splendore di Monaco. Però giurai che ci sarei tornato in circostanze migliori.»

Maria rifletté che era nata nel dicembre dello stesso anno in cui lui era partito per il Sudamerica. E ricordò il viaggio che lei stessa aveva compiuto alla fine della guerra; portava con sé lo stesso carico di speranza. Quando finalmente era riuscita a tornare a New York, nel settembre del 1945, era convinta che le porte dell'opera lirica degli Stati Uniti si sarebbero spalancate davanti a lei. Questa speranza si sarebbe rivelata una delle più grandi delusioni della sua vita, che era terminata con il rientro forzato in Europa. All'epoca aveva qualche anno più di Onassis quando era emigrato in Argentina, ma era altrettanto povera. E anche lei aveva fatto un giuramento a se stessa al momento di imbarcarsi per attraversare l'oceano: sarebbe tornata nella sua città natale da star. E ci era riuscita, proprio come Onassis era stato capace di conquistare le luci di Monte Carlo, oltre che osservarle riflesse nel mare.

«La capisco» disse Maria alla fine. «Anche io ho vissuto la stessa cosa in una circostanza molto simile.»

«Noi due abbiamo molte cose in comune, non è vero?»

Maria sentì il cuore rullare come la batteria di un gruppo rock. «Sì» concordò a bassa voce. «Sembra di sì.» Poi continuò, prendendo coraggio: «Siamo due greci derubati della loro patria».

«Non intendevo questo. Non solo, almeno.»

«Già, la sua patria è questo yacht.»

Onassis non si voltò verso di lei, ma rimase a osservare la costa che si perdeva in lontananza, le sue luci ormai più piccole delle stelle. «Io amo questa barca. Mia moglie dice che quando sono a bordo divento una casalinga dispotica che si accorge di ogni granello di polvere e non fa che redarguire il personale.»

«Non è molto carino» sfuggì a Maria.

«Infatti» concordò lui impassibile. Poi proseguì, in tono sorprendentemente calmo: «Tina non aspetta altro che lasciare me e tutto questo. Reinaldo Herrera, il suo amante di turno, l'ha fatta uscire di testa.» Le parlava dell'infedeltà della moglie con un grande distacco, come se discutesse dell'andamento della borsa.

Maria si morse il labbro e inghiottì il commento che stava per esprimere, preferendo tacere. Stando alla sua esperienza, gli uomini greci tendevano sì a comportarsi come dei pascià nel matrimonio, ma non erano certo dei fatalisti. Non riusciva a immaginare che un uomo tradito potesse affrontare le scappatelle della moglie con la serenità che ostentava Onassis. D'altro canto, la relazione di Tina Onassis non la riguardava affatto, così come non la riguardava il modo in cui l'armatore vi reagiva. Eppure una voce dentro di lei la stava avvisando che non le sarebbe stato tanto facile ignorare ciò che lui le aveva appena detto. Perché l'interesse che Onassis aveva per lei derivava anche dal comportamento della moglie. Maria si strinse le braccia intorno al petto, come per proteggersi da qualcosa o per eliminare tutta l'aria dai polmoni ed evitare di dare una risposta avventata.

Ma poi buttò a mare ogni cautela e gli chiese senza tanti giri di parole: «Lei è davvero una persona così aperta?». E prima che lui potesse confermarlo, le sfuggì: «Nel profondo, gli uomini greci sono conservatori proprio come gli anatolici».

«Dunque mi ritiene ancora un *tourkosporos.*» Onassis rise piano. «Forse ha ragione. Eppure ci ho provato davvero a dimostrarmi comprensivo nei confronti delle relazioni di mia moglie. In fondo, anch'io sono un *romios.*»

«Quindi un vero uomo greco, uno sciovinista» tagliò corto Maria. Continuò a parlare, prima ancora di rendersi conto di quanto la conversazione si fosse fatta intima. Quando ci fece caso, ormai era troppo tardi. «Io non capisco come una donna greca possa fingere di amare un uomo e poi andare a letto con un altro.»

Onassis, assorto, rigirava il mozzicone della sigaretta tra le dita. «Nel frattempo non ho più alcun interesse per quello che fa, fin tanto che i bambini conducono una vita serena. È solo per Alexander e Christina che non ho ancora acconsentito al divorzio.»

Per un po' rimasero l'uno accanto all'altra in silenzio, a guardare l'orizzonte oltre il mare scuro. Maria dovette constatare ancora una volta quanto fosse piacevole la compagnia di Onassis, anche solo per stare fianco a fianco in silenzio. Di solito lei tendeva a parlare troppo per dissimulare la sua timidezza. Eppure in quel momento non c'era niente che la mettesse a disagio. Né il suo fascino carismatico, che le piaceva anche se si divertiva a opporvisi, né tantomeno la falce di luna argentata riflessa nell'acqua che sembrava presa in prestito da un allestimento dell'*Aida.* Ognuno seguiva lo scorrere dei suoi pensieri, ma sembravano comunque uniti da un filo invisibile. Lei, almeno, per qualche motivo si sentiva stranamente protetta.

Onassis si voltò verso Maria. «Io sono un animale notturno, non ho bisogno di dormire molto. E lei?»

Un'altra cosa in comune. «Anch'io» rispose Maria a voce così bassa da temere che non potesse sentirla.

«Potrei stare fino all'alba qui in sua compagnia. In silenzio. Parlando. Fa lo stesso. Ma...»

Maria trattenne istintivamente il fiato.

«Ma dovremmo attenerci alle convenzioni. Non sta bene che due persone sposate stiano sole sul ponte a osservare le stelle. Sir Winston e Lady Clementine lo considererebbero sconveniente, se lo scoprissero.» Un accenno di sorriso smorzò l'effetto delle parole di Onassis, che sembravano provenire da un altro secolo.

Santo cielo, pensò Maria, *non ci stiamo neanche sfiorando. E poco fa stavamo parlando apertamente delle relazioni di sua moglie.* Ma forse era proprio questo a metterlo a disagio, adesso. A quanto pareva, voleva che Maria si congedasse e lei non sapeva se sentirsi più indignata o più delusa. Poi disse a voce alta, come per avvalorare la sua tesi: «Lei stima molto Churchill». *Più della mia compagnia*, aggiunse tra sé.

«È un mentore per me. Una figura paterna, se vuole.»

E Maria lo capiva bene. Anche lei aveva sempre rincorso suo padre, un padre che non aveva mai tempo per lei, che aveva dovuto lasciare e che l'aveva delusa amaramente con il suo incrollabile amore per Alexandra Papajohn. Per un periodo aveva creduto che Meneghini avrebbe colmato questa lacuna. Ma nel frattempo aveva scoperto di essere ancora alla ricerca.

Annuì. «Dove lo ha conosciuto?»

«Ci hanno presentati tre anni fa a una cena organizzata dall'agente letterario di Churchill, che ha una villa a Roquebrune, in Costa Azzurra. Io ero molto nervoso... non capita tutti i giorni di conoscere un vero e proprio eroe. Durante la nostra conversazione, pensai di averlo offeso con un commento su Cipro, ma alla fine Sir Winston disse ad Anthony Montague Browne: "Onassis ha carattere".» Era evidente che quel complimento lo riempiva ancora oggi di grande orgoglio. «Da quel giorno siamo amici, più o meno.»

Maria ripensò con un sorriso al petulante pappagallo dell'uomo di Stato. «A quanto pare, Sir Winston Churchill riserva sempre qualche sorpresa.»

«È così che ha salvato il mondo dal nazifascismo. Non dimentichiamoci di come sarebbe la nostra vita oggi, se non ci fosse stato quest'uomo.»

«Già» si limitò a rispondere lei. Per un attimo si chiese se fosse il caso di raccontargli le sue esperienze durante l'occupazione tedesca, di come sua madre pretendeva da lei, di appena vent'anni, che andasse a letto con i soldati tedeschi in cambio di cibo e di qualche altro beneficio. Ma lei non aveva mai fatto altro che cantare – arie di Richard Wagner, del *Fidelio* di Beethoven e di Marta in *Tiefland* – ottenendo comunque gli stessi risultati. Dopo la guerra era stata accusata di aver cantato opere tedesche, ma in fin dei conti lei aveva fame e in più doveva trovare il modo di sfamare anche la sorella e la madre. E comunque era musica straordinaria.

In quel momento le tornò in mente che Onassis aveva giudicato inopportuno il loro incontro fortuito sul ponte e che Churchill lo avrebbe trovato sconveniente. Doveva tornare nella sua cabina, per quanto le dispiacesse dover interrompere la loro conversazione.

Quasi le avesse letto nel pensiero, Onassis disse: «Maria, vorrei tanto che potessimo passare ogni notte insieme a parlare. E spero che valga lo stesso per lei. Se con noi ci fosse un terzo ospite, la cosa sarebbe già più conforme all'idea di morale di Sir Winston e Lady Clementine, per cui farò in modo che non restiamo più soli, io e lei.» Il suo sorriso era così ampio che si vedevano i denti brillare al buio.

Maria inarcò le sopracciglia, sorpresa. Si sentiva un po' vecchia per avere una dama di compagnia. Per un attimo temette che potesse essere Meneghini, ma poi pensò che suo marito, a differenza di lei, a quell'ora dormiva già da un pezzo, essendo tutt'altro che un animale notturno. Avrebbe scoperto cosa aveva in mente Onassis, e se la cosa non le fosse piaciuta, poteva sempre andarsene.

Maria alzò le spalle e fece per ritirarsi in cabina, combattuta tra il desiderio di rimanere lì e il timore di Onassis di urtare la sensibilità degli altri ospiti. Mentre si allontanava, si sfilò le scarpe e camminò scalza sulle assi ancora calde di sole. Il legno sotto i piedi le dava una sensazione magnifica. Una folata di vento liberò due ciocche di capelli dalle forcine e dai fermagli dell'acconciatura e in quel momento Maria seppe che non avrebbe lasciato lo yacht. Qualunque cosa accadesse.

«*Kalinýchta*, Maria.»

La sua voce sembrava portare in sé una promessa, nonostante le avesse dato solo la buonanotte.

16

Santa Fe, inizio settembre 1968

La sua amica Mary Mead le aveva fortemente sconsigliato di partire per il Texas, perché in quel periodo a Dallas faceva ancora molto caldo e l'umidità nell'aria era eccessiva. Forse pensava anche che i festeggiamenti per l'inizio della scuola dei suoi figli non rappresentassero l'occasione più adatta per salvare Maria dalla sua disperazione. Ma lei non voleva rimanere a New York per nessun motivo. La camera degli ospiti dei Gatsos le sembrava come inquinata da quando vi aveva accidentalmente visto quel talk show in televisione. Doveva andarsene da lì, non importava dove, sperava che spostandosi in qualsiasi altro posto sarebbe riuscita a sfuggire al suo incubo.

Larry, con il palese pretesto di preparare il terreno per la *rentrée* della Callas, le procurò un invito a Kansas City da parte dell'industriale e collezionista d'arte David Stickelbar. Maria accettò ogni cosa, dal nuovo inizio della sua carriera al soggiorno presso un perfetto sconosciuto. Ma oltre all'enorme quantità di bagagli, la seguì nel suo viaggio verso ovest anche Aristo, giacché i pensieri attorno al suo amato non si lasciavano scacciare e il dolore per quella rottura non ne aveva voluto sapere di rimanere a New York. Prima di partire, aveva lasciato istruzioni a

Costa Gatsos su come comportarsi in caso Aristo avesse telefonato e chiesto di lei. Ma quando, dopo tre giorni a Kansas City, non aveva ricevuto ancora nessuna telefonata, decise che non avrebbe resistito oltre nell'attesa e che preferiva ripartire. Volò con il jet aziendale di Stickelbar, dove le sue borse e valigie dovettero essere stipate nella toilette dell'aereo perché non c'era spazio a sufficienza. E ancora non si era resa conto di quanto pesasse l'unica vera zavorra che si portava dietro.

La tappa successiva fu Colorado Springs, una pittoresca città sul limitare occidentale delle Rocky Mountains. Ma nei bungalow dell'Hotel Garden of the God Maria si sentì a disagio esattamente come a New York e a Kansas City. Neanche la vista sulle antiche e bizzarre formazioni di pietra arenaria rossa la aiutò a lenire il suo dolore. Ogni dettaglio le ricordava di aver perso l'amore della sua vita. Quando le cadde l'occhio sul nome della sua camera – *Kissing Camels* – pensò ad Aristo e alla Kennedy che si baciavano. E si mise a piangere. Ancora e ancora. Resistette quarantott'ore a quell'associazione di idee, e il terzo giorno lei e i suoi compagni ripartirono in direzione sud.

Durante il volo sui monti in direzione New Mexico Maria fantasticò di essere in crociera, dove le nuvole sotto di lei erano il mare. Più scappava dai suoi ricordi, più vi restava intrappolata. Quel viaggio attraverso gli Stati Uniti, la sua Odissea, non si discostava poi tanto dalle traversate per mare fatte al fianco di Aristo. L'itinerario della loro prima crociera insieme l'aveva pianificato secondo i desideri di Sir Winston Churchill. Gli aveva chiesto dove volesse andare e l'anziano amico aveva risposto che avrebbe visitato volentieri la patria del suo anfitrione. Per questo era stato previsto di costeggiare la Turchia. Tanto per cominciare, il *Christina* aveva fatto tappa in vari porti italiani: nella mondana Portofino, dove Maria era andata a passeggio insieme a Tina Onassis e Nonie Montague Browne, poi Napoli, Capri e Stromboli, prima di iniziare la traversata verso la Grecia passando da Messina. Anche allora, nove anni prima, era estate e Maria ricordava benissimo l'intenso profumo dei pini di quando sbarcavano per una passeggiata. Ed era esattamente lo stesso aroma che la accoglieva adesso, scendendo la passerella dell'aereo a Santa Fe. Fu come se avessero riportato indietro il tempo, come se il destino si ostinasse a non farle dimenticare.

Nella hall dell'Hotel Rancho Encantado, Maria trovò una sorpresa ad attenderla. Da una delle poltroncine in pelle color crema si alzò la sua amica Mary Mead. «Mi dispiace tanto non essere potuta venire prima. Ma adesso ci sono, sono qui per te.»

Maria strinse la mano di Mary. «Allora, come prima cosa dobbiamo fare in modo che la tua *casita* sia accanto alla mia. Si dice così qui, no?»

Mentre raggiungeva l'hotel in macchina, Maria aveva notato i graziosi bungalow allineati attorno al basso edificio principale. La prospettiva di passare le nottate in terrazza con Mary, a lavarsi via il dolore dall'anima a furia di parlare, le sembrò magnifica. Per il momento cercò di scacciare il pensiero che anche lei e Aristo, nove anni prima, si erano innamorati grazie a lunghe conversazioni. Decise di non pensarci, almeno finché si trovava alla reception insieme ai suoi compagni in attesa della chiave della camera.

«Intanto riposatevi un po'» propose Larry. «Io devo fare qualche telefonata dalla mia stanza, ci vediamo più tardi al bar, per il cocktail.»

«Mi perdoni, Mister Kelly» si intromise il portiere «le nostre *casitas* non dispongono di collegamento telefonico.»

Maria si voltò di scatto. «Intende dire che nelle camere e nelle suite non ci sono telefoni per gli ospiti?»

Il portiere si limitò ad alzare le spalle per poi farle ricadere con un misto di autocompatimento e rassegnazione. «Proprio così, madame.»

Per un istante Maria rimase senza parole. Come avevano potuto i suoi amici portarla in un hotel nel quale gli ospiti non potevano telefonare – e soprattutto ricevere telefonate – dalla propria stanza? Aristo non l'avrebbe contattata per il semplice fatto che non era raggiungibile.

«Io non posso restare qui» sbottò.

I suoi amici si scambiarono uno sguardo eloquente.

Maria portò le mani ai fianchi e li guardò con aria di sfida. «Che c'è? Non riesco a dormire senza un telefono accanto al letto. È escluso.»

Alle sue parole seguì un silenzio turbato.

Intanto nella hall si erano riuniti altri clienti. Nuovi arrivati che aspettavano accanto ai loro bagagli di essere ricevuti alla reception e turisti che alloggiavano nell'hotel e che rientravano da un'escursione, una passeggiata o una partita a golf. Le suole chiodate delle scarpe da golf ticchettavano sul pavimento di pietra. Sguardi curiosi avevano seguito la scenata della Diva, alla quale seguì un mormorio diffuso, la gente sembrava chiedersi se la donna visibilmente sconvolta del gruppetto di persone ben vestite alla reception fosse davvero la Callas.

David Stickelbar fu il primo a ritrovare la voce. «In questo caso dovremo cambiare alloggio» dedusse, asciutto.

Il portiere annuì. «All'Hotel La Fonda, in centro, hanno le stanze dotate di telefoni. Posso chiamarli e chiedere se hanno qualche camera disponibile.»

«Ovviamente Maria Callas ha bisogno di una suite» osservò Larry.

«Tre» lo corresse Mary. «Ci servono tre suite.»

«Farò del mio meglio» promise il portiere «ma dubito che abbiano così tante camere libere. Il Labor Day casca proprio in questo fine settimana e Santa Fe è una delle mete preferite...» Poi si chiuse in un silenzio eloquente.

«Li chiami, gentilmente» lo pregò Larry.

Maria si accorse di quanto fosse irritato il suo amico. In fin dei conti, la circondava di cure fin dal momento della loro fatidica discesa dallo yacht senza alcuna interruzione se non in quei giorni a Parigi che l'avevano fatta finire all'ospedale. Larry c'era sempre per lei, faceva di tutto per tirarle su il morale e aiutarla a scoprire nuove prospettive per la sua vita. Dal suo punto di vista, il metodo migliore per dimenticare il tradimento di Aristo era tornare alla ribalta. Maria gli era riconoscente per tutto quello che faceva, anche se le sue risposte circa i piani di Larry si facevano sempre più vaghe. Lei non voleva cantare. Lei voleva riavere l'uomo che amava ed era proprio questo che Larry sembrava non capire. Ma Maria glielo perdonava, ovviamente. Gli rivolse un sorriso affettuoso.

«Sapete cosa?» Maria si sforzò di assumere un tono allegro: «Andiamo da qualche altra parte. Io non sono mai stata a Las Vegas. Potremmo volare fin là.»

«In due ore potremmo essere sulla Strip» concordò Stickelbar, il cui jet aziendale veniva ormai usato da Maria come un'auto privata.

«Almeno lì è pieno di alberghi e so che al Desert Inn le suite dispongono di telefoni in camera» affermò Mary.

«Era quello che speravo.» Maria guardò i suoi amici sorridendo. «Anche se Las Vegas è un po' meno bucolica di queste zone.» Dentro di sé aggiunse che era certa di divertirsi molto di più nelle fumose sale dei casinò, piuttosto che a odorare quel profumo di pini che sembrava perseguitarla.

Il portiere aveva parlato con i suoi colleghi in centro attraverso il telefono della reception, probabilmente l'unico di tutto l'hotel. Riattaccò, scuotendo la testa. «Mi dispiace, signori, il La Fonda è al completo.»

«Per favore, chiami l'ufficio del direttore dell'Hotel Desert Inn di Las Vegas» chiese Mary stringendo fiduciosa la mano di Maria.

«È stato un soggiorno breve» mormorò Larry. «Finora

eravamo sempre rimasti almeno tre giorni in un posto, prima di ripartire.»

«È come in crociera» rispose Maria. «A volte la nave resta in porto più a lungo, altre volte ci resta pochissimo.»

17

Mar Mediterraneo, luglio 1959

Maria aveva viaggiato molto negli ultimi dieci anni, ma le sue vacanze si erano sempre limitate a qualche giorno sul Lago di Garda o a Venezia. Dedicarsi solo al proprio benessere per giorni e giorni, alla vista di un cielo blu cobalto e delle sfumature sempre cangianti del mare, perdersi nei propri pensieri e lasciarsi scivolare tutto addosso era un'esperienza completamente nuova per lei, e la trovava straordinaria. La vita sul panfilo le offriva spettacoli talmente affascinanti che poteva stare ore a rimirare l'acqua, a osservare le onde e a contare le creste di schiuma, sentendosi libera come non si era mai sentita prima. Nonie Montague Browne sosteneva di aver visto addirittura dei delfini all'alba, ma dato che Maria a quell'ora dormiva sempre non poteva confermare personalmente la veridicità dell'informazione. Quando anche Onassis affermò di averli visti, Maria pensò che lui, a quanto pareva, aveva ancor meno bisogno di dormire di lei.

Mentre di giorno si occupava con grande abnegazione di Winston Churchill, di notte Onassis era tutto per Maria. Dopo cena i due rimanevano seduti sul ponte a godersi la brezza tiepida, ad ascoltare il rumore delle onde e a chiacchierare del più e del meno. Parlavano in greco o in inglese, mentre i rispettivi coniugi si erano già ritirati da un pezzo nelle loro cabine. Come promesso, Onassis faceva sempre in modo che ci fosse una terza, rispettabile, persona con loro, reclutando talvolta Nonie e talvolta Anthony Montague Browne. Ma in un certo senso erano comunque soli, giacché né la governante né nessun altro terzo incomodo avevano sufficienti conoscenze della lingua greca per capire anche solo il senso di ciò che dicevano. Maria supponeva che, quando Onassis passava all'inglese, lo facesse solo per educazione o per mantenere alto l'umore del sorvegliante. Ma a lei stava bene così. Le piaceva ascoltare il suono della sua voce in qualunque lingua parlasse.

Se ne stavano tranquillamente seduti sul divanetto spostato a bordo piscina. Onassis le aveva mostrato con orgoglio che bastava azionare una leva e la piscina si trasformava in una pista da ballo. Un altro bottone, e da una serie di ugelli a bordo piscina partivano delle fontane che al buio brillavano di colori fosforescenti. A Onassis doveva piacere molto quel giocattolo, perché non si stancava mai di metterlo in moto. Quella sera però c'erano solo i faretti a illuminare il mosaico minoico sul fondo della piscina, la cui pompa gorgogliava piano mentre Nonie faceva la sua nuotata notturna. Maria sorseggiava un whisky dal bicchiere che le aveva messo in mano il padrone di casa. Sembrava proprio che nessuno potesse rifiutare qualcosa ad Aristotele Onassis: lei aveva ceduto all'alcol che solitamente non beveva mai e la raffinata signora inglese faceva sport notturno per non declinare l'invito di unirsi a loro sul ponte.

Poiché Onassis sembrava non fare niente senza uno scopo preciso, Maria sollevò il pesante bicchiere di cristallo e gli chiese, con un sorriso: «Ha forse intenzione di farmi ubriacare?».

Lui rispose al sorriso. «No. Lungi da me. Voglio solo bere un bicchiere in sua compagnia. Da amici.»

Amici, pensò Maria trasognata. Sì, probabilmente erano diventati amici. Amici stretti, addirittura. Ormai da cinque sere celebravano insieme il loro rito notturno. All'inizio le loro conversazioni vertevano su temi banali, poi lui le aveva raccontato qualcosa in più sul suo rapporto speciale con Winston Churchill che era sfociato in un affetto quasi paterno. La sua adorazione per il famoso uomo di Stato arrivava al punto che ogni sera si recava con il capitano nella cabina di Churchill per discutere e ricontrollare la rotta del giorno seguente, e si offriva di diminuire la potenza dei motori quando il rumore sembrava disturbarlo. Maria ammirava Churchill, certo, ma ammirava ancor di più Onassis per il suo rapporto particolare e profondo con quell'anziano signore.

«Vorrei chiamarla Aristo» disse Maria a un tratto. «Aristo. Non Ari come la chiamano tutti gli altri.»

«Benissimo.» Il gioco di parole sembrò piacergli. In greco "aristo" significava qualcosa come "l'eccellente" e non c'erano dubbi sul fatto che si rispecchiasse in quella definizione. Poi aggiunse: «Maria l'Assoluta, la Divina... *Mmm*... Penso che mi limiterò a Maria.»

«Da amici» ripeté lei.

La testa di Nonie spuntò fuori dall'acqua. Tenendosi a galla con le gambe, sollevò un braccio per salutare Onassis, che le rispose contento.

Mentre la moglie del segretario personale di Churchill si preparava a una vasca a stile libero, Maria disse: «Non dovrebbe nuotare così tanto, finiranno per crescerle le squame».

«È un'inglese. Le donne come lei sono resistenti.»

A Maria vennero in mente i dialoghi che Nonie e sua figlia avevano avuto con Tina Onassis e Lady Clementine. Parlavano di docenti privati e di eleganti collegi in Gran Bretagna, ricordando divertite gli scherzi innocui che avevano giocato alle compagne di scuola o agli insegnanti. Maria non aveva potuto partecipare alla conversazione, perché non aveva avuto accesso a un'istruzione sofisticata come la loro, anzi: il suo percorso scolastico era finito decisamente troppo presto. E dato che sua madre le aveva impedito di coltivare rapporti con i ragazzi e le ragazze della sua età, non aveva nessun aneddoto divertente da raccontare della sua infanzia e giovinezza. E meno prendeva parte a quelle chiacchierate, più distintamente percepiva la propria esclusione dalla cerchia delle signore. A loro volta, le signore si mostravano indispettite dalla sua ignoranza e per quanto Maria fosse abituata all'invidia e ad avere pochi amici, in quel contesto entrambe le cose la mettevano particolarmente a disagio. Fu per questo che tutto a un tratto si sporse in avanti e facendo un piccolo cenno del capo in direzione di Nonie sussurrò a Onassis in greco: «In ogni porto troviamo dei paparazzi ad attenderci. Lei ha detto che sono io a chiamarli, ma non è vero».

«E allora?» rispose Aristo bevendo un sorso di whisky. «Per certa gente innervosirsi per la stampa fa parte delle regole del galateo.»

«La Callas è già abbastanza famosa. La cosa bella di questo viaggio è che siamo lontani da tutto. E se c'è qualcuno che suscita interesse sulla terraferma, quello è Sir Winston. Io non ho certo bisogno di attenzioni.»

«Ah, no? A me piace mostrare quello che ho.»

Questa risposta la sorprese. E non solo per la placidità con cui la espresse. Era forse lo stesso Onassis a richiedere i fotografi a ogni porto al quale attraccava il *Christina*? Cercò di capirlo dai suoi occhi, ma non ci riuscì per via delle lenti scure che indossava anche di notte. Nonostante Maria morisse dalla voglia di chiederglielo, si trattenne. Aristo avrebbe comunque parato il colpo senza dire una parola in più di quanto voleva. Ma allora era vero che la Callas per lui era solo un trofeo con il quale mettersi in mostra? Eppure a Winston Churchill lo legava un'amicizia sincera. E dunque perché quel privilegio non poteva toccare anche a lei?

«Laggiù!» esclamò Onassis a un tratto. Saltò su così all'improvviso che per poco non rovesciò il tavolino di fronte alle poltrone. «Maria, guardi!»

Lei seguì il suo sguardo e si alzò a sua volta, sentendosi piena di rispetto, timore ed entusiasmo. Provò un miscuglio di sensazioni contrastanti al vedere l'eruzione del vulcano davanti a loro.

Già al tramonto, durante il cocktail, Aristo aveva invitato i suoi ospiti a osservare l'isola di Stromboli, uno scoglio che si ergeva dal mare con la sua forma piramidale e che era costituito – come aveva spiegato l'armatore – da vari crateri attivi. Ma con grande delusione di Aristo, proprio nel momento in cui avrebbe desiderato mostrare ai suoi ospiti quello spettacolo della natura, il vulcano non aveva dato segni di vita. Così, mentre il *Christina* proseguiva la sua navigazione verso est, non aveva potuto fare altro che intrattenere la compagnia con dei racconti della mitologia greca. Aveva di nuovo chiamato in causa il suo eroe preferito, Ulisse, che aveva evitato le pericolose Plancte – due scogli avvolti dalle fiamme e circondati da correnti violente – passando per lo stretto di Messina, proprio come aveva in mente di fare Onassis.

«Avanti!» stava urlando adesso rivolto al vulcano. «Facci vedere cosa sai fare!»

Maria si accorse a malapena di Nonie Montague Browne, che nel frattempo era uscita dalla piscina. Fissava la punta di quel triangolo scuro in mezzo al mare che si ergeva verso il cielo rischiarato dalla luna. Una fiamma schizzò verso l'alto dritta come un fuso, spruzzando scintille tutto intorno come stelle filanti. Un rivolo stretto di lava iniziò a scendere il fianco della montagna, una scia luminosa rosso-arancione sulla roccia nera.

«Non avevo mai visto un'eruzione così violenta.» La voce di Onassis era piena di rispetto, ma sembrava anche stranamente oppressa. Il suo entusiasmo sembrava scemato. «Non mi piace.»

Rapita com'era dalla visione, Maria non aveva certo pensato che un'eruzione simile potesse essere di cattivo auspicio. Istintivamente, si fece il segno della croce. Forse in quel modo sarebbe riuscita a scacciare il presagio negativo di Aristo, non volendo che gli succedesse qualcosa di male.

«Impressionante» si limitò a osservare Nonie Montague Browne dietro di loro. Con la coda dell'occhio Maria la vide avvolgersi in un asciugamano.

«Nella mitologia greca il dio del fuoco è Efesto» spiegò Onassis. Parlava in inglese, anche se sembrava rivolgersi più a se stesso che a Maria o a Nonie. «Un buon vecchio fabbro sposato con Afrodite, che però lo tradisce con Ares. Per punire la moglie e il suo amante, Efesto forgia una rete che cade sui due mentre fanno l'amore. Poi presenta i due prigionieri agli dèi perché possano giudicarli. Ma questi si limitano a scoppiare in una gran risata.»

Alla sua storia seguì un pesante silenzio. Neanche a Maria venne in mente qualcosa da dire per stemperare la tensione nell'aria. Aveva capito il nesso che Onassis tracciava tra la mitologia e la propria situazione personale. Le bastò un'occhiata per capire che anche per Nonie era la stessa cosa. E a un tratto furono colti tutti e tre dalla paura.

* * *

A Meneghini venne il mal di mare. Nonostante il Mediterraneo fosse piatto come il Lago di Garda in piena estate, il marito di Maria sosteneva di soffrire anche per quel minimo moto ondoso. Lei non gli credeva, era molto più probabile che si stesse annoiando. Fatto sta che Meneghini, tra un lamento e l'altro, si ritirò nella loro cabina e ne riemerse solo all'approdo successivo. Se da un lato Maria si sentiva mortificata per quel comportamento fuori luogo, dall'altro le dava un certo sollievo. Se Meneghini rimaneva nella suite, lei non aveva bisogno di mostrarsi zelante nei suoi confronti davanti agli altri ospiti per dare l'impressione di una moglie affettuosa. Si accorse di sentirsi molto più rilassata e a suo agio senza lui accanto e questa sensazione si fece man mano più forte. Ma nonostante questo, la situazione le pesava.

«Sembra preoccupata» le disse Onassis durante il loro incontro serale sul ponte, ormai divenuto una routine. Davanti a loro solo un paio di candele protette da un vetro e la luce della luna che trasformava il mare in argento liquido. Quella sera a tener loro compagnia c'era Anthony Montague Browne, sprofondato in una sdraio con la scusa di leggere un libro scelto dalla biblioteca di bordo, anche se più che altro sembrava a un passo dall'addormentarsi. Nonostante il sonno del suo amico, Onassis rimase ligio alle regole e non sfiorò né una mano né il volto di Maria, mentre le chiedeva: «Cosa la turba al punto di far nascere una piccola ruga tra le sue sopracciglia?».

Maria si passò istintivamente una mano sulla fronte.

«Mio marito.» Le era sfuggita la verità, nonostante fosse sua intenzione depistare Aristo con una scusa qualsiasi.

«Vuole che svegliamo l'infermiera? A bordo siamo attrezzati per qualsiasi esigenza medica.»

«No, non importa» si affrettò a dire Maria. «No, non sono preoccupata per lo stato di salute di Battista. Piuttosto...» Si interruppe. A un tratto le mancavano le parole.

Quanto poteva svelare del problema che aveva sollevato Meneghini sulla loro situazione finanziaria? La notte era seducente, le stelle nel cielo erano le uniche testimoni, lo champagne induceva alle confidenze. Il guardiano incaricato del decoro, sempre che ascoltasse, non capiva il greco, per cui era come se lei e Aristo stessero parlando a quattr'occhi. D'altro canto avrebbe compiuto un enorme tradimento nei confronti del marito, se avesse rivelato al loro anfitrione della cattiva gestione dei suoi cachet da parte di Meneghini. Forse rappresentava un atto ancora più sleale di quando ad Amsterdam aveva chiesto a Peter Diamand di non versare più il suo onorario al marito.

Maria bevve un sorso di champagne e scrutò Aristo da sopra il bordo del bicchiere. Lui le rivolse uno sguardo attento e amichevole, carico di attesa, ma non indagatore o curioso. Pensò alla premura affettuosa che riservava a Churchill e si convinse che una persona come Onassis non avrebbe mai usato la sua confidenza contro di lei o per prenderla in giro.

«Ho paura che un giorno potrei ritrovarmi senza niente» ammise alla fine.

Lui fece per rispondere qualcosa, ma Maria gli fece capire con un gesto della mano che non aveva ancora terminato.

«Se da giovane ho patito la fame è stato per via della guerra, certo, ma non solo. Mia madre semplicemente non era in grado di badare a due figlie senza un marito e un padre.» Maria deglutì come per buttare giù tutto il rancore che covava nei confronti di Evangelia, un rancore che l'avrebbe portata su tutt'altro argomento e che avrebbe finito per farla smarrire nei suoi dispiaceri. «E adesso mi ritrovo di nuovo a temere la povertà, ho paura di invecchiare senza i mezzi necessari al mio sostentamento e di morire povera.»

Onassis scosse la testa incredulo. «Non riesco a immaginare cosa la porti a dipingere un futuro tanto fosco per la famosa Callas.» Ma a un tratto sembrò essergli tutto chiaro. Si tirò un po' più su sulla sedia. «Suo marito dilapida i suoi averi?»

La sua schiettezza la fece sorridere. Era un sorriso triste, certo, ma sufficiente a rompere l'incantesimo e a far sgorgare libere le parole: «Non ho idea di come lo impieghi. Ha sempre pensato a tutto lui, io non me ne sono mai occupata, perché non faccio altro che provare, cantare e dedicarmi allo studio dei miei ruoli. Ma di recente Battista mi ha detto che non abbiamo soldi sul conto per cui non potevo concedermi alcuna pausa. Io invece ho urgente bisogno di un po' di riposo. La programmazione dei teatri d'opera è micidiale, mi sta togliendo la salute e la voce a volte non mi ubbidisce più, perché non ho mai il tempo di recuperare tra un'esibizione e l'altra, anche se nessuno sembra rendersene conto. E Battista vuole costringermi ad accettare ogni nuovo ingaggio...». Maria si interruppe, spaventata dalla propria sincerità, dall'intimità delle proprie confessioni e dal proprio tono ferito. Si sentì piagnucolosa come Meneghini stesso e ciò le fece rabbia perché l'ultima cosa che voleva era suscitare compassione.

Ma Aristo non sembrava affatto compatirla. Si limitò a riassumere la questione in modo obiettivo: «Certo, i soldi non sono tutto, ma sono il presupposto per molte cose. Per questo i suoi introiti dovrebbero essere amministrati bene.»

Maria annuì in silenzio.

«Se me lo permette, potrei occuparmi io dei suoi interessi finanziari.»

Maria osservò il ponte di poppa con la sua piscina, la pista da ballo e le fontane colorate. Quello yacht metteva in mostra tutto ciò che era possibile comprare con i soldi. Con molti soldi. Molti più di quanti Maria riuscisse anche solo a immaginare. Guardò Onassis negli occhi. Qualche sera prima le aveva confessato sorridendo che il suo sguardo tagliente risultava molto utile per imporsi sui suoi avversari commerciali. In quel momento, però, l'espressione dei suoi occhi rischiarati dalla luce dolce delle candele sembrava semplicemente di una lealtà infinita.

«Io gestisco le finanze della maggior parte dei miei familiari» le spiegò con grande calma. «Con tre sorelle, le assicuro che ho il mio bel da fare. Sarebbe un onore per me occuparmi anche delle sue.»

Maria sapeva che Meneghini avrebbe dato di matto se gli avesse tolto l'accesso al conto bancario dando invece la procura a Onassis. Ma la prospettiva di togliersi il più gravoso pensiero della sua vita affidandolo a una persona esperta di finanza come Onassis le pareva semplicemente meravigliosa. Il sollievo per poco non le fece perdere di vista la prudenza e dalla gratitudine stava quasi per stringere la mano di Aristo. Ma all'ultimo momento riuscì a controllarsi. Chiuse gli occhi e quando li riaprì vide lo sguardo insistente di Aristo che si era fatto quasi insicuro, come se temesse un rifiuto.

«*Efcharistó*» disse Maria a bassa voce. «Grazie. Mi toglie un grande peso.»

Un sorriso soddisfatto illuminò il volto di Onassis. Rimase in silenzio per un attimo, prima di proporre: «Un teatro d'opera tutto suo potrebbe risolvere il problema? Voglio dire: se la programmazione dei grandi teatri non è di suo gradimento, forse ha bisogno di una compagnia sua.» Sembrava piuttosto entusiasta, per essere uno al quale importava poco della sua voce.

«Che intende dire?»

«Di recente il principe Ranieri mi diceva di essere dispiaciuto di non avere una propria compagnia d'opera, a Monaco.» Onassis si lasciò trasportare dalle parole proprio come aveva fatto lei poco prima riguardo alla sua crisi finanziaria. «A Monte Carlo c'è già un edificio adatto, il teatro progettato dall'architetto Charles Garnier.

Se non sbaglio, è lo stesso che ha disegnato anche l'Opéra di Parigi, no? Quella sì che sarebbe una cornice all'altezza della Callas. Quale luogo più adatto per fondare una compagnia tutta sua? Sarebbe lei a decidere su tutto, a scegliere quale ruolo cantare e con chi.»

Onassis stava mettendo in parole i sogni di Maria. Lei ascoltava quella voce profonda e piacevole e si immaginava già tutto quanto. Lui dava espressione ai suoi pensieri, pensieri che non aveva mai condiviso con nessuno. Parlando con lui, l'impossibile diventava naturale come i respiri regolari di Anthony Montague Browne che li raggiungevano dalla sua sdraio a bordo piscina.

Aristo sembrò di nuovo leggerle nella mente. «Dovremmo svegliare il nostro amico per evitare di metterlo in una situazione imbarazzante.» Ma non doveva avere troppa fretta di farlo, perché si alzò con grande indolenza.

«Le cose che mi ha detto sono troppo esaltanti. Non potrei mai andare a dormire adesso.»

«Ma infatti non se ne parla nemmeno, Maria.» Aristo sorrise. Per un attimo sembrò animarsi della gioia infantile di suo figlio Alexander quando aveva il permesso di fare lo sci d'acqua. «Potremmo andare tutti insieme in cambusa e vedere cos'ha preparato il cuoco per domani. Io ho fame e sono sicuro che l'avrà anche Anthony, quando si sveglierà. Lei non ha fame?»

Maria annuì per non deluderlo. E in effetti quella notte lasciò libero sfogo alla sua fame. Quella loro incursione in cambusa aveva il sapore di una trasgressione, uno di quegli scherzi ai quali non aveva mai potuto partecipare.

* * *

Dopo una settimana di navigazione, il *Christina* raggiunse la Grecia. In compagnia di Onassis, Maria si sentiva più greca che in qualsiasi altro momento e in qualsiasi altro luogo, nonostante non potesse sostenere in tutta sincerità che la patria della propria famiglia fosse anche la sua. L'essere cresciuta in America le aveva lasciato un'impronta profonda, così come il lungo periodo trascorso in Italia, dove ancora viveva. Eppure, non appena lo yacht attraccò nel porticciolo di Itea, poco sotto Delfi, sentì il cuore batterle più forte. Era la seconda volta che tornava al paese dei suoi genitori da quando lo aveva lasciato nell'autunno dopo la fine della guerra. La tempesta di sensazioni che l'aveva accompagnata nel suo viaggio di due anni prima, in occasione di un ingaggio, non era che un pallido ricordo. Si costrinse a non pensare alle difficoltà di quel periodo. Oggi era Maria a sbarcare, non la Diva che doveva esibirsi su un palcoscenico. Voleva godersi fino in fondo la sensazione di essere lì come turista e non come la Callas, guardata dai suoi connazionali più con scetticismo che con orgoglio. Indossò un semplice chemisier blu scuro, si passò tra i capelli un ampio nastro bianco e si nascose dietro un paio di lenti scure, sperando di non essere riconosciuta subito. Ma non appena arrivò al parapetto capì che non le sarebbe stata risparmiata un'accoglienza in grande stile.

Alla banchina della pittoresca cittadina si erano già riuniti gruppetti di locali curiosi e i soliti della stampa, armati di macchine fotografiche, che li avevano accolti a ogni loro attracco. Ma l'attenzione non era rivolta alle persone che si apprestavano a scendere dalla passerella. Tutti gli occhi erano puntati sul fuoristrada che veniva calato sul molo dall'argano di bordo. Per primo venne fatto sbarcare Churchill, un signore anziano in tenuta da marinaio che salutò i presenti portando la mano alla visiera del berretto. La gente andò in visibilio, sembrava stesse di nuovo sbarcando l'esercito inglese al completo per liberare la Grecia. Alla Callas, invece, non fece caso nessuno.

In un primo momento si sentì quasi frastornata e le tornò in mente il terribile arrivo ad Atene di due anni esatti prima. All'epoca aveva percepito chiaramente l'ostilità dei suoi connazionali, che la consideravano una traditrice per aver cantato per i tedeschi durante la guerra. Stavolta, anziché essere screditata era stata semplicemente ignorata. Osservò Onassis sedersi dietro al volante dell'auto sulla quale stava prendendo posto anche Churchill, con l'aiuto di Anthony Montague Browne. Sul sedile posteriore si sistemarono Tina, Lady Clementine e sua figlia Diana. Per gli altri partecipanti alla crociera erano previste macchine con autisti pratici del luogo, anche se nessuno ci fece caso, perché erano ancora tutti assiepati ad acclamare il grande uomo di Stato.

Maria dovette ammettere a se stessa che la delusione più cocente era quella di non poter raggiungere Delfi accanto ad Aristo. Salì controvoglia su un'auto insieme a Meneghini, che si asciugò la fronte con un fazzoletto e bofonchiò: «Questa escursione sarà una bella faticaccia per me».

«Perché, non sei contento di avere un po' di sollievo dal mal di mare?» gli rispose Maria senza mostrare la minima compassione.

«Fa troppo caldo» si lamentò il marito.

«Sei in Grecia, non in Groenlandia.»

«Sì, temo proprio che sia così. E non ne sono affatto entusiasta. Forse avremmo fatto meglio a lasciare la nave già a Capri. Sai, io ci avevo pensato.»

Ma che sta dicendo, pensò Maria.

Invece a voce alta si limitò a osservare: «A me piace questo viaggio».

Poi gli voltò le spalle e si mise a guardare fuori dal finestrino, dove il verde argentato degli ulivi si perdeva tra gli scogli polverosi sovrastati dalla cima innevata del monte Parnaso, la patria delle muse. Ormai mancavano pochi chilometri alle rovine di Delfi. Maria abbassò il finestrino, si sporse fuori e guardò in su verso le colonne e le costruzioni di pietra che persino da quella distanza suscitavano lo stesso senso di solennità dei tempi antichi. Quello era stato a lungo l'epicentro del mondo, il luogo di culto del dio Apollo, i cui oracoli avevano un valore inestimabile.

Un rumore improvviso la fece sussultare. Sembrava che Meneghini si fosse dato uno schiaffo da solo. Si voltò spaventata verso di lui, battendo la testa nel movimento.

«Le zanzare qui mi uccidono» brontolò lui.

Maria, furiosa, gli sibilò: «Le zanzare non danno meno fastidio in Italia».

* * *

«Domani sera, a bordo del *Christina*, parteciperà alla festa più bella della sua vita» sentenziò Onassis raggiante. «Il capitano ha istruzione di fermarsi davanti a Capo Sunio, in modo che il tempio di Poseidone ci faccia da sfondo per la cena.»

Maria si aspettava che Onassis iniziasse ad arricchire la storia della prossima meta del *Christina* – il punto più a sud dell'Attica – con gli aneddoti della mitologia greca legati a quei luoghi. Invece continuò a parlare della festa che aveva organizzato: «Ci sarà l'ambasciatore inglese ad Atene e anche il primo ministro greco e sua moglie ci onoreranno della loro presenza. Il mio cuoco farà sfoggio di tutta la sua bravura. A proposito, conosce personalmente Konstantinos Karamanlìs?»

«Ci siamo incontrati due anni fa all'Odeon di Erode Attico di Atene, quando... mi esibii...» La sua voce sembrò perdersi. Stava per dire: *Dovetti esibirmi.*

In effetti era stato Meneghini a costringerla ad accettare l'ingaggio nell'antico teatro ai piedi dell'Acropoli. Non aveva voluto saperne di rinunciare al suo cachet.

Maria strinse forte le labbra per il dolore di quel ricordo: la delusione per il comportamento di suo marito e la sensazione di essere stata ferita quando più aveva bisogno di comprensione le ripiombarono addosso come un uragano.

Ovviamente suo marito non era presente a quella conversazione con Aristo. Subito dopo il loro rientro da

Delfi, Meneghini si era ritirato in cabina, esausto. Non senza lamentarsi per la delusione di quella visita, che non gli aveva affatto dato la sensazione di trovarsi nella mistica culla di un oracolo. Oltretutto era invidioso di Churchill e Aristotele Onassis, che avevano ammirato una vista spettacolare dalla terrazza di un hotel con un drink e goduto di una conversazione sicuramente piacevole, mentre lui aveva dovuto arrampicarsi su vecchie pietre insieme alle signore, passeggiata durante la quale – peraltro – la settantaquattrenne Lady Clementine con i suoi comodi scarponcelli si era dimostrata molto più agile di lui, di undici anni più giovane. Maria dal canto suo si era tenuta a distanza, imbarazzata per le sue continue e irrispettose lamentele.

Dodici ore abbondanti dopo, era seduta con il suo anfitrione al loro solito posto sul ponte. Il *Christina* era ancora ormeggiato davanti a Itea, le luci isolate della cittadina portuale fluttuavano come lucciole nella notte. Il panfilo sarebbe ripartito solo il mattino successivo, salpando in direzione dell'Attica attraverso il canale di Corinto. Sarebbe stato troppo pericoloso affrontare quello stretto passaggio al buio, senza contare il fatto che attraversarlo di giorno significava godere di una vista magnifica. Quella sera c'erano Nonie Montague Browne e la figlia di Churchill, Diana, a svolgere il ruolo di "governanti" – come amava definirlo Maria. Giocavano a bridge sul tavolino che normalmente stava di fronte a lei e Onassis, e che era stato spostato tra due sdraio dove le donne sedevano l'una di fronte all'altra.

Ad Aristo non era sfuggito il tono con cui Maria aveva parlato del suo precedente incontro con il primo ministro Karamanlìs, per cui le chiese: «Cos'è successo?»

«Noi greci a volte siamo troppo orgogliosi, non trova?» A Maria sfuggì una risata amara. «È solo questo che è successo.»

Onassis fece un tiro dalla sua sigaretta e aspettò che gli raccontasse l'accaduto, ma Maria non aveva voglia di lasciarsi andare ai ricordi. Si decise a rompere il silenzio solo quando incrociò gli sguardi sorpresi delle due inglesi. Ovviamente erano perplesse per l'andamento esitante della conversazione e Maria non voleva dare adito a sospetti infondati.

«Ero stata ingaggiata per due concerti in occasione del Festival di Atene. Doveva essere il ritorno al Paese delle mie origini. Io ero al settimo cielo e cancellai addirittura le ferie che avevo programmato da tempo. Purtroppo però gli organizzatori non si dimostrarono affatto riconoscenti.» Maria fece una breve pausa e bevve un sorso di vino. Con la coda dell'occhio vide che Nonie e Diana erano tornate a concentrarsi sul loro gioco. «Ero così felice di tornare ad Atene che decisi di devolvere il mio cachet all'organizzazione del festival. In tutta risposta, ottenni un rifiuto. Mi dissero che il festival non aveva bisogno del mio appoggio...»

Aristo inspirò rumorosamente, ma non disse niente.

«Ovviamente ero arrabbiata. Anzi, no. Nemmeno. Ero ferita. Voleva essere un gesto di fratellanza, capisce? Ma tutte le mie buone intenzioni furono rispedite semplicemente al mittente. Ancora oggi non ho capito il perché. Forse la causa fu proprio il maledetto orgoglio greco. Ad ogni modo, decisi di chiedere il massimo del cachet e comunicai alla direzione che mi tenevo volentieri i miei soldi.» *Con somma soddisfazione di Meneghini*, aggiunse tra sé.

Il volto di Onassis era avvolto dal fumo della sua sigaretta. «E poi?»

«Era una primavera impegnativa, a dir la verità ero già malata quando partii per Atene. Dopo il mio arrivo il mal di gola divenne talmente forte che non ero più in grado di cantare. Quando un medico mi diagnosticò un'infiammazione alle corde vocali, chiesi di essere sostituita per il concerto. Ovviamente avrei rinunciato al compenso. Ma la direzione del festival si offese di nuovo, come aveva fatto per la proposta della donazione.»

«Non avevo idea che questa gente fosse così incapace e irrispettosa.»

Maria si strinse nelle spalle. «Il loro comportamento è stato poco avveduto sotto ogni punto di vista. Per esempio, nonostante avessero saputo in anticipo che non mi sarei potuta esibire, comunicarono la mia rinuncia solo un'ora prima dell'inizio della serata. Può immaginarsi le proteste che ne nacquero. E la stampa ci andò a nozze.» Maria evitò di raccontargli di come i giornali greci erano entrati nel merito della sua relazione difficile con la madre e si limitò a menzionare gli ospiti che Onassis attendeva alla sua festa: «L'opposizione parlamentare rimproverò a Karamanlìs di sperperare il denaro dei contribuenti, perché i miei cachet erano troppo alti. Nessuno scrisse che mi ero offerta di non incassare i soldi, mentre venne fuori che mi ero rifiutata di cantare perché la regina Federica non poteva presenziare al mio concerto. Ero terribilmente delusa dal modo in cui mi stavano trattando i greci. In fin dei conti, ho contribuito alla fama di questo Paese nel mondo. No?».

«Senza alcun dubbio» concordò lui. Si sporse in avanti per spegnere la sigaretta nel posacenere appoggiato sul pavimento. Quando si rialzò, disse: «A quanto pare l'organizzazione di questa festa non è stata un'idea poi tanto felice. Karamanlìs ovviamente viene per fare una cortesia a Sir Winston. Pensa che potrebbe nutrire del risentimento nei suoi confronti, Maria?».

La sua preoccupazione che la sera seguente potessero riemergere vecchi dissapori la colpì. Aristotele Onassis era un padrone di casa squisito e voleva sempre il meglio per gli ospiti che salivano a bordo del suo panfilo. Ma cosa avrebbe fatto, se Maria avesse risposto di sì alla sua domanda? Decise di scoprirlo in un'altra occasione. Senza volere, le sfuggì un sorriso.

«No» rispose. «No. Se il primo ministro non è rimasto offeso dal fatto che la mia voce non poté concedere altro che un piccolo bis, immagino che sia tutto a posto.»

«Quindi alla fine riuscì a cantare comunque?» Onassis aggrottò la fronte stupito.

«Il secondo concerto si svolse regolarmente.» *Perché Meneghini non voleva rinunciare al cachet*, aggiunse tra sé. «La gente mi era ostile. Io me ne ero accorta e decisi di cantare per cercare di guadagnarmi il favore del pubblico greco. Volevo che mi amassero. Probabilmente volevo punirli per i loro giudizi con una performance perfetta. Gli applausi non finivano più e Karamanlìs in persona mi chiese un bis. Alla fine la direzione del festival si decise a scusarsi e mi invitò per l'anno successivo.»

«E lei cosa ha detto?»

«Mai! Dissi che non avrei mai più cantato in Grecia.»

Onassis annuì, assorto.

Maria ebbe l'impressione che stesse soppesando ogni parola che aveva detto. Quanto meno la riuscita della sua festa non dipendeva più dal successo della Callas ad Atene. Maria era sicura che Konstantinos e Amelia Karamanlìs non avrebbero avuto alcuna obiezione circa la sua presenza. Anzi. C'era da augurarsi che non le chiedessero un fuoriprogramma canoro, considerando che all'epoca il primo ministro era rimasto incantato dalla sua *Norma*.

Stava già pensando a come declinare una richiesta simile da parte di Onassis, quando questi disse: «Speravo di poter sentire la sua voce, almeno in questa occasione particolare».

«Oh! Non credo che...»

«Canterebbe per me?» la incalzò lui guardandola dritto negli occhi e senza darle il tempo di formulare il rifiuto. «Solo per me. Dopodomani attraccheremo a Nauplia ed è prevista un'escursione all'antico teatro di Epidauro. Non sarebbe la cornice perfetta per rompere il suo giuramento di non cantare mai più in Grecia?»

Quel suo desiderio la colse di sorpresa. Anche se era certa che durante la gita non avrebbero avuto occasione di stare da soli, così come non l'avevano mai avuta fino a quel momento, la sua richiesta le era suonata inaspettatamente intima. Allo stesso tempo gli era grata per non averle chiesto di esibirsi di fronte a un pubblico più ampio.

I loro sguardi si incrociarono. «Dicono che a Epidauro l'acustica sia straordinaria.»

Le due signore inglesi sulle loro sdraio scoppiarono in una fragorosa risata. Una delle due doveva aver fatto una battuta.

Onassis sostenne lo sguardo di Maria, dandole quasi l'impressione di tenerlo stretto.

* * *

La festa fu un grande successo. A partire dal cocktail servito sul ponte, fino alla cena deliziosa e le piacevolissime conversazioni. Non c'erano dubbi che Winston Churchill fosse la star della serata e Maria non ebbe difficoltà a farsene una ragione. Cosa avrebbe mai potuto obiettare a quel grandissimo statista che ammirava sempre di più, ogni giorno che passavano insieme? Churchill coronò il suo ruolo di ospite d'onore citando dei versi di Lord Byron che testimoniavano il grande amore del poeta per la Grecia. La voce profonda dell'uomo fu come una freccia di Cupido che colpì Maria dritto al cuore, commuovendola con le sue parole:

«Lasciatemi lì, sui pendii di marmo di Capo Sunio,
Dove nessuno, se non io e le onde,
Possa piangere la tomba dell'Ellade.
Lì, come un cigno, lasciatemi cantare e morire:
Un paese di schiavi non può essere il mio,
Getta via la coppa di vino di Samo».

Dal suo posto alla tavola imbandita sottocoperta e magnificamente apparecchiata, Maria alzò lo sguardo sulle colonne di marmo illuminate del tempio di Poseidone sul Capo Sunio e si sentì greca come mai prima di allora.

Dopo mezzanotte il capitano salpò l'àncora. Gli ospiti venuti da Atene erano stati riaccompagnati sulla terraferma con un motoscafo, Sir Winston e Lady Clementine si erano ritirati per riposare e Meneghini dormiva nella suite Itaca dopo aver partecipato alla cena, bianco come un lenzuolo e senza proferire parola. Sugli altri ospiti a bordo aleggiava ancora la magia della straordinaria serata appena trascorsa. Era una notte tiepida, cristallina e senza vento, la luna sembrava nuotare sul mare calmo e le fontane a bordo piscina spruzzavano verso il cielo le loro cascate multicolori.

Nonie Montague Browne cercava di trovare un programma musicale alla radio portatile che qualcuno aveva portato sul ponte di poppa.

Quando nell'aria risuonarono le prime inconfondibili note della *Patetica* di Čajkovskij eseguite da un'orchestra sinfonica, Maria unì le mani in segno di preghiera e disse:

«La prego, cerchi qualcosa di più allegro». E prima che Nonie potesse rispondere, aggiunse: «Intendo niente musica classica».

«Le piace almeno il jazz?» si informò l'inglese, lievemente irritata.

«Eccome. E molto anche.»

Ma poi, anziché aspettare accanto alla radio per scoprire se Nonie avrebbe trovato ciò che aveva chiesto, si allontanò con un'alzata di spalle dai sibili, scricchiolii e fruscii che provenivano dalla cassa e fece qualche passo in direzione di Onassis, che se ne stava al parapetto da solo e osservava trasognato le rovine che si allontanavano sempre di più. Seguendo un'ispirazione improvvisa, Maria aprì la borsetta di seta che teneva al braccio, ne estrasse gli occhiali con la mano libera e li inforcò. Poi si guardò intorno in cerca di Tina. A dirla tutta, aveva già notato prima che la padrona di casa era scomparsa: i suoi occhi miopi se n'erano accorti senza bisogno delle lenti. L'apparente disinteresse di Tina per gli amici di Ari era evidente, oltre a essere in assoluta contrapposizione con la premura talvolta persino esagerata che lui riservava ai suoi ospiti.

«Sapeva che Lord Byron ha inciso il suo nome su una delle colonne?» domandò Onassis dopo un fugace sguardo nella sua direzione.

Rimettendo gli occhiali in borsa, Maria si avvicinò. «So solo che si è molto esposto per l'indipendenza greca nel XIX secolo. Quando ero piccola, veniva celebrato come un eroe nazionale.»

«Ed è tuttora così» rispose Aristo. «Lord Byron era un uomo molto appassionato e per quanto stimasse le donne, il suo più grande amore era questo Paese.» Fece una breve pausa a effetto, durante la quale si voltò a guardarla. «Ma io in questo luogo preferisco citare Omero.»

Maria sorrise. «Infatti stavo aspettando che raccontasse qualcosa di mitologia.»

Da dietro si udì un fruscio, poi la voce suadente di Frank Sinatra che cantava *I've got you under my skin*. «Questa le piace?» domandò Nonie vagamente provocatoria, in mezzo all'assolo di tromba.

«Magnifica» rispose Aristo al posto di Maria.

«Grazie» gli disse lei a bassa voce. «Fuori dal palco non mi piace molto ascoltare la cosiddetta musica "seria". Da un punto di vista artistico è tutto per me, ma nella vita privata preferisco generi più leggeri. Mi piace lo swing, il jazz, a volte persino il folk.»

«Io adoro passare le serate in compagnia di pescatori in semplici taverne, festeggiando, bevendo e ballando. A lei piace l'ouzo?»

Maria fece una smorfia. «Non proprio. Ma se devo, bevo anche l'ouzo.»

«Ho notato che beve pochissimo alcol.»

«Se bevessi tutto lo champagne che mi viene offerto qui, mi trasformerei in un'ubriacona.»

Lui le rispose con un sorriso, mentre in sottofondo Frank Sinatra cantava di una certa persona che sentiva sotto la sua pelle e che gli sfiorava il cuore fino a diventare tutt'uno con lui. Il tempio di Poseidone alle spalle di Ari ormai non era che un minuscolo puntino luminoso sotto una scintillante volta di stelle e Maria pensò che nessuna scenografia teatrale avrebbe potuto dare vita a uno sfondo più kitsch di quello. Avrebbe voluto dire qualche sciocchezza per spezzare quello strano silenzio che si era venuto a creare tra lei e l'uomo che le stava accanto. Ma alla fine non se la sentì.

Quando la musica svanì, Aristo declamò a voce abbastanza bassa da farsi sentire solo da Maria, nonostante nessuna delle altre donne sul ponte capisse il greco:

«Ascoltami, Poseidone! Non respingere
La nostra devota preghiera; esaudisci il nostro desiderio».

Maria sapeva benissimo che la citazione derivava da un contesto completamente diverso e che di certo erano le parole di un antico navigatore. O magari venivano dall'*Iliade* o dall'*Odissea* di Omero. Sì, erano senz'altro tratte dall'*Odissea*; c'era forse un poema epico che più si addiceva ad Aristo? Eppure era sicura che in quel momento intendesse menzionare tutt'altro che il giuramento di un eroe smarrito della mitologia greca. Maria sentì il cuore batterle forte nel petto e in quell'istante desiderò sopra ogni altra cosa di non essere sposata, di essere libera per lui e che lui lo fosse per lei.

Il canale radiofonico doveva essere specializzato in classici dello swing, perché nel frattempo stava trasmettendo Ella Fitzgerald che cantava *They Can't Take That Away From Me* con Louis Armstrong. Onassis chinò la testa. «Le va di ballare?»

Sorpresa e imbarazzata, Maria si guardò intorno. «Ma come… Dove… Non possiamo mica…» balbettò lanciando un'occhiata in direzione delle altre signore sul ponte.

Aristo fece un cenno alla piscina coperta. «Quella pista da ballo è lì proprio per occasioni come queste. E io non sono di certo Fred Astaire, ma prometto che non le pesterò i piedi. Se poi vuole, tra i membri dell'equipaggio ci sono dei ballerini straordinari. Ma prima vorrebbe accontentarsi di me?»

«Sarei molto felice di ballare con lei.» Maria fu sorpresa dalla sicurezza delle proprie parole. In effetti, ballare con Onassis sarebbe stato il coronamento perfetto di quella serata unica. E poi non voleva certo offenderlo rifiutando la sua offerta. Si lasciò accogliere dalle sue braccia aperte e lo seguì lungo le fontane fino alla copertura della piscina.

Per anni Maria continuò a chiedersi con quanta lungimiranza Onassis avesse organizzato quella serata. Avevano appena iniziato a volteggiare al ritmo di quella vecchia melodia, che comparve l'attraente insegnante privato di Alexander invitando Nonie a ballare. Poco dopo tornò sul ponte anche Anthony Montague Browne chiedendo alla figlia di Churchill, Diana, l'onore di concedergli un ballo. Ancora una volta, Onassis aveva messo su una serata perfetta sotto ogni punto di vista. E nonostante tutto, Maria aveva l'impressione che ci fossero solo loro due, la musica e le stelle.

* * *

Da dietro una fitta pineta si apriva la vista sulle rovine di Epidauro.

«Altre pietre vecchie» mugugnò Meneghini. «Sembra il Foro Romano, non valeva neanche la pena di alzarsi dal letto, per questa roba.»

«È il più importante luogo di guarigione dell'antichità, dedicato al dio Asclepio» gli spiegò Maria. «Se non hai voglia di scendere dall'auto, puoi rimanere qui.» Non aveva alcun motivo per insistere che la accompagnasse alla visita prevista, anzi: l'assenza del marito non avrebbe che giovato ai suoi nervi. Meneghini tirò fuori un fazzoletto dalla giacca e si soffiò rumorosamente il naso. «Questo vento è terribile per il mio naso. C'è troppa polvere. Anche tu dovresti riguardarti un po'. L'aria secca è sempre stata deleteria per le tue corde vocali.»

«Non preoccuparti per me» rispose lei con un sorriso forzato. Prese il foulard di seta che aveva provveduto a ripiegare e mettere in borsa ancora sullo yacht, lo posò sulle ginocchia per chiuderlo a triangolo e se lo legò in testa. Dopo essersi annodata le due estremità sotto il mento, disse: «Così le mie orecchie saranno protette dai colpi di vento».

La colonna di automobili si fermò a una certa distanza dal sito archeologico. Ci fu un immediato aprirsi e chiudersi di sportelli e i paparazzi si precipitarono incontro agli ospiti di Aristotele Onassis scattando foto, mentre la gente del posto e i turisti iniziavano a formare dei gruppetti che li osservavano curiosi. Appena scesa dalla limousine che li aveva condotti, lei e Meneghini, fin lì dal porto di Nauplia, Maria fu investita da un chiacchiericcio multilingue. Il suo autista non era stato abbastanza veloce ad aprirle la portiera e ora la osservava impotente posare il piede sul terreno sassoso. Maria fu avvolta da una luce abbagliante, il vento frusciava tra i sottili rami degli ulivi e tra gli aghi dei pini che circondavano come un anello l'antico luogo di cura. Nell'aria aleggiava un aroma speziato che Maria inspirò a pieni polmoni.

«Vuole vedere prima il teatro?» le chiese Onassis.

Era comparso accanto a lei dal niente. Quel giorno, con i suoi pantaloni bianchi e la polo azzurra che si intonava perfettamente ai capelli grigi, le pareva più affascinante che mai. Possibile che lo fosse sempre stato e che lei non se ne fosse accorta? Un navigante sulla terraferma. I suoi occhi la fissavano impazienti attraverso le lenti colorate. Churchill era rimasto a bordo del *Christina*, per cui stavolta poteva dedicare tutte le sue attenzioni a Maria.

«Perché no?» rispose lei con un sorriso, lanciando un'occhiata fugace indietro, verso l'auto. Meneghini sembrava voler rinunciare davvero alla visita. O quanto meno non dava segni di voler scendere e unirsi a loro. «Sì» confermò Maria «andiamo al teatro.»

Onassis fece un cenno alle guide che si erano raccolte attorno ai suoi ospiti e le altre signore presenti si avvicinarono a lui e Maria. Anthony Montague Browne era restato sul panfilo con Churchill, mentre Nonie e Lady Clementine con la figlia e la nipote si erano aggregate alla gita. E ovviamente anche Tina, che era rimasta vicino a Nonie e – a giudicare dal modo in cui gesticolava – le stava raccontando qualcosa di molto interessante. Maria si sorprese a chiedersi se l'argomento di conversazione fosse qualcosa di inerente al valore storico del luogo in cui si trovavano o se fossero solo pettegolezzi. Da lì non riusciva a capire se la moglie di Onassis li stesse guardando, e comunque lui si mantenne per tutto il tempo a una distanza adeguata da Maria. Camminava sul terreno di pietrisco e frammenti di marmo, raccontando degli antichi riti di guarigione.

«Dopo la purificazione alle sorgenti minerali, i malati facevano il loro sacrificio ad Apollo e passavano poi la notte nella camera da letto sacra perché Asclepio potesse rivelare loro nel sonno quale fosse il percorso curativo più adatto per ritrovare la salute perduta. Dopodiché un sacerdote interpretava il sogno e si assicurava che venisse applicato il giusto procedimento. E *voilà*, siamo già arrivati.»

Nell'anfiteatro, incredibilmente, non c'era nessuno. Maria seguì Onassis lungo la fila più alta di sedute. Il vento, le intemperie, i terremoti e le occupazioni straniere di quasi tremila anni avevano consumato le pietre, in qualche punto addirittura sgretolato. Il teatro conteneva, oggi come allora, quindicimila spettatori. Maria lo aveva scoperto due anni prima, durante il suo soggiorno ad Atene, perché il Festival all'Odeon di Erode Attico era in competizione con una rassegna simile che si teneva lì a Epidauro. Rimase immobile un istante, per assorbire a pieno l'immagine del gigantesco semicerchio scolpito nella pietra ai suoi piedi. Che monumento.

«Venga» la invitò Aristo, che aveva già cominciato a scendere i gradini.

Sembrava avesse fretta di raggiungere il palco, perché lei potesse dare seguito alla sua promessa. Ma Maria al sentire i passi e le voci dietro di lei, pensò che avrebbe dovuto infrangerla in ogni caso: di certo in quel luogo non avrebbe potuto cantare solo per lui.

Iniziò a scendere lentamente i gradini. Si sentì contagiare dall'atmosfera del teatro. Era del tutto diverso dall'Arena di Verona, eppure anche qui riusciva a immaginarsi le persone sedute sugli scalini a sfogliare il programma della serata. Spettacoli teatrali, opere liriche. Si sentiva come in un altro mondo. Rapita, incantata.

Per un attimo non fece caso a dove metteva i piedi. Perse l'equilibrio, inciampò e stava quasi per cadere, se la mano di Onassis non l'avesse afferrata per il braccio. La strinse così tanto che faceva quasi male. E Maria percepì quella presa non solo sul corpo. Aveva mai avuto qualcuno che le stesse accanto con tanta forza?

Maria sentì le dita di Aristo scivolare giù fino a trovarle la mano sinistra e stringerla nella sua. All'improvviso, quel contatto si trasformò in un gesto familiare e piacevolmente nuovo allo stesso tempo.

Solo dopo qualche passo Maria si rese conto che dalle file più in alto avrebbe potuto vederli chiunque. Non c'era dubbio che anche Aristo lo sapesse, eppure non la lasciò andare.

Scesero fino all'orchestra in silenzio, mano nella mano.

Nonostante fosse arrivata sul compatto terreno argilloso in fondo al teatro senza più inciampare, Maria sentiva le ginocchia tremare. Cercò di convincersi che fosse per via della discesa ripida sugli scalini consunti e dell'ansia da prestazione. Per un istante, la prospettiva di esibirsi senza alcun accompagnamento in quel luogo magico le diede una sensazione di panico. Come le era venuto in mente di acconsentire alla richiesta di Onassis? Ma d'altro canto era curiosa di sapere che suono avrebbe avuto la sua voce in quel luogo straordinario.

Lasciò la mano di Aristo, che si fermò al muretto di marmo attorno al palcoscenico. Per un po' Maria camminò nervosa avanti e indietro, finché le sue gambe non iniziarono istintivamente a seguire un ritmo ben definito. Vide le altre signore raccogliersi dietro di lui, sugli spalti più bassi. Alla fine si fermò. Era al centro esatto del palco, su una lastra di pietra.

Si concentrò sul brano che voleva cantare, un'aria dalla *Norma*. Nella sua mente gli archi, i clarinetti e un flauto traverso attaccarono a suonare la loro parte. Un direttore d'orchestra immaginario le fece un cenno e le prime note di "Casta Diva", l'aria in cui Norma prega la dea della luna, fluirono dalla gola di Maria, magnifiche e dolcissime. La voce le resse e anche gli acuti risuonarono cristallini fino alle file di gradini più alte. Quel teatro aveva un'acustica unica.

Si fermò dopo poche battute e in quello stesso istante

Onassis cominciò ad applaudire entusiasta. Seguì un'eco dalle file dietro di lui, dov'erano sedute le signore.

Maria si inchinò solennemente e nel farlo si rese conto di quanto il suo aspetto fosse inappropriato. Aveva uno chemisier chiuso da un cinturone, un foulard in testa e gli occhiali da sole. Non certo una *mise* da diva. Si immobilizzò per l'imbarazzo, restando in piedi come pietrificata.

Andandole incontro, Onassis disse: «È stato bellissimo».

Maria non sapeva come reagire al complimento. «Dovrebbe sentire la mia *Traviata*» rispose alla fine.

Onassis la guardò intensamente. «Lei è bellissima.»

Maria non era abituata a sentirsi dire «bellissima» al di fuori del contesto teatrale. Sul palcoscenico, sì, era consapevole fin da bambina di poter risplendere con la sua arte; il canto distraeva le persone da tutti i difetti che era convinta di avere. Ma adesso si trovava lì, con addosso quei semplici vestiti, senza trucco, senza abiti da sera costosi e acconciature importanti. Quell'aperta espressione di apprezzamento la confuse. Cosa vedeva Onassis in lei? Maria fece scivolare lo sguardo sulle sue compagne di viaggio. Stavano ancora applaudendo, entusiaste. Solo una non applaudiva.

Tina Onassis fissava Maria come impietrita. Maria e il proprio marito.

* * *

Maria sentiva l'impellente necessità di parlare di ciò che i suoi incontri con Onassis le avevano scatenato, di ciò che stavano facendo nascere. Avrebbe avuto bisogno di un'amica e si dispiacque profondamente del fatto che Elsa Maxwell non fosse a bordo con loro. Probabilmente la lingua affilata di Elsa non avrebbe giovato all'armonia della crociera, eppure Maria avrebbe tanto voluto avere qualcuno a cui confidare il suo turbinio di sentimenti.

Da una settimana ormai trascorreva quasi ogni notte con Onassis. Nonostante la presenza costante di qualcuno, parlavano per ore in greco come se fossero da soli. Durante le loro conversazioni Onassis si comportava da impeccabile cavaliere ed evitava qualsiasi allusione, sebbene di solito fosse incline alle battute salaci. Mantenevano sempre la distanza imposta dal decoro, eppure non ci sarebbe stato neanche bisogno di quei passi per mano a Epidauro per rendersi conto di quanto stesse crescendo l'intimità e l'affetto. E lo sguardo della moglie in quel teatro antico aveva aperto gli occhi a Maria su quanto fossero pericolose le acque in cui navigava. Si sentiva come un Ulisse al femminile nelle sue peregrinazioni. In quel momento aveva bisogno del consiglio di un'amica più di qualsiasi altra cosa.

Il giorno dopo se ne stava sovrappensiero a prendere il sole sul ponte, osservando da dietro gli occhiali scuri Aristo che giocava con i figli in piscina. Il suo costume da bagno metteva in mostra un corpo forte e agile e la sua peluria scura. Quando era con Alexander e Christina sembrava un'altra persona, era disinvolto, allegro, quasi un po' folle. Non gli importava di passare per un pagliaccio, Maria era commossa dal padre amorevole che era. Tanto più che sua moglie Tina era invece piuttosto schiva, addirittura distaccata con i figli. Soprattutto con la minore si comportava spesso in modo ingiusto o semplicemente la ignorava nei momenti in cui avrebbe avuto bisogno delle attenzioni materne. *Una donna greca non lo farebbe mai*, pensò Maria, *le donne greche sono buone madri*. Ma subito dopo si rese conto di quanto stereotipato e falso fosse il suo pensiero; in fin dei conti bastava pensare a sua madre, per capirlo.

Accanto a Maria risuonò un forte colpo di tosse.

Sorpresa, si voltò. Sulla sdraio di lato alla sua, Nonie si era tirata su per prendere fiato. Notando lo sguardo di Maria, si portò una mano alla gola. «Con il vento di ieri mi sono raffreddata» disse con voce rauca. «Per questo non sono andata in gita a Fira. Peccato, mi sarebbe piaciuto molto vedere mio marito Anthony montare a dorso di un asino per risalire dal porto al villaggio.»

Anche a Maria sarebbe piaciuto visitare l'isola di Santorini, ma era dovuta rimanere a bordo perché Meneghini non aveva voglia di sbarcare. Era ammalato e se ne stava a letto nella loro cabina a lamentarsi del suo destino, ma la lealtà di Maria non arrivava al punto di commiserarlo. Anzi, con un gesto quasi tenero asciugò dal braccio gli schizzi d'acqua che le erano arrivati per il tuffo di testa di Aristo e dei figli. Lo prese come una specie di saluto da parte sua.

«Suo marito farà senz'altro bella figura» disse.

Nonie si abbandonò sulla sdraio con un gemito. «Come sempre.» Poi agitò le dita dei piedi e aggiunse: «Oh, avrei urgente bisogno di una pedicure».

La moglie del segretario personale di Winston Churchill era poco più giovane di Maria. Dava l'impressione di essere una donna affidabile e gentile, e Maria pensò che era proprio il tipo di persona che avrebbe voluto come amica. Ovviamente non avrebbe mai potuto confidarle i suoi sentimenti per Aristotele Onassis, ma poteva comunque parlarci un po'. E poi Nonie non era di certo una pettegola. Maria le sorrise.

«Se vuole, posso metterle lo smalto alle unghie.»

Nonie la guardò sorpresa e annuì con la testa. «Grazie, è gentile da parte sua.»

* * *

Già il giorno dopo Maria si rese conto dell'urgenza con cui necessitava di una persona fidata a bordo.

Fin dalla mattina si era chiesta perché gli altri ospiti la trattassero con freddezza. All'inizio aveva pensato che quell'atmosfera gelida dipendesse dalle continue lamentele di suo marito, anche se in realtà era diventato molto più socievole da quando Aristo aveva comunicato di aver prenotato delle suite per i suoi amici nel nuovo Hotel Miramare di Rodi. Per Meneghini la prospettiva di un letto d'albergo era un tale sollievo che si ritirò immediatamente in camera e cadde subito in un sonno profondo. Era incredibile la quantità di tempo che poteva trascorrere a letto. Ma non fu l'unico a non partecipare all'escursione prevista: neanche Maria vi prese parte, preferendo rilassarsi nel giardino dell'hotel con i suoi profumi di oleandro, buganvillea e ibisco. Oltretutto nessuno degli altri ospiti le parlava più. Nonie era rimasta a bordo per via della sua infreddatura e Aristo non avrebbe assunto il solito ruolo di affascinante guida turistica, avendo deciso di dedicare anche quel giorno ai suoi bambini. Per un po' Maria si godette la quiete intorno a sé, ma dopo poco dovette ammettere a se stessa che le mancava non solo la compagnia di Nonie, ma soprattutto la vicinanza di Aristo.

La sera, gli ospiti di Onassis godettero di una cena servita nel giardino esotico dell'albergo, alla quale naturalmente partecipò anche lui. Nel frattempo si erano unite a loro sua sorella Artemis e la sorellastra Calliroe, sposata al proprietario dell'hotel. Fu una serata molto elegante, gli uomini indossavano smoking bianchi e le donne abiti da cocktail, al quale Maria aveva abbinato dei sontuosi gioielli di diamanti. Fece conversazione con il cognato di Onassis, anche se aveva la testa da un'altra parte. La strana tensione degli altri nei suoi confronti persisteva, ma al momento la cosa le interessava molto meno di Aristo, che calamitava involontariamente tutta la sua attenzione. Lo osservava di continuo, mentre parlava, mentre rideva, mentre si prendeva magistralmente cura dei suoi ospiti. A volte, quando anche lui la cercava con gli occhi, i loro sguardi si incrociavano.

Più tardi, mentre ballava sotto le palme con Gerasimos

Patronikolas, marito di Calliroe, al ritmo di una musica dolce, desiderò con tutta se stessa di trovarsi tra le braccia di Onassis. Ma quella sera, circondati dai suoi parenti, non avrebbero potuto chiacchierare neanche durante le ore notturne, per cui Maria si ritirò in camera presto insieme a Meneghini. Da un lato era toccata dalla bellezza del posto e dalla serata ben riuscita, ma dall'altro sentiva come un vuoto dentro di sé.

Maria non si svegliò in tempo per partecipare all'escursione nella pittoresca cittadina di Lindos e decise di godersi una colazione tardiva sulla terrazza dell'hotel. Con sua grande sorpresa, sotto la tenda da sole trovò Nonie Montague Browne, che beveva spremuta d'arancia e English Breakfast Tea.

«Ha un aspetto decisamente migliore» osservò Maria. In effetti, Nonie non era più tanto pallida e Maria notò gli occhi appena arrossati solo quando si tolse gli occhiali scuri.

«Sto molto meglio» disse Nonie con voce rauca. «Non ancora alla perfezione, ma bene. È solo un'infiammazione alla gola e una leggera bronchite. Una volta superato lo choc per essermi ritrovata tre medici greci in cabina che litigavano sulle mie condizioni di salute, devo ammettere che la loro cura ha funzionato. Vuole unirsi a me?»

Maria accettò l'invito riconoscente. Meneghini era andato a fare una passeggiata nel centro storico e lei non aveva voluto accompagnarlo. Si rilassò sullo schienale della sedia, ordinò un caffè e sperò dentro di sé che Nonie le fosse davvero amica come credeva, o quanto meno abbastanza discreta da mantenere la riservatezza su quella conversazione.

«Non sa cosa si è persa» iniziò cauta. «Ad ogni modo i suoi amici sembrano essersi divertiti.»

«Ah!» Nonie sembrò capire subito. «E lei no?»

«Sì, in realtà sì. Ma attualmente mi si rivolge la parola solo per lo stretto indispensabile. Ho l'impressione che mi si eviti...» Maria si interruppe mentre le servivano il caffè. Quando il cameriere se ne fu andato, domandò: «Non è che lei ne conosce il motivo?».

Nonie deglutì e si voltò da una parte. Il suo sguardo, che Maria non riusciva a decifrare da dietro gli occhiali da sole, sembrava vagare per il giardino dell'hotel. Poi tornò a rivolgere la sua attenzione su Maria. «Sarò sincera con lei. Siamo tutti un po' urtati dal suo comportamento.»

«Che cosa ho fatto?» La mano con cui Maria si stava portando la tazza alla bocca tremava. Sentiva la rabbia montarle dentro. Non aveva idea per cosa potessero sentirsi offesi. Si comportava in modo esemplare persino con suo marito, nonostante le desse ai nervi ogni giorno di più.

«Non immaginava che la sua cena con Ari di ieri l'altro avrebbe dato adito a malumori? Cenare *tête-à-tête* con il padrone di casa è un gesto molto scortese. È stato semplicemente inopportuno nei confronti di Sir Winston.»

«Ma io...» Maria si sentì mancare l'aria. Dunque si trattava di questo.

Ricordava nei minimi dettagli il pomeriggio in cui il *Christina* aveva gettato l'àncora di fronte a Santorini, due giorni prima. Nonie si era ritirata da un pezzo nella sua cabina per riposare, mentre Aristo aveva giocato per ore in piscina con i suoi figli. Alla fine era uscito dall'acqua completamente fradicio.

«Adesso ho urgente bisogno di mettere qualcosa sotto i denti!» esclamò lasciandosi cadere in ginocchio per dimostrare ai figli che era del tutto spossato. Poi si rivolse alla moglie, che se ne stava seduta a bordo piscina dondolando le gambe nell'acqua. «Tina, puoi chiedere allo chef se ci prepara qualcosa da mangiare? Io intanto vado a cambiarmi.»

Tina scattò in piedi senza degnare di uno sguardo i figli che si accapigliavano per un asciugamano. «Certo. Me ne occupo io.»

Aristo si fermò davanti alla sdraio di Maria: «Vorrebbe qualcosa anche lei?».

«Sì» rispose Maria, pur non avendo fame. Non riusciva a distogliere lo sguardo dalle gocce d'acqua che gli rotolavano giù dai capelli. Dovette controllarsi, per non asciugare con la mano i rivoli che gli scorrevano sul petto. «Perché no?»

«Io avrei voglia di qualcosa di greco. Degli stuzzichini. Magari una piccola *meze*.»

«Molto invitante» disse Maria, sentendosi assai meno attratta dalla selezione di squisiti antipasti greci che dal fascino sensuale del suo anfitrione.

«Dirò al cuoco di preparare qualcosa per voi due e di

servirlo direttamente qui» decise Tina. Si sistemò il bikini succinto e guardò il marito con aria raggiante. Vedendolo annuire soddisfatto, si incamminò verso la cambusa.

«Dovrebbe mettersi un accappatoio» gli consigliò Maria. «O finirà per prendersi un raffreddore anche lei.» Anche se in realtà avrebbe voluto dire: *Prima di indurmi a fare cose che non stanno bene.*

Aristo scoppiò a ridere. «Era proprio quello che avevo in mente di fare.»

Poco dopo stavano mangiando insieme su una tavola improvvisata, di fronte a un pittoresco tramonto. Le strisciate di nuvole in cielo si tinsero coi toni del giallo e dell'arancione, prima di raggiungere il rosso intenso e infine sfumare in un lavanda scuro. Le fontane a bordo piscina spumeggiavano, il mare gorgogliava piano e sul fianco del panfilo si infrangevano le onde provocate dal passaggio di una barca che rientrava in porto. Sulla terraferma tremolavano le prime luci e il faro riversava il suo cono luminoso sul mare già tendente al nero. La brezza portava loro le voci dei pescatori e a un tratto risuonò la sirena di una nave. I due, seduti sul ponte di poppa, attiravano l'attenzione di tutti e non c'era marinaio sulle navi di passaggio che non facesse loro un cenno. A quanto pareva, nessuno passava accanto al *Christina* senza salutare.

«Mi pare che la gente qui le voglia bene» osservò Maria spilluzzicando una foglia di vite.

«Sono solo riconoscenti» rispose Aristo con un sorriso.

Maria era sorpresa. «Per cosa?»

«Be', niente di particolare» affermò lui, non senza inserire una piccola pausa a effetto prima di continuare. «Tre anni fa un maremoto sulla costa nord di Santorini provocò delle forti scosse di assestamento sull'isola. Quando venni a sapere che era crollato il sistema di approvvigionamento idrico feci riempire la mia piscina di acqua potabile, giunsi fin qui e la feci distribuire alla popolazione. E anche il potabilizzatore di bordo contribuì alla causa. Ma non ritengo sia stata poi una gran cosa.»

«Eccome se lo è stata» lo contraddisse Maria. Non era la prima volta che restava colpita dalla sua generosità. Continuava a scoprire lati di lui che trovava decisamente amabili.

Onassis mangiava sotto gli occhi di tutti come in una vetrina e non sembrava affatto interessato agli altri ospiti a bordo. Non se ne occupò nemmeno quando il rapido tramonto lasciò spazio al cielo notturno. Passò molto altro tempo prima che i due si ritirassero nelle rispettive cabine per cambiarsi e poi raggiungessero gli altri al bar per un digestivo. Lì Anthony Montague Browne stava raccontando che nessun ristoratore di Santorini aveva voluto del denaro da lui, in quanto amico di Ari Onassis.

Maria guardò Nonie scuotendo la testa. «Abbiamo solo gustato qualche specialità locale» disse con voce flebile. «*Meze* – una selezione di stuzzichini. Dovrebbe provarla.»

«Lei ha fatto in modo che il padrone di casa non stesse con noi. Da dove vengo io, un comportamento come questo è un vero e proprio affronto.»

Maria non capiva cosa intendesse dire. L'unica cosa che capiva era che tutto il biasimo era rivolto a lei. «Io?» domandò incredula. «Cosa c'entro io con questo?»

«Tutto. Non lo neghi, non è da lei. Tina ha raccontato a tutti che la cena greca per due è stata una sua idea.»

«Tina vi ha detto che ho organizzato tutto io?» Maria fissava Nonie con occhi sbarrati. Non poteva credere alle sue orecchie. «Si tratta di un malinteso.»

Nonie si portò le mani alla gola con una smorfia di dolore sul viso. A quanto pareva parlare la affaticava, ma fece comunque del suo meglio per condividere con Maria la sua visione dei fatti. La sua voce diventò più bassa, ma Maria carpì ugualmente ogni parola: «Tina ci ha detto che lei ha proposto di mangiare greco per cena. Ari ovviamente ne era entusiasta, ma lei lo ha messo in guardia sul fatto che la cucina locale poteva non essere adatta a Sir Winston e Lady Clementine. Per questo le pietanze greche sono state preparate solo per voi due e non per tutti. Io non ho idea di quali vantaggi le abbia portato questa cena a due, le dico solo che anche il suo povero marito era insieme a noi, completamente spaesato, il che non ha certo giovato all'atmosfera generale. Tutto molto ben congegnato, Maria, questo devo riconoscerlo.»

«Ma non c'è niente di vero» sussurrò Maria.

«Ah, no?» domandò Nonie tagliente. «E perché Tina dovrebbe mentirci?»

Maria non rispose. Guardava nel vuoto, verso l'oleandro dietro il tavolo che insinuava i suoi rami fioriti fin sotto la tenda. C'era un solo motivo per cui Tina poteva aver messo in circolazione una simile bugia: per danneggiare Maria. E lei conosceva bene l'invidia, soprattutto quella femminile. Ma proprio quella donna, che sembrava possedere ogni bene di questo mondo, cosa mai avrebbe potuto invidiarle? Aveva un marito straordinario, dei figli, un patrimonio, il prestigio sociale, persino una sfilza di amanti fascinosi. Perché Tina era gelosa di Maria al punto di ordire un simile intrigo?

Maria scosse la testa. «Io non ho organizzato proprio niente. Al contrario. È stata tutta un'idea di Tina, anche se lei è libera di non credermi» disse sollevando il mento in un gesto di orgoglio.

Nonie rimase in silenzio per un po'. Giocherellò sovrappensiero con il bicchiere di succo ormai vuoto, bevve un sorso di tè. Poi disse: «Dev'essere per le attenzioni.»

Maria aggrottò la fronte perplessa, ma non disse niente.

«A quanto pare, è arrabbiata per tutte le attenzioni che Ari le dedica.»

«Lui…»

«Sciocchezze. Non lo neghi, Maria. In questo caso so di avere ragione. Lo vedrebbe anche un cieco che gli piace stare in sua compagnia.»

«È perché siamo entrambi greci» provò a dire lei, impotente. Ma poi le venne in mente che anche Tina era greca, anche se non era cresciuta nel suo Paese natio ed era decisamente cosmopolita. Inoltre era di famiglia molto benestante, suo padre era uno degli armatori più importanti della Grecia e lei aveva vissuto negli agi fin dalla più tenera età. Onassis e Maria, invece, avevano origini molto più modeste. Le loro famiglie simulavano una raffinatezza che non gli apparteneva e ciascuno di loro aveva raggiunto molto di più di quanto non avessero fatto i loro padri. Era ovvio che Aristo avesse più cose in comune con lei, che con la moglie. Ed erano proprio queste cose in comune a creare quell'incantesimo, quella magica intimità che li legava.

«Sì. Lo siete.» Nonie annuì sovrappensiero, senza aggiungere altro.

Il caffè nella tazza di Maria si era raffreddato da un pezzo. Allontanò la tazza disgustata, anche se avrebbe preferito tener lontane da sé le cattiverie come quella ordita da Tina. Lei le conosceva fin troppo bene dal mondo dell'opera e sarebbe stata felice di metter da parte ogni menzogna, almeno per la durata di quelle vacanze.

18

Smirne, 4 agosto 1959

C'era solo una stradina che collegava il porto di Smirne all'antico quartiere di Karataş. E per quanto stretta fosse, aveva delle traverse ancora più strette, che a volte si limitavano a dei semplici scalini in salita. Eppure in mezzo alle vecchie e talvolta diroccate case dai balconi in ferro battuto brulicava di gente: alcuni venditori ambulanti, nella cui ombra si muovevano donne velate, offrivano ogni tipo di merce, dalle caramelle al miele ai tappeti, agli uomini d'affari in completo, e in mezzo a tutti quanti c'erano frotte di bambini saltellanti; un vecchio cercava di farsi strada tra la folla con il suo carretto trainato da un asino, un altro si tirava dietro una capra legata a una fune. Il rumore tutto intorno era assordante, ma a colpire Maria fu soprattutto l'odore: nell'aria aleggiava un profumo di spezie orientali, fiori di gelsomino e legno bruciato mescolato all'aroma di formaggio di capra e pomodori che usciva dalle finestre delle cucine. L'odore di salmastro si mischiava alla puzza di gasolio, pesce e catrame.

«Qui si percepisce ancora la vecchia Smirne» spiegò Onassis. Dovette quasi urlare per farsi sentire dal gruppo dei suoi ospiti, anche se si capiva bene l'entusiasmo per il luogo delle sue origini. «A suo tempo, questo quartiere era molto internazionale, vi abitavano ebrei ricchi ma anche europei benestanti, armeni e molti greci come la mia famiglia. Allora quasi la metà degli abitanti di Smirne erano cristiani.»

Eccolo che torna fuori il tourkosporos che è in lui, pensò Maria tra il divertito e l'incuriosito. Era felice di conoscere la patria di Aristo. Dovette ammettere che la vita in quel quartiere non era poi molto diversa da quella nella zona di Atene in cui era cresciuta lei. In tutti i condomini in cui aveva, negli anni, abitato con la madre e la sorella avevano avuto vicini armeni scappati dall'Anatolia. Anche gli odori intorno a lei le risvegliavano dei ricordi e la facevano sentire in un posto stranamente familiare.

«Se il quartiere è ancora in piedi è soprattutto grazie agli ebrei di Karataş» proseguì Aristo. «I turchi non ce l'avevano con gli ebrei, quando nel settembre del 1922 dettero fuoco a mezza città. Aspettarono che il vento soffiasse in direzione dei quartieri cristiani. Per cui le fiamme distrussero tutto, tranne i quartieri ebraici e musulmani, dove non bruciò neanche una casa.»

Maria era sorpresa del fatto che parlasse così apertamente delle efferatezze del passato, ma poi rifletté che stava usando l'inglese, una lingua che probabilmente capivano in pochi lì.

Aristo si fermò davanti a un grosso edificio d'angolo. «Questa era casa nostra» disse con voce incrinata. «Guardate la grata di ferro alla porta, reca ancora le iniziali di mio padre, Sokrates Onassis.» Poi deglutì e distolse lo sguardo.

Maria osservò i suoi compagni di viaggio che erano ospiti di Onassis da due settimane e che pur conoscendolo da più tempo di lei non capivano quanto fosse sopraffatto dall'emozione. Nonie, Lady Churchill, sua figlia e sua nipote sembravano di fronte a un'attrazione turistica qualsiasi, erano interessate, certo, ma non commosse come chi riesce ancora a vedere davanti a sé gli uomini seduti sugli scalini al tramonto, a fumare narghilè e serviti di ouzo e caffè dalle loro donne, gli amici e i vicini che chiacchieravano finché a un certo punto non iniziavano a fare musica e a ballare, mentre le mogli preparavano la cena e mettevano a letto i bambini. Era un mondo che Maria conosceva fin troppo bene dal suo passato ed era perfettamente in grado di comprendere il sentimento di perdita provato da Aristo. Guardò verso di lui e, nonostante le lenti scure di entrambi, ebbe l'impressione che i loro occhi si incrociassero, che tra di loro avvenisse uno scambio silenzioso, uno sguardo nel cuore l'uno dell'altro. Poi osservò Tina per vedere come reagiva alla tristezza del marito. Ma la trovò in disparte, palesemente disinteressata a ciò che stava accadendo e con un'espressione annoiata sul volto.

Che persona insulsa e ignorante, pensò Maria. Ma del resto era un pensiero, questo su Tina, che le tornava in mente più volte al giorno da quando aveva avuto quella conversazione con Nonie a Rodi.

«Non è terribile questa puzza?» bisbigliò Meneghini, tenendosi un fazzoletto sotto il naso. «Potrebbe essere l'odore dei quartieri più malfamati di Napoli, non che io li conosca. È inaudito che ti esponga a tutto questo.»

Maria si sentì mancare l'aria. Serrò le mascelle per evitare di rimbrottare il marito davanti a tutti, ma quando vide passare un venditore ambulante con la sua cassetta, sibilò a denti stretti: «Per favore, vai a comprarmi dei pinoli, che ne ho voglia. Almeno hai qualcosa da fare.»

«Cosa? In Italia non mangi mai i pinoli, non ti piacciono. E quindi non te li compro.»

«Allora comprami l'uvetta.» Maria tremava di rabbia per la saccenteria e la mania di controllo del marito.

Meneghini la guardò stupito, ma non si mosse. «Che sciocchezza. Neanche l'uvetta ti piace. È troppo dolce, ti darebbe solo fastidio allo stomaco.»

Così non va, pensò Maria, *non ce la faccio più*.

«Andiamo a vedere il cimitero prima che il caldo si faccia troppo opprimente» disse Onassis interrompendo i suoi pensieri. Ovviamente parlava con tutto il gruppo, non solo con Maria. Mostrò la direzione da prendere con un gesto della mano. «Da questa parte, prego.»

A un tratto lampeggiarono dei flash. I paparazzi si erano fatti strada tra la folla che intasava la via. I passanti protestarono ad alta voce, in particolar modo un vecchio musulmano con il fez rosso sulla testa calva accompagnato da una giovane donna che guardava intimorita da sotto il suo hijab. Probabilmente aveva paura di essere stata immortalata dalle macchine fotografiche. Onassis si voltò verso di lui e ci scambiò due parole in turco, poi mise una mano nella tasca dei pantaloni e ne estrasse il pacchetto di sigarette. Maria lo vide ancora offrirne una all'uomo e infilarsene una tra le labbra, prima di seguire gli altri nella direzione indicata da Aristo.

Dietro di lei sentiva Meneghini ansimare.

«C'è puzza, è brutto e fa caldo» stava brontolando. «È davvero inaudito. Era molto meglio prendere l'ascensore con Sir Winston e Montague Browne per raggiungere direttamente il punto più alto della collina. Lassù la vista è di certo migliore e l'aria più pulita.»

Maria rimase in silenzio. Non aveva voglia di discutere con il marito. A pensarci bene non aveva proprio voglia di parlarci. La sua mancanza di rispetto nei confronti del loro anfitrione le faceva rabbia almeno quanto il suo atteggiamento verso di lei. Avrebbe voluto piantarlo in asso e continuare a passeggiare da sola per quelle viuzze, assorbendo tutti quei profumi d'Oriente. E invece si limitò a rivolgergli uno sguardo di rimprovero, che lui ovviamente non poté cogliere per via degli occhiali da sole. Poi gli voltò le spalle senza dire niente, anche se dentro di lei si sentiva come un vulcano pronto a esplodere.

Incredibilmente, il cimitero cristiano ortodosso non era stato né distrutto né danneggiato durante l'occupazione di Smirne nella guerra greco-turca. File di cipressi stretti l'uno all'altro e svettanti verso il cielo azzurro costeggiavano i sentieri davanti alle tombe ornate di lapidi di marmo. Tra una pietra tombale e l'altra, qualche alberello di ulivo dai riflessi argentati tentava di sopravvivere. A parte questo, era una tipica dimora greca dei morti e a Maria trattenne il respiro per un riflesso incondizionato.

Ogni tanto c'era una lapide con una vecchia fotografia, ma in generale il luogo dell'estremo riposo di quelle persone morte a Smirne decenni prima era silenzioso e anonimo in maniera angosciante.

Aristo si fermò di fronte a una tomba piuttosto semplice al centro di un ombroso semicerchio di cipressi. Il marmo bianco era striato del verde del muschio e la scritta incisa sulla pietra era appena leggibile: "Penelope Onassis". Per un istante Aristo rimase immobile, racchiuso in una preghiera muta.

I suoi compagni di viaggio si raccolsero dietro di lui. Anche Churchill e Anthony Montague Browne si erano riuniti al gruppo. Aspettavano tutti in silenzio che il loro anfitrione prendesse la parola.

«Mia madre se n'è dovuta andare troppo presto» disse Aristo alla fine, senza distogliere lo sguardo dalla tomba. «Un'infezione a seguito di un intervento ai reni se l'è portata via tra dolori strazianti. All'epoca io avevo solo sei anni e mia sorella Artemis ne aveva appena due più di me.»

Poi si voltò indietro e raggiunse Churchill. «Sir Winston, una volta mi ha raccontato che anche lei era molto giovane quando ha perso suo padre. Pensa che avrebbe intrapreso lo stesso percorso, se fosse vissuto più a lungo?»

«Penso di sì» borbottò l'anziano uomo di Stato. «Mio padre è stato co-fondatore dell'attuale partito conservatore, era tra i candidati favoriti per il ruolo di primo ministro, è stato ministro delle Finanze e del Tesoro. Quando morì, in seguito a una lunga malattia, io avevo quasi vent'anni e già una mia opinione.»

«Se mia madre non fosse morta così presto, forse non avrei lavorato tanto duramente come ho fatto.» Onassis sospirò. «Ma in fondo, chi può dirlo? Probabilmente non ha senso porsi queste domande. Torniamo a bordo.»

A Maria venne da pensare ai suoi genitori: nonostante fossero ancora vivi, lei non aveva fatto altro che viaggiare da un impegno all'altro per sfuggire alla pressione che le mettevano, specialmente sua madre.

Mentre tornavano verso il porto, Aristo raccontò di come la matrigna e le sorelle erano riuscite a scappare, mentre suo padre era stato arrestato dall'esercito turco. Aristo, rimasto solo, dovette assistere alla confisca della casa dei genitori da parte di un ufficiale turco. Ma nonostante fosse così giovane, era riuscito a evitare tutti i pericoli finché il viceconsole americano non l'aveva aiutato a fuggire. Onassis descrisse, in modo molto preciso e forse un po' teatrale, di come si era tuffato nelle acque del porto sotto una pioggia di proiettili turchi e aveva raggiunto a nuoto una nave da guerra americana, che l'aveva preso a bordo. Sul molo c'erano migliaia di disperati che urlavano chiedendo aiuto, ma la marina americana e inglese ancorate lì davanti non intervennero e alla fine aiutarono solo poca gente. «Abbiamo vissuto l'inferno dantesco» disse Onassis concludendo il suo drammatico racconto.

* * *

Dopo aver pranzato sul ponte, gli ospiti si ritirarono nelle loro cabine per il riposo pomeridiano, mentre l'equipaggio dello yacht si preparava a salpare. Maria si sentiva stordita dalle sensazioni provate nelle ore appena trascorse sulla terraferma. Se ne stava assorta al suo tavolo da toeletta, sollevò il tappo di vetro dal flacone del suo profumo e si inebriò dell'aroma di lavanda, iris, rosa, sandalo e muschio. Se ne versò qualche goccia sul polso e lo portò al naso per inspirare ancora più a fondo la fragranza di "Hammam Bouquet" di Penhaligon's. Si era invaghita di quell'eau de toilette, creata in realtà per gli uomini, fin da quando l'aveva sentita per la prima volta addosso a Luchino Visconti, durante una sua regia alla Scala. In seguito, Visconti ebbe l'idea di disseminare la scena di fazzolettini imbevuti di quel profumo per infondere a Maria una sensazione di sicurezza sul palco. Quell'odore l'aveva sempre fatta sentire vicina al suo regista e amico e solo adesso si rendeva conto che forse le ricordava inconsciamente la sua infanzia. Era lo stesso aroma orientale tipico della vecchia Grecia, che non la riportava agli orrori dei suoi anni difficili ad Atene, ma alla fiducia e all'amore che le trasmetteva la sua maestra di canto, Elvira de Hidalgo. In effetti la sua insegnante al conservatorio di Atene le aveva sempre dato e le dava ancora oggi tutte le attenzioni materne che la sua vera madre le negava. Quindi, nonostante all'epoca non lo conoscesse ancora, in un certo senso erano sei anni che Maria portava sulla pelle un distillato dei ricordi della patria di Onassis. Quel pensiero la fece sorridere.

«In realtà non volevo ancora dirtelo» disse a un tratto Meneghini strappandola ai suoi pensieri «ma quando torniamo a casa ti aspetta una sorpresa. Ti ho organizzato degli ingaggi straordinari. Sei impegnata fino alla fine dell'anno.»

Le sue parole la colpirono come un pugno. Se l'avesse riportata alla realtà con un ceffone in pieno volto sarebbe stato comunque meglio di quel tono adulatorio e autoritario allo stesso tempo. Aveva completamente rimosso il mondo dell'opera e nei giorni a bordo dello yacht non aveva dedicato neanche un pensiero alle prossime esibizioni. Per la prima volta in vita sua, si sentiva a proprio agio al di fuori di un palcoscenico. Percepiva il suo corpo che recuperava le forze, si sentiva sempre più se stessa. E ricordarle che quel periodo sul mare, con tutti i suoi agi, avrebbe prima o poi avuto un termine, era tanto destabilizzante quanto inutile, in quel momento.

Si voltò di scatto verso di lui. Era seduto sul bordo del letto con un'aria talmente compiaciuta che Maria avrebbe voluto tirargli in testa il flacone di profumo. Non lo fece solo per rispetto all'eau de toilette.

«E questo che significa?» sibilò.

«L'ho fatto per renderti felice. Riceverai dei cachet da capogiro. Li ho negoziati io per te. Io ho...»

«Non mi interessa» lo interruppe lei.

«Sciocchezze» ribatté Meneghini con sufficienza. «Sarai entusiasta non appena vedrai le cifre sugli assegni. È stata una contrattazione dura, te lo dico. Non è stato facile arrivare a quelle cifre. Ma un Meneghini non si lascia certo intimidire facilmente. Io...»

«Tu, tu, tu!» sbottò Maria. «Perché per una volta non

mi chiedi cosa voglio io?» Lui la guardò con un'aria talmente stupita da farle perdere la pazienza del tutto. «Ti comporti in modo impossibile. Sai una cosa? I direttori non ti temono come pensi tu, anzi: sono imbarazzati per il tuo comportamento.»

«Si sono lamentati con te? Che meschinità!». Il marito si alzò e le andò vicino. «Sai, chiunque vorrebbe che le star si esibissero ai cachet dei coristi. Ma un Meneghini non è disposto a tollerarlo. Io...»

«Neanch'io sono disposta a tollerarlo.»

«Certo. Riferirò a tuo nome che devono smetterla una volta per tutte di infastidirti con queste futilità.»

Maria digrignò i denti. «Tu non parlerai mai più con nessuno di me. Sei licenziato, Battista.»

In un primo momento sembrò che il marito volesse scoppiare in una fragorosa risata. Ma poi rimase a fissarla esterrefatto. Si passò nervosamente una mano sui capelli radi. «Che vuoi dire?»

«A partire da questo momento non sei più il mio manager. Ne ho abbastanza del tuo comportamento e delle tue rivendicazioni con i grandi teatri d'opera. Nessuno si interessa a Battista Meneghini, è la Callas che vogliono. E tu ti comporti in modo indecoroso, assumendo atteggiamenti che mi danneggiano. Non ho più voglia. Capisci? Da ora in avanti mi occuperò da sola dei miei ingaggi e dei miei cachet.»

Cosa aveva mai detto? Santo cielo, ma se non era neanche in grado di aprire un conto in banca.

Maria si girò di nuovo verso la toeletta, perché il marito non potesse leggerle i dubbi sul volto. Ma nel giro di un secondo si rese conto che la sua reazione non era stata affatto isterica, anzi: aveva parlato con grande calma. A voce alta e risoluta, sì, ma senza perdere il controllo. Diceva sul serio. Per questo non le tremò neanche la mano, mentre richiudeva il suo flacone di Penhaligon's.

«Maria.» Meneghini era tornato al registro ruffiano che tanto le dava ai nervi. «Non agitarti. Non c'è motivo di scaldarsi così. I direttori alla fine hanno accettato le mie richieste, no? Io voglio sempre e solo il meglio per te. Questo lo sai.»

Lei si voltò di nuovo verso di lui. «A quanto pare non vuoi capire: sei licenziato.»

Ecco, lo aveva detto. Erano precipitati nel bel mezzo dell'ormai inevitabile conflitto, anche se Meneghini sembrava non accettare che lei non voleva più il suo appoggio, nonostante glielo avesse comunicato chiaramente. Maria non tollerava più il suo atteggiamento sfacciato, non provava più alcuna comprensione per la sua incapacità di parlare le lingue, una lacuna che non passava certo inosservata nel mondo internazionale dell'opera lirica, e trovava la sua aggressività semplicemente ripugnante. Gli rinfacciò tutte queste cose e lui la insultò dicendo che non sarebbe stata nessuno, se lui non l'avesse trasformata in una star. Gli attacchi si fecero sempre più personali, i toni sempre più accesi. A un tratto Maria si rese conto che probabilmente a quell'ora metà yacht era testimone della loro discussione.

Imbarazzata e furiosa allo stesso tempo, corse fuori

dalla cabina. Scappò senza sapere dove andava, non si chiuse neanche la porta alle spalle. Si calmò solo una volta raggiunta la scala a chiocciola che portava al ponte. Si voltò, spiò i rumori intorno a sé per capire se il marito l'aveva seguita. Ma di Meneghini non c'era traccia. Nel frattempo lo yacht era salpato, probabilmente le oscillazioni l'avevano costretto di nuovo a letto. O forse si era sdraiato per recuperare le forze dopo il litigio. Del resto, era dall'inizio della crociera che non faceva altro che starsene continuamente a letto, sofferente. Comunque fosse, a Maria non importava niente. Purché la lasciasse in pace.

* * *

Non appena raggiunse il ponte di poppa, lo sguardo di Maria andò subito a cercare il parapetto. Nel frattempo era diventata un'abitudine. Onassis se ne stava lì e guardava indietro, come ogni volta che lasciavano un porto. E di nuovo a Maria sembrò smarrito. Così solo e pensieroso. Tutti gli altri ospiti si erano ritirati nelle cabine per riposare, per cui erano soli. L'unica presenza oltre a loro era quella di un cameriere che sparecchiava le tazzine da caffè e i bicchieri sporchi dal tavolino tra le sdraio e che fece un educato cenno di saluto a Maria. Lei gli rispose, avanzando sulle assi di legno per raggiungere Aristo. Lui registrò la sua presenza inchinandosi quasi impercettibilmente verso di lei, ma non disse niente. E come sempre, Maria godette della sua vicinanza anche nel silenzio. Guardarono insieme la terraferma scomparire nella foschia della calura pomeridiana. Un alto massiccio montuoso di scogli brulli intervallati da strisce verdi di una scarna vegetazione che si stagliava nel cielo assolato. Si lasciò contagiare dal senso di serenità che Onassis emanava. Maria sentì la tempesta dentro di lei placarsi e la quiete tornare. Forse in parte dipendeva dalla sua presenza, ma non c'erano dubbi che dipendesse anche dalla vista e dalla sensazione di rifugio offerti dal *Christina*.

«Quella è Lesbo» disse lui dopo un po'. Non si era voltato verso di lei, aveva parlato al vento, che aveva portato le sue parole verso il mare. «L'incrociatore americano mi fece sbarcare a Mitilene, dove erano stati organizzati dei giganteschi campi per i rifugiati dell'Anatolia. C'era un tale caos che mi ci vollero settimane a ritrovare la mia matrigna e le mie sorelle.»

«Però le ha ritrovate» rispose Maria.

Aristo annuì in silenzio, pensando forse a tutti i parenti che non era mai più riuscito a vedere. Durante l'escursione in città aveva raccontato che molti suoi zii erano finiti impiccati dai turchi.

«Crede davvero che la sua vita sarebbe stata diversa, se sua madre non fosse morta così presto?» chiese a un tratto Maria. Solo dopo averla espressa si rese conto che quella domanda la tormentava da quando avevano lasciato il cimitero. «In fin dei conti, la guerra non aveva niente a che fare con lei. Certo, la sua famiglia come molte altre ne portava il fardello, ma non era certo colpa sua, né poteva fare niente per cambiare le cose.»

«Ad ogni modo ho conosciuto fin da giovanissimo la

finitezza dell'esistenza. Può passare tutto così in fretta. Per questo mi godo appieno ogni cosa che la vita mi offre.»

Mancanze, pensò Maria. *Le perdite e le mancanze del passato definiscono il nostro presente.* Valeva la stessa cosa per lei.

Onassis voltò le spalle al parapetto e la guardò negli occhi. «Eppure non riesco a togliermi dalla testa l'idea che nonostante tutto il lusso che mi circonda, nonostante tutto il successo che ho negli affari, mi manchi comunque qualcosa di fondamentale.»

Ancora un lato in comune.

Maria annuì. «Anche per me è così.»

Lui sollevò una mano, forse per sfiorarla, ma poi sembrò ricordarsi cosa c'era tra di loro e lasciò perdere. Fece un breve gesto nell'aria con la mano sinistra, e la lasciò ricadere lungo il fianco.

Dopo un po' si mise a ridere. «Probabilmente si starà chiedendo quanto amore ho ricevuto dopo la morte di mia madre. Tutto sommato, non così poco. Mia sorella Artemis mi ha fatto da mamma nonostante la sua giovanissima età e ancora oggi esercita su di me una notevole influenza, anche se non lo ammetterei mai in sua presenza.»

A Rodi, Maria aveva notato che Tina cercava la compagnia di Artemis e che le due donne avevano confabulato a lungo. Possibile che la moglie di Aristo cercasse la solidarietà della sorella per fare fronte comune contro la possibile nemica? Quel pensiero silente le fece ammettere che per la prima volta si stava considerando a tutti gli effetti una rivale di Tina Onassis. *Noi siamo solo amici*, cercò di convincersi subito. Ciò che succedeva nel loro matrimonio non la riguardava. Il suo matrimonio con Meneghini era stato consacrato con la benedizione cristiana e, dopo che il rito si era svolto anche civilmente all'anagrafe di Verona, la legge italiana considerava quel vincolo indissolubile. E questo era un dato di fatto che né i loro problemi, né il suo profondo desiderio di lasciare il marito avrebbero mai potuto cambiare.

Mentre lei rimuginava sulla propria separazione, l'uomo al suo fianco continuò a parlare. Le ci volle un po' per capire che era passato a descrivere un altro tipo di amore, ovvero le sue prime avventure erotiche. Prima di allora nessuno le aveva mai confessato apertamente i propri desideri sessuali. Lo ascoltò con un misto di curiosità e repulsione, stupendosi del fatto che l'amore fisico potesse significare così tanto per una persona.

«Il mio primo grande amore» Onassis si aprì in un largo sorriso «fu una giovane domestica in casa dei miei genitori. Lavorava come lavandaia per la mia famiglia. Purtroppo la mia matrigna ci beccò su una montagna di biancheria, per cui tra me e quella ragazza non successe più niente. Invece la mia prima esperienza la feci con un'insegnante di francese che aveva assunto mio padre per delle lezioni estive. Aveva un corpo magnifico e un grande seno, e mi sedusse.»

A Maria venne istintivamente da guardare in giù. Lei aveva un seno piuttosto piccolo. Arrossendo, rialzò lo sguardo verso di lui. «E poi?» gli chiese.

«Mi innamorai di una ragazzina ebrea del quartiere. Perdutamente. All'epoca avevo quindici anni ed ero decisamente folle.» Il vento gli scompigliò i capelli sulla fronte e quell'aria scarmigliata lo fece sembrare più giovane e quasi irresistibile, tanto che Maria non ebbe alcuna difficoltà a immaginarsi l'adolescente che era stato. «Cantavo una serenata dopo l'altra sotto la sua finestra, consegnavo al personale di casa sua del miele turco per lei e malmenai un compagno di scuola invaghito di lei.»

Maria sorrise divertita. «E la ragazzina cedette?»

«No. Naturalmente no. La rispettabile figlia di un sefardita non poteva avere niente a che fare con un goi. Un bel giorno il padre la spedì da certi parenti in Sudamerica. A quel punto accantonai per un bel po' l'idea dell'affinità spirituale e mi dedicai a esplorare l'amore fisico.»

Maria era grata al vento che le rinfrescava le guance.

Onassis si perdette per qualche istante tra quei ricordi voluttuosi, poi disse: «Alcune donne incontrate in quel periodo mi confidarono che per loro c'era un legame indissolubile tra il denaro e il sesso.»

Nonostante Maria ritenesse questa visione dei rapporti un po' riduttiva, in un certo senso concordò con lui: «L'amore fisico è costituito da un dare e un avere, come molte altre cose.» Prima ancora di aver concluso la sua affermazione, si morse il labbro. All'infuori di Meneghini, non aveva mai parlato con un uomo di argomenti così intimi, e il loro sesso coniugale poteva a malapena definirsi "intimo".

Onassis aggrottò la fronte. «Tutto qui?» domandò serio. «È davvero questa la sua visione della sessualità?»

Maria fissò la schiuma prodotta dall'elica della nave per sfuggire al suo sguardo. «Sì» sussurrò.

19

New York, 16 settembre 1968

Maria si osservò nell'enorme specchio di cristallo del suo guardaroba. La stanza faceva parte della sua suite allo Sherry-Netherland, un esclusivo residence sulla Quinta Avenue con affaccio diretto su Central Park che disponeva di un hotel piccolo ma molto elegante. Poiché la sua amica Mary avrebbe soggiornato solo un paio di piani sopra di lei, a casa di una zia, Maria aveva deciso di stare lì anziché andare ospite dai Gatsos. Dopo il loro girovagare per gli Stati Uniti occidentali e sudoccidentali fino al Messico, Maria era felice di essere di nuovo a Manhattan. Aveva la sensazione di aver fatto ritorno a casa dopo una lunga peregrinazione, di essere arrivata alla fine della sua odissea personale. Ecco perché aveva accettato l'invito al Metropolitan Opera per quella sera. Voleva dare un segnale. A se stessa, ma anche al mondo intero, e soprattutto a Onassis.

Sapeva di avere un bell'aspetto. La sua acconciatura era perfetta, il suo vestito – un abito da sera aderente verde scuro, dal taglio raffinato e senza maniche – le stava divinamente e i gioielli noleggiati da Harry Winston, il negozio dietro l'angolo, erano sensazionali: due orecchini di smeraldi e diamanti grandi come noci, un braccialetto in parure alla sinistra e un imponente anello anch'esso di smeraldi e diamanti, talmente grosso che avrebbe potuto usarlo come tirapugni. La sua immagine riflessa allo specchio diceva che era tornata la Callas raggiante di un tempo. E la sua anima ferita restava nascosta nel profondo.

Quanto aveva desiderato di poter lasciare il suo dolore nel deserto del Nevada. Ma la sua odissea non aveva neanche scalfito il suo dispiacere per la rottura con Aristo. Anziché sentirsi libera e pensare al suo ritorno in Europa e alla sua *rentrée*, di cui non faceva che parlare durante le interviste, si ritrovava nell'Upper East Side, delusa, triste e col cuore a pezzi come in ogni altro luogo in cui era stata. Da Santa Fe era partita insieme a tutta la compagnia per Las Vegas, da lì aveva proseguito con Mary per Los Angeles, mentre Larry aveva dovuto interrompere il viaggio per impegni lavorativi. Non si era divertita da nessuna parte se non a Disneyland, men che meno a San Francisco, dove aveva parlato di Onassis con una giornalista e si era talmente infuriata da definirlo un "ratto", cosa che ovviamente le aveva assicurato un titolone in prima pagina. Dalla California se ne erano andate da certi amici di Mary in Messico e poi a casa sua a Dallas. Proprio lì, dove Maria aspirava a sentirsi abbastanza a suo agio da potersi leccare le ferite con tutta calma, aveva finito per rompersi due costole cadendo in bagno. Le pillole per dormire, senza le quali non sarebbe mai riuscita a chiudere i suoi occhi arrossati di pianto, l'avevano stordita al punto da farla inciampare e cadere. Dopo l'incidente aveva provato un tale dolore a ogni respiro, che quasi si era scordata dell'origine di tutti i suoi mali. Quasi.

Durante tutto quel tempo, dalla Grecia non l'aveva cercata nessuno. Non c'era stata alcuna chiamata da Aristo, nonostante Maria facesse in modo di essere sempre reperibile. I fiori che l'avevano raggiunta durante la sua degenza a Dallas non erano da parte del suo amato, come aveva voluto credere, ma del suo amministratore a New York. Costa Gatsos continuava imperterrito a coltivare la sua amicizia con lei e non capiva come facesse Onassis a preferirle un'altra donna. Maria era sicura che su questo punto si fosse espresso molto chiaramente anche con lui, senza tuttavia riuscire a cambiare le cose. Del resto, un uomo come Onassis non avrebbe mai ascoltato i consigli di un vecchio amico in fatto di amore.

Alla fine, era stato ancora una volta Larry l'unico a tirarla un po' su di morale. L'aveva portata a una cena con alcuni suoi conoscenti e nel corso della serata la conversazione era caduta sull'apertura della stagione al Met. Un influente produttore discografico aveva invitato Maria alla serata e lei aveva acconsentito, tanto più che poteva portare con sé anche i suoi amici. Dopo un primo momento di timore e incertezza all'idea di comparire di nuovo in pubblico, ci aveva riflettuto bene e deciso che, se un giorno o l'altro voleva liberarsi del dolore per il suo cuore infranto, doveva smettere di passare tutto il suo tempo nascosta in camere d'albergo dotate di allaccio telefonico. «Devo e voglio mostrare a tutti che la Callas esiste ancora» aveva confidato a Mary durante un giro di shopping da Bergdorf Goodman, il più lussuoso centro commerciale di Manhattan.

E adesso eccola lì, con il suo abito elegante e i suoi gioielli scintillanti, pronta per una grandiosa entrata in scena. Ma nonostante tutto, si sentiva vuota. Larry le aveva assicurato che il pubblico del Met l'avrebbe osannata anche solo come spettatrice della rappresentazione di *Adriana Lecouvreur* di Francesco Cilea. Rivedere la Callas in un teatro d'opera di massimo prestigio avrebbe suscitato un tripudio di applausi comunque, a prescindere che fosse sul palco o in platea.

E poi ci sarebbe stata grande attenzione sul suo incontro con la collega Renata Tebaldi, che anni prima era stata ingaggiata insieme a lei e con la quale si era contesa il titolo di Diva Assoluta alla Scala. La stampa aveva continuato a lungo a descrivere siparietti poco edificanti, che Maria aveva sempre e solo imputato alla sua tensione da palcoscenico. E comunque era stata lei a vincere il duello contro la Voce d'Angelo, come veniva chiamata la Tebaldi, un soprannome che Maria stessa aveva dovuto riconoscerle a buon diritto. Ad ogni modo, nonostante l'altra avesse lasciato Milano poco dopo, le malelingue avevano continuato a imperversare su entrambi i fronti per molto tempo. Nel frattempo, però, era giunto il momento di una riconciliazione, su questo punto Maria concordava con il suo amico Larry, e la cornice sontuosa della *première* rappresentava il contesto ideale per farlo. La presenza in sala della Callas non doveva solo mettere in ombra la Tebaldi, no: le foto di quella serata dovevano fare il giro del mondo e raggiungere Aristotele a ogni costo. Maria voleva dimostrargli cosa si era lasciato scappare.

Il telefono squillò, facendola trasalire. Barcollando sui suoi décolleté, raggiunse l'apparecchio sul comodino del suo letto king size. Esitò per un istante. Cosa avrebbe fatto, se fosse stato Aristo? Da un momento all'altro sarebbero venuti a prenderla per portarla al Met e non poteva certo permettersi di giungere in ritardo. La sua entrata in scena avrebbe perso di senso, se fosse arrivata tardi e avesse dovuto scivolare in un palco senza fare rumore. Del resto, però, voleva parlare con Aristo e avrebbe dato qualsiasi cosa per sentire la voce dell'uomo che amava ancora con tutto il cuore.

Sollevò la cornetta con mani tremanti. «Sì, pronto?»

«Sono Mary. Ti aspetto nella hall. Scendi, per favore, l'autista è già arrivato.»

Non era Aristo nemmeno questa volta.

Perché non riusciva a smettere di aspettarlo? Perché non riusciva a rinunciarvi e a lasciarlo all'altra?

Maria deglutì per respingere le lacrime. Non era solo uno straordinario soprano, era anche la migliore attrice che il mondo dell'opera lirica avesse mai visto. Non c'erano dubbi sul ruolo che la aspettava quella sera: la Callas sarebbe tornata a casa sua, al Met, in mezzo al tripudio dei suoi ammiratori, e avrebbe perdonato alla Tebaldi ogni cattiveria, ponendosi come l'incarnazione della magnanimità. Così come avrebbe perdonato ad Aristo la sua scappatella, se mai le avesse chiesto di tornare da lui.

Sollevò la testa e si incamminò verso la porta.

* * *

Per Maria, la pioggia di flash fu violenta come un faro accecante in pieno viso. Per la prima volta dopo anni si ritrovava sotto i riflettori senza Aristo al suo fianco. La Callas era tornata.

Non appena fu entrata nel nuovo Metropolitan Opera House fu accolta davvero dal giubilo che i suoi amici avevano previsto. Sentiva la presenza di Mary alle sue spalle, anche se non la vedeva, e il pensiero di avere accanto la sua amica le dava sicurezza. Per quanto Maria fosse ancora impegnata a combattere contro un cuore in frantumi, la Callas era tornata a farsi celebrare dal suo pubblico. Durante il suo tragitto per raggiungere il palco d'onore la gente non solo la applaudiva, ma reclamò a gran voce il suo rientro sui palcoscenici. Maria incedeva maestosa tra la folla con una mano sul cuore, godendosi l'ammirazione e l'affetto degli altri ospiti della *première*. Quelle dimostrazioni di stima la fecero sentire come sulle nuvole, una sensazione che credeva di aver perduto per sempre.

«La Tebaldi sta facendo il diavolo a quattro dietro le quinte» sentì bisbigliare qualcuno. «La presenza della Callas ha completamente oscurato la sua.»

Già, pensò Maria, *ed è così che dev'essere.* E sorrise con una soddisfazione profonda che non provava più da molto tempo.

Dopo lo spettacolo fu accompagnata dietro le quinte, dove avvenne la riconciliazione con Renata Tebaldi. Il soprano italiano, di solo un anno più grande di lei, non poté fare altro che sorridere e rispondere allo studiato abbraccio che Maria le diede sotto i riflettori. Intanto le macchine fotografiche della stampa scattavano all'impazzata e Maria sapeva che le foto della Callas sarebbero comparse quanto meno all'apertura della sezione culturale dei giornali dell'indomani, se non in prima pagina. Maria sorrise sicura di sé e provò un certo divertimento nel portare avanti quel doppio gioco.

Dopo i festeggiamenti per la *première*, lei e Mary rientrarono allo Sherry-Netherland di umore sorprendentemente allegro. Attraversando il foyer, Maria notò una pila di giornali su una credenza. Probabilmente erano le copie del *New York Post* del giorno prima, ma a lei sarebbe andato bene comunque, visto che non l'aveva ancora letto. Ne prese uno mentre passava e spiegò all'amica: «Sarà la mia lettura notturna, così mi addormento meglio». Le due donne, inebriate dalla serata a teatro e dall'abbondante champagne che l'aveva accompagnata, entrarono in ascensore.

Una volta giunta nella suite, come prima cosa Maria si sfilò le scarpe, buttò il giornale su una poltrona e si sedette alla toeletta per togliersi gli orecchini e gli altri gioielli. Mentre armeggiava alla chiusura, dalle finestre sentiva salire il ronzio del traffico, che a New York non si interrompeva mai. Anche a Parigi le strade facevano un rumore simile. Per la prima volta dalla sua partenza per l'America sentì salire dentro di sé un senso di nostalgia. Debole, certo, ma abbastanza forte da farle sentire la mancanza di casa sua.

La luce delle lampadine che aveva acceso fece scintillare i gioielli che aveva posato sul ripiano. Rifletté sulla possibilità di comprarli, ma alla fine decise che li avrebbe restituiti a Harry Winston come previsto. Non voleva legare il suo cuore a qualcosa che un domani, magari, avrebbe adornato un'altra donna. Ne aveva avuto abbastanza.

Quando finalmente si fu spogliata, struccata e avvolta nella sua camicia da notte, prese il *New York Post* e andò verso il letto. A un tratto vide una foto nella parte inferiore della pagina di apertura che prima non aveva notato. Si aggiustò gli occhiali sul naso, ma non c'era margine di dubbio: Aristo, in smoking, sorrideva orgoglioso alla macchina fotografica con al fianco una raggiante Jacqueline Kennedy in abito da sera.

Maria si lasciò cadere sul letto, continuando a stringere il giornale tra le dita. Con grande sforzo lesse la breve didascalia sotto quell'immagine rubata da un paparazzo, perché era troppo curiosa per mettere via il quotidiano senza guardare: *La ex First Lady Jackie Kennedy e il multimilionario greco Aristotele Onassis davanti al nightclub El Morocco, a Manhattan. Non perdetevi l'intervista esclusiva della nostra giornalista Earl Wilson.*

Aristo porta a spasso il suo trofeo, pensò Maria. E ovviamente lo portava nel club più famoso di New York.

Le ci volle un istante per rendersi conto di quanto fossero vicini: erano nella stessa città.

Sfogliò il quotidiano con movimenti scattosi, finché non trovò la cronaca rosa. Nel farlo, strappò una pagina del giornale e si tagliò con la carta sulla punta di un dito. Ma non sentì quasi il dolore. Quando finalmente trovò l'articolo che cercava, tremava in tutto il corpo. I suoi occhi sorvolarono il testo, con il cuore che le batteva talmente forte da darle la nausea. C'era un paragrafo in particolare che continuò a leggere e rileggere, e anche quando ormai l'aveva imparato a memoria, lo lesse un'altra volta: *Possiamo affermare con una certa sicurezza che Aristotele Onassis non desidera sposare né Jackie Kennedy, né nessun'altra donna...*

Dunque si era trattato di un equivoco. Quella chiacchierona al talk show aveva solo voluto darsi delle arie. Maria si sentì pervadere da una sensazione di sollievo. Presto Aristo si sarebbe stancato della vedova del presidente e sarebbe tornato da lei. Anche se non capiva come mai non l'avesse ancora chiamata per rimettere a posto le cose. Ma in fondo non era questo l'importante. Lui non voleva sposarsi. Era questa l'unica cosa che contava.

Maria non riuscì più a stare ferma. Balzò in piedi facendo volare il quotidiano a terra. Camminò avanti e indietro per la stanza, inquieta. Si avvicinò alle finestre alte e magnificamente arcuate secondo lo stile *Art déco*, dietro le quali la notte sfumava pian piano nel giorno. Andò alla toeletta, sfiorò con un dito i gioielli luccicanti. Poi tornò a letto, guardò il *New York Post* per terra e la foto ormai stropicciata della celebre coppia. Maria sollevò la prima pagina e ne strappò con attenzione la carta fino a dividere la foto di Aristo e Jackie Kennedy in due.

Quando Aristo veniva a New York, prendeva sempre

lo stesso appartamento all'Hotel The Pierre, dove per vicini aveva Elizabeth Taylor e Richard Burton. Maria era stata così tante volte in quella suite che aveva stampato nella memoria ogni suo minimo dettaglio. Avvicinandosi di nuovo alle finestre scure, le sembrò che riflettessero non già la stanza dello Sherry-Netherland dietro di lei, ma le sale di quell'edificio a un solo isolato da lì. L'immagine era così realistica, che era convinta che avrebbe visto Aristo nel suo letto, se solo si fosse girata. Ma naturalmente lui non c'era.

Però si trovavano nella stessa città. A dividerli c'era un solo isolato.

E lui non avrebbe sposato Jacqueline Kennedy.

Maria si lasciò cadere sul letto e sollevò la cornetta del telefono. Chiese di essere messa in collegamento con un numero privato del The Pierre, che le era rimasto impresso nella mente proprio come la disposizione dei mobili nella suite di Onassis.

Era notte fonda, ma lui sicuramente non dormiva. Lui non dormiva mai a quell'ora. Chi avrebbe potuto saperlo meglio di lei? In fin dei conti, la loro relazione era cominciata di notte. Quella volta, a bordo del *Christina*, quando avevano passato ore e ore insieme a parlare. Si erano raccontati le loro vite e si erano avvicinati molto più di quanto non sarebbe stato possibile in un incontro passionale. Era stato come un abbraccio di parole. Non per niente una volta Mary aveva detto che Maria e Ari erano due metà di un intero.

Dopo tutto ciò che era successo, era urgente che si

parlassero di nuovo. In fin dei conti non era importante chi compiva il primo passo. Lui non l'aveva chiamata, perciò l'avrebbe fatto lei. Tutte quelle miserabili chiacchiere sull'orgoglio provenivano da gente che non sapeva niente dell'amore.

«Pronto?» Era stata solo una parola, ma a Maria naturalmente bastò a riconoscere la sua voce. Quanto le era mancato quel suono.

«Sono io. Maria.»

Nessuna risposta dall'altro capo del telefono.

«Sono a New York.»

«Questo lo so» rispose lui.

Quindi non si era fatto vivo nonostante sapesse che erano nella stessa città? Maria sentì il macigno che le chiudeva la gola precipitare nello stomaco. Inspirò profondamente. «Penso che dovremmo parlare» aggiunse poi.

«No, Maria. No. È finita. Tu mi hai lasciato. Sei stata tu a volerlo. Non c'è più niente da dire al riguardo.»

Maria avrebbe voluto urlare nella cornetta che si sbagliava, invece tirò fuori un tono talmente pacato da sembrare triste e disse: «Io non sono una santa. Non aspettarti che mi comporti da tale. Ero arrabbiata perché mi stavi cacciando dal *Christina*. Ma questa non è certo una buona ragione per chiudere per sempre...».

«Ti ho già detto come la penso a tal proposito» la interruppe lui. Maria sentì uno schiocco dall'altro capo del telefono, probabilmente il suo accendino. A quanto pareva, aveva preso una sigaretta. «Me ne sono fatto una ragione» continuò, buttando fuori il fumo mentre parlava. «Quello che c'era tra di noi, per me è passato.»

Non poteva finire così. Anzi, non poteva finire affatto.

«Ma per me non è passato» esclamò Maria disperata.

«Mi dispiace, ma questo non mi cambia niente.»

«Aristo, io...» Si interruppe. Si portò alla gola la mano che non teneva il telefono, perché le sembrava di poter soffocare da un momento all'altro. «Io non posso!»

«Cosa?»

«Io non so vivere senza di te» sussurrò Maria.

«Be', allora dovrai imparare a farlo» rispose lui sospirando, o forse tirando di nuovo alla sigaretta.

Cos'altro avrebbe potuto dire? Lui era così freddo che rasentava la scortesia. Però non riattaccava. E questo le dava una scintilla di speranza. Fin tanto che parlavano, niente era perduto. Solo quando lui avrebbe interrotto la conversazione, sarebbe stato per sempre.

In silenzio, Maria sentì le lacrime scorrerle sul viso. *Mantieni il controllo*, le ordinò una voce dentro di lei. Deglutì per evitare di scoppiare in singhiozzi. Un uomo come Aristo non avrebbe mai cambiato idea per un addio bagnato di lacrime. Con un grandissimo sforzo di volontà, Maria disse nel tono più dignitoso che riuscì ad assumere: «Perché ti sei impegnato tanto per avermi e adesso ti impegni così poco per tenermi con te? Perché, Aristo? Perché?».

20

Istanbul, inizio agosto 1959

«Come ha potuto?» gli urlò addosso Maria.

In quel momento non le importava della presenza sul ponte delle altre signore e del personale di servizio, così come non fece caso alle molte barche che circondavano il *Christina* nel porto dell'isola di Büyükada. Con la coda dell'occhio vide che sui motoscafi accanto allo yacht c'erano diversi fotografi. Non avrebbe saputo dire se erano gli stessi che li avevano seguiti fin dalla partenza da Monte Carlo. Ma neanche di questo le importava. E neppure della possibilità che i giornalisti o i suoi compagni di crociera o qualcuno dell'equipaggio sentisse ciò che aveva da obiettare ad Aristo dopo aver scoperto che insieme all'ambasciatore inglese era atteso a bordo per pranzo anche il primo ministro turco. Maria era furibonda e delusa da Onassis, che fino a quel momento aveva considerato un patriota.

«Come può invitare a bordo Adnan Menderes? Le sue mani sono sporche di sangue greco!»

Anziché reagire al suo attacco di collera, Onassis concentrò tutta la sua attenzione su ciò che stava accadendo sull'acqua blu ciano sovrastata da un cielo senza nuvole appena più chiaro. Le case bianche e azzurre dietro il lungomare creavano un contrasto luminoso con queste tonalità profonde e gli altri yacht, barche turistiche e traghetti che dondolavano in porto.

«Lo vede?» disse lui senza guardarla. «Quel pilota spericolato è il mio Alexander.» La sua voce grondava di orgoglio paterno.

Maria aveva notato da un pezzo la piccola barca da corsa che sfrecciava tra i motoscafi di giornalisti e curiosi. Alexander stringeva le curve in modo impressionante, facendo spruzzare la schiuma dalla chiglia e divertendosi a bagnare di schizzi i visitatori del porto. Ma tutto questo le pareva comunque molto meno importante della notizia circa gli ospiti attesi per pranzo. Maria scosse Onassis per un braccio.

«Sto parlando con lei!»

Con un mezzo sorriso divertito, Onassis si voltò finalmente a guardarla. «Sì. L'ho sentita. Ma che cosa dovrei fare, secondo lei? Menderes vuole fare una visita di cortesia a Sir Winston. Dovrei negare l'ospitalità al primo ministro turco in un porto turco?»

«Potrebbe mostrare un po' di contegno» lo aggredì lei.

«È quello che faccio, organizzando questo incontro. Si tratta di Cipro, Maria, la situazione diplomatica fra Turchia, Grecia e Gran Bretagna è critica. Io mi riterrei soddisfatto se con un semplice pranzo si potesse ottenere un po' di distensione, in questo periodo di crisi.»

Maria scosse la testa. «È che lei vuole fare la grande politica, *tourkosporos*. Tutto qui. E per riuscirci è disposto a tutto, persino a tradire il suo popolo.»

«Si chiama diplomazia» si giustificò lui. Stranamente, il violento attacco di Maria sembrava non offenderlo affatto. Anzi, le rivolse addirittura un sorriso benevolo, mentre aggiungeva: «Assicurare la pace è il miglior servizio che possa rendere ai miei affari. Le mie navi attraversano i mari di tutto il mondo trasportando merci, non armi.»

«Ma è colpa di Menderes se la comunità greca di Istanbul è praticamente scomparsa. La marmaglia che agiva per conto del governo ha saccheggiato e incendiato migliaia di negozi e case greci, ha distrutto le chiese e le scuole ortodosse. Centomila greci sono dovuti fuggire...»

«Tutte queste cose le so» disse Aristo interrompendo il suo fiume di parole. «Anche se non ci sono prove che dimostrino il coinvolgimento del primo ministro nei terribili avvenimenti di quattro anni fa, ma vorrei aggiungere una cosa, che rimanga tra noi...» Onassis si fermò.

Maria non aveva intenzione di aspettare troppo a lungo le sue spiegazioni. «Che cosa?»

Da qualche parte riecheggiò la sirena di una nave, probabilmente un avvertimento per Alexander Onassis. Dalle altre imbarcazioni arrivava l'eco di grida festose.

«Da dopo il pogrom, il patriarca ecumenico si trova in una posizione difficile» riprese Aristo alla fine. «I turchi non vedono l'ora di cacciare il rappresentante della chiesa greco-ortodossa dal loro Paese. Il patriarca Athinagoras è un mio buon amico e organizzando questo incontro privato tra Churchill e Menderes spero di poter rafforzare la sua posizione. Se Sir Winston mette una buona parola per il capo della nostra religione – sua e mia – il governo turco si guarderà bene dal toccare il patriarca.»

Maria era colpita. Aristo riusciva sempre a sorprenderla con la sua generosità, la sua intelligenza e la sua empatia per i bisogni e le preoccupazioni delle persone che gli stavano intorno.

Annuì, esitante. «Capisco. Quindi dovremo fare tutti buon viso a cattivo gioco?»

Aristo le rivolse uno sguardo pieno di fascino. «Lei è un'attrice straordinaria, Maria, sono sicuro che ce la farà.» Il suo sorriso si trasformò in una sonora risata. Era proprio quel suo essere raggiante, quell'espressione di puro amore per la vita che la affascinava tanto. «Oltretutto Menderes ha un debole per le cantanti d'opera. Probabilmente cadrà ai suoi piedi.»

«Sarò cortese con lui» gli promise Maria con un sospiro eloquente. «Ma niente di più.»

«Il patriarca le esprimerà personalmente la sua riconoscenza. Domani ci darà udienza nella cattedrale di San Giorgio.»

Maria sgranò gli occhi. La prospettiva di un incontro con il capo della chiesa greco-ortodossa era per lei al di là di ogni immaginazione. La Callas era stata applaudita da capi di Stato e reali, ma un incontro con il patriarca di Costantinopoli valeva molto più di qualsiasi applauso, per la devota Maria. Quando Aristo aveva parlato dell'amicizia che lo legava ad Athinagoras, Maria aveva pensato che esagerasse come a volte tendeva a fare. Il fatto che non fosse per niente così, le parve come un segno del cielo in quel luminoso mattino di sole.

«Farò del mio meglio. E sarò più gentile possibile con Menderes.» *Che Iddio mi aiuti*, aggiunse tra sé.

* * *

Il giorno seguente, sulle prime pagine dei giornali turchi campeggiava l'immagine di Maria Callas con Aristotele Onassis, Winston Churchill e Adnan Menderes. All'interno c'era anche una foto di gruppo in cui comparivano Lady Clementine, la figlia e la nipote di Churchill, l'ambasciatore inglese, Tina, Artemis, i Montague Browne e Meneghini. Una compagnia d'eccezione che aveva dato il benvenuto a bordo del *Christina* al primo ministro turco. Maria sapeva da Aristo che sua sorella maggiore aveva manifestato su quell'ospite le stesse sue riserve, per cui le sembrò un miracolo che avessero resistito tutti fino alla fine dell'incontro, quando – sotto stretta sorveglianza – furono fatti salire a bordo i giornalisti. Per la prima volta si sentì un'alleata di Artemis, cosa che probabilmente fu la parte migliore di tutto il pranzo.

«Fa bene al cuore sapere di poter fare affidamento sulle persone che amiamo» disse Onassis quella sera a Maria, mentre ammiravano la volta stellata sul Mar di Marmara insieme a Nonie.

Maria annuì pensierosa. «Quando ero piccola, anch'io avevo un legame molto stretto con mia sorella maggiore.» La sua voce all'inizio dolce si fece più dura: «Ora non siamo più così vicine. Anche lei voleva sempre cantare, sa. Ma a nostra madre piaceva di più la mia voce e poi Iakinthi era bellissima, a differenza di me. Per cui le nostre strade erano già segnate e io temo che oggi mia sorella invidi il mio successo, mentre io da ragazza invidiavo terribilmente la sua bellezza.»

«Io non parlavo solo di Artemis» rispose lui con dolcezza.

Maria lanciò un'occhiata a Nonie, ma la trovò rilassata e sorridente, non sembrava essersi minimamente accorta della tempesta di sentimenti che stava scuotendo Maria dall'interno. Esitante, tornò a guardare Aristo. Ovviamente sapeva a chi si riferiva, ma fece comunque finta di non capire: «Gli inglesi hanno di sicuro un altro punto di vista sugli avvenimenti in Turchia rispetto ai greci, anche se…».

«Artemis non è l'unica greca a bordo» la interruppe lui paziente. «E Tina non mi era neanche venuta in mente, quando ho detto quella cosa.»

«Ha parlato di amore» sfuggì a Maria. Ancora una volta aveva espresso i suoi pensieri prima di aver riflettuto bene sulle parole da usare.

La sua obiezione sembrò divertirlo, perché scoppiò in una sonora risata. «E adesso non mi venga a parlare della fiducia nel mio equipaggio. Non ho preteso che la mia gente scendesse a patti con il diavolo, ma se si rendesse necessario, lo pretenderei.»

«Fedeltà incondizionata» mormorò Maria.

«Affidabilità» la corresse lui.

Maria annuì e stavolta rimase in silenzio, nonostante avesse la testa piena di domande sugli affari di Aristo. Ma non era sicura che si sarebbe espresso fino in fondo sulla loro legittimità e comunque lei non aveva interesse a scoprire le fondamenta del suo successo economico. Che non fosse stato sempre e solo dalla parte dei buoni lo si capiva dalla sua ricchezza, anche se fin dall'inizio di quella crociera si era dato un gran da fare per convincerla della propria rispettabilità. Ma al di là di ciò che lui voleva darle a vedere, Maria aveva già formulato il proprio giudizio su di lui. Ed era un giudizio molto più positivo di quanto avrebbe mai immaginato. In quei giorni per mare lo aveva apprezzato come uno degli uomini più piacevoli che conosceva: non era solo molto attraente, ma anche simpatico e cordiale, e poi amava i suoi figli. Era l'uomo dei suoi sogni. Per tutta la sua vita adulta aveva pensato che una persona così non esistesse.

«Maria...»

Strappata ai suoi pensieri, Maria lo guardò con aria quasi sorpresa. «Sì?»

«Lei sa che io la desidero da molto tempo, e adesso...»

«Sì... No» lo interruppe Maria, per non fargli finire la frase. Non voleva che dicesse qualcosa che in quell'attimo, lì, sotto quel cielo notturno trapuntato di stelle luccicanti come milioni di diamanti sparsi su un tappeto di velluto blu scuro, le arrivasse dritto al cuore, ma che alla luce dei primi raggi del sole si rivelasse nient'altro che una benevola bugia. O l'entusiasmo effimero di un uomo che poteva comprarsi qualunque cosa, fuorché l'amore di una

Diva. Un amore che – Maria lo capì in quel momento – in realtà possedeva già.

Guardò ancora una volta Nonie, che aveva mantenuto un'espressione indifferente e sembrava non rendersi conto neanche lontanamente di quanto fosse significativa la conversazione in greco che si svolgeva alla sua presenza.

«Mi lusinga essere menzionata in relazione a sua sorella» iniziò a dire, con la voce di una ragazzina che declina la sua prima proposta di matrimonio. «Ma non dovrebbe confondermi le idee con queste cose. Nessuno dei due è libero e l'adulterio è peccato. Non possiamo farlo.»

«Mi dica un po': dove comincia l'infedeltà?» Onassis si diede dei colpetti sul petto. «Qui, nel mio cuore? O solo a letto, quando si tocca con mano ciò che si è desiderato così tanto da pensarci giorno e notte?»

Maria aveva le guance in fiamme. Era la prima volta che un uomo le diceva così apertamente di desiderarla e si sentì scossa da un'inquietudine interiore mai provata prima. Cosa doveva dirgli? Che lei gli avrebbe donato all'istante ciò che voleva, se non fosse stato per Meneghini che dormiva giù nella loro cabina? Maria abbassò lo sguardo. «Dovrei tornare da mio marito.»

«Ma non percepisce anche lei questa cosa tra di noi? L'amore?»

Sul palco di un'opera avrebbe saputo come concludere un dialogo come quello. Ma lì, di fronte a quell'uomo, si sentiva inerme. Allo stesso tempo si rendeva conto che lei e Aristo si erano spinti troppo oltre e che la sua risposta stava per gettare le basi di ciò che li avrebbe uniti in futuro. Probabilmente in quel momento si stava decidendo il suo futuro come moglie di Battista Meneghini. *Lo lascerò*, pensò per l'ennesima volta. *Non appena saremo tornati in Italia, lo lascerò.* Ma un istante dopo, quello stesso pensiero la riempì di terrore.

«Adesso vado a letto.» Si alzò dalla poltroncina che nel frattempo era diventata il suo posto abituale in quelle notti. Mancava solo il nome sul cuscino, come la sedia del regista sul set di un film.

Anche Aristo si alzò in piedi. «Buonanotte, Maria. Purtroppo domani non potrà dormire a lungo, perché partiremo abbastanza presto per l'udienza alla cattedrale di San Giorgio.»

Maria annuì in silenzio, sollevata all'idea di poter usare il tempo prima di dormire per prepararsi all'incontro con il patriarca, anziché confrontarsi con i desideri e i sentimenti di Aristo. Senza più fermarsi a guardarlo, si rivolse alla sua accompagnatrice: «*Good night*, Nonie».

* * *

Per i suoi ospiti inglesi, che ovviamente non erano ortodossi, Onassis aveva organizzato una visita guidata al Palazzo di Topkapı. Meneghini declinò l'offerta insieme a Churchill, che voleva rimanere a bordo, mentre il marito di Maria insistette per visitare la cattedrale di San

Giorgio insieme agli altri. In un primo momento Maria non ci trovò niente di strano, in passato anche lei lo aveva accompagnato a visitare chiese cattoliche in Italia. Ma poi le fu chiaro che il suo intento era quello di controllarla. Ciò che davvero gli stava a cuore non era tanto l'interesse della moglie per la religione, quanto piuttosto il non perderla mai di vista. Ma quando se ne accorse era troppo tardi per sfuggire al suo controllo.

La cattedrale di San Giorgio si trovava nell'antico quartiere greco che quattro anni prima era stato messo a ferro e fuoco. Nonostante Maria si sforzasse di non guardare dal finestrino dell'auto con cui stava attraversando il quartiere Fener, un tempo abitato principalmente da greci, non poté fare a meno di notare i vetri infranti, i muri delle case anneriti dal fumo e i tetti crollati. Quattro anni dopo la cosiddetta "Notte dei cristalli di Istanbul", i danni non erano ancora risanati del tutto e la maggior parte delle case non erano state né ristrutturate, né ricostruite. Maria sentì rimontare dentro la rabbia nei confronti del primo ministro turco e si ritrovò a chiedersi se davvero un pranzo con Churchill e una stretta di mano con la Callas sarebbero bastati a proteggere il patriarca dal nazionalismo turco.

A una prima occhiata, la sede del patriarcato sembrava la semplice casa di un custode, rispetto all'imponente Santa Sofia, costruita millecinquecento anni prima come chiesa per l'incoronazione dell'imperatore bizantino e come sede ufficiale del patriarcato ecumenico. Il giorno prima Maria e i suoi compagni di viaggio avevano visitato il museo adiacente. Adesso, invece, erano arrivati di fronte alla cattedrale di San Giorgio, che dall'esterno aveva l'aspetto di una grossa villa. Con un profondo sospiro, Maria scese dall'auto, si sistemò il foulard sulla testa e al braccio di Meneghini seguì Onassis, Tina, Artemis e il capitano del *Christina* in chiesa. Per una volta non considerò la folla di gente che acclamava i nuovi arrivati di fronte al portale di finestre francesi, nonostante fosse evidente che stavano rendendo omaggio proprio alla Callas. A testa china, fece il suo ingresso nella chiesa più importante del suo credo.

Maria sentì il profumo dell'incenso e si lasciò avvolgere dal suo aroma balsamico, dolce e resinoso. Dal tramezzo risuonavano corali bizantini e la loro antichissima salmodia immergeva quello spazio immenso in un'atmosfera irreale. In fondo alla navata le icone dorate brillavano alla luce di decine di candele accese su alti candelabri. E proprio lì davanti c'era il patriarca ad attendere i suoi ospiti. Athinagoras era un uomo anziano e di statura fuori dal comune, con una barba bianca che gli arrivava alla vita. Il volto rugoso sotto il kamilavkion nero trasmetteva benevolenza e il suo sguardo era vivacissimo. Maria ebbe l'impressione che Sua Santità le stesse guardando dritto nell'anima. La suggestione era tale che si sentì cogliere da una sorta di ebbrezza.

«Maria» Aristo la tirò via da Meneghini con delicata determinazione «il patriarca vorrebbe ringraziarla di persona per il suo appoggio.»

Maria vide con la coda dell'occhio il marito che si

sedeva su una delle numerose sedie di velluto rosso disposte alla maniera delle chiese cattoliche. In una chiesa greco-ortodossa una disposizione a platea come quella era piuttosto inusuale. Meneghini non sembrava contento, ma Maria gli fu grata di essersi fatto da parte senza obiezioni.

Si avvicinò a testa china all'altare e si inginocchiò. Da quella posizione non vedeva gli altri fedeli alle sue spalle ed era talmente immersa nella solennità di quel momento che la realtà circostante era come scomparsa. Contavano solo il patriarca e la presenza di Onassis inginocchiato accanto a lei.

Maria dovette concentrarsi per seguire la liturgia in greco recitata con voce monocorde. Quel registro solenne, accompagnato dagli antichissimi canti dei monaci, le fece l'effetto di un *Alleluia* intonato da un coro di angeli, rafforzando la sensualità del momento e la sua sensazione di straniamento. Quando Athinagoras posò una mano sulla sua testa e l'altra su quella di Aristo, Maria ebbe l'impressione che attraverso quel contatto scorresse una sorta di flusso caldo tra i loro corpi, come per effetto di un incantesimo. Chiuse gli occhi per aumentare le sue percezioni e per concentrarsi meglio sulle parole.

Athinagoras collegò la sua benedizione alla riconoscenza nei confronti dei due fedeli. Definì Maria «la migliore cantante del mondo» e Onassis «il più famoso marinaio del mondo moderno, un nuovo Ulisse».

Maria non poté fare a meno di accennare un sorriso.

Seguì un ringraziamento del patriarca a nome di tutto

il popolo greco, al quale Maria Callas e Aristotele Onassis avevano reso onore. Poi iniziò a recitare una preghiera.

«Ma lei è già sposata!» riecheggiò in italiano dietro le loro spalle.

Maria spalancò gli occhi. Come aveva osato Meneghini interrompere un momento tanto solenne con un commento così sciocco?

«*Psst!*» fece qualcuno indignato.

Per un attimo Maria temette che le si fermasse il cuore. Che fosse proprio suo marito, che non capiva niente del rito ortodosso, ad attirare l'attenzione di tutti con un commento a voce alta era una cosa che andava oltre i suoi limiti di sopportazione. Si sentì impotente e disgustata allo stesso tempo di fronte a quell'uomo che mancava di rispetto al suo credo.

«È solo una benedizione» sentì sibilare il capitano Anastasiades in italiano.

Meneghini sembrò tranquillizzato. Non ci furono altre lamentele, né obiezioni.

Ma Maria non si era mai sentita così scossa. Cercò gli occhi benevoli del patriarca. Lui rispose al suo sguardo e continuò la preghiera da dove l'aveva interrotta, anche se a Maria sembrò che da quel momento si rivolgesse esclusivamente a lei.

E tutto a un tratto non ebbe più alcun dubbio su cosa doveva fare.

* * *

All'inizio Maria rimase in silenzio. Cercava di trattenere il più a lungo possibile le sensazioni che aveva vissuto nella cattedrale di San Giorgio. Perché il suo incontro con il patriarca non si era concluso lì: Aristo aveva invitato Athinagoras a pranzare a bordo del *Christina* e Sua Santità aveva accettato volentieri. Il pranzo, tuttavia, si era svolto in un'atmosfera piuttosto tesa, perché Churchill non sembrava molto a suo agio in compagnia dell'uomo di chiesa ortodosso e Artemis aveva alzato un po' troppo il gomito e si era lasciata sfuggire qualche osservazione fuori luogo. Meneghini se ne stava imbronciato da una parte e Maria non fece niente per coinvolgerlo. Il padrone di casa, invece, sembrava in preda all'ansia e si dava un gran da fare per mettere tutti a proprio agio.

Dopo che Athinagoras se ne fu andato, Onassis andò dai giornalisti assiepati sulla banchina e dichiarò, con la sua solita pacatezza: «Sarei più che lieto di mettere a disposizione dei politici turchi e greci il mio yacht per una crociera, se faranno in modo di riportare delle condizioni democratiche a Cipro». Poi ringraziò la stampa e risalì sul *Christina*.

Mentre attraversava la passerella lasciandosi i curiosi alle spalle, Maria, che lo osservava dal parapetto, notò l'espressione tesa del suo viso e non poté fare a meno di ammirarlo ancora una volta per le sue capacità diplomatiche. E perché sapeva sempre come stupirla. Come se la messa non fosse stata già abbastanza per tutta una vita.

Aristo, perso nei suoi pensieri, scomparve sottocoperta. Aveva l'aria stanca e Maria si domandò se anche lui fosse rimasto sconvolto da quella giornata quanto lei.

Di certo le sue ambizioni politiche assorbivano tutta la sua attenzione, ma Maria era sicura che la benedizione del patriarca non lo aveva lasciato indifferente. Se Aristo si sentiva anche solo lontanamente come lei, allora in quel momento anche lui si ritrovava a contemplare i cocci rotti del proprio matrimonio. Ma voleva davvero separarsi da Tina? Per lei? A pensarci bene non le aveva mai promesso niente del genere. D'altro canto, anche lei gli aveva detto chiaro e tondo che considerava indissolubile il voto che la legava a Meneghini. Ma quella mattina non avevano forse ottenuto la benedizione per una separazione? Maria ricordava perfettamente lo sguardo del patriarca, nel quale aveva letto una silenziosa approvazione a seguire la via dell'amore.

Senza riuscire ad apprezzare lo straordinario blu intenso del mare sul quale si rifletteva il cielo, Maria teneva gli occhi fissi sul porto e sul palazzo di Dolmabahçe, dietro al quale si stagliavano i minareti. Un tempo, prima che Ankara diventasse la capitale della Turchia, aveva ospitato la sede del governo di Kemal Atatürk.

Quando lo aveva visto per la prima volta, le aveva ricordato un palazzo veneziano. Forse era un po' più grande della maggior parte degli edifici affacciati sul Canal Grande, ma era stato costruito secoli prima nello stesso stile per un sultano dell'Impero Ottomano di cui nel frattempo aveva scordato il nome. Aristo di certo lo sapeva. Nonostante avesse dovuto abbandonare la scuola e non fosse mai riuscito a frequentare un'università, la sua cultura la lasciava sempre a bocca aperta. Impressionante. Maria dovette usare ancora una volta questo aggettivo per descrivere Onassis. Quell'uomo era davvero impressionante.

Sentì il mal di testa che iniziava a martellarle dietro la fronte. Era stanca di tutto quel rimuginare. Perché perdeva tempo in riflessioni che non portavano a niente? Aveva preso la sua decisione davanti all'altare. Ormai era tempo di condividerla con i diretti interessati.

Lo studio di Onassis si trovava all'interno della sua suite di quattro stanze sul ponte di comando. Maria ci era stata una volta sola, all'inizio della crociera, quando Aristo aveva mostrato con orgoglio agli ospiti il suo panfilo. Quel giorno, invece, fu accolta da un assistente che bussò per lei e annunciò al suo capo la visita.

Quando Maria entrò, Aristo era seduto alla sua scrivania in stile Luigi XVI e si accingeva a sollevare la cornetta di uno dei tre telefoni che aveva davanti. Era a torso nudo, a quanto pareva si era liberato della camicia e della cravatta. In quella *mise* disinvolta sembrava più rilassato e il suo volto si illuminò con un sorriso di benvenuto.

«Maria! Che bella sorpresa!» Con una mano andò a tastare lo schienale della sedia dietro di lui in cerca di qualcosa da indossare, mentre con l'altra le fece cenno di accomodarsi sulla poltroncina davanti alla scrivania.

«Non serve che si vesta per me» disse Maria, sedendosi. Poi, rendendosi conto che si trovavano per la prima volta da soli in una stanza, si affrettò ad aggiungere: «Non resto molto».

«Ma io conosco le buone maniere» rispose lui divertito.

Fu decisamente un bene che si fosse rivestito. Certo, Maria lo aveva visto molte volte in costume da bagno sul ponte, ma in quel momento la vista del suo corpo la turbava come non mai. Voleva le sue braccia attorno a sé, voleva affondare il viso nel suo petto, sfiorare con le labbra le sue spalle abbronzate, inspirare il suo profumo. Non si era mai sentita così alla vista di un uomo.

Imbarazzata, sollevò lo sguardo sul dipinto a olio dietro di lui. Ritraeva una giovane donna dai capelli neri, con un bel volto e due occhi espressivi. Per quanto il quadro fosse l'oggetto dominante sulla parete a pannelli scuri, Maria non se lo ricordava dalla prima visita. Quel giorno la sua attenzione era stata catturata dal dipinto del Greco, sulla parete opposta. Una Madonna con Bambino insieme a Santa Martina e Sant'Agnese, un'opera d'arte che quasi l'aveva sopraffatta con i suoi toni rosa, verdi, azzurri, gialli e rosso-arancio. Maria era molto affascinata dalla figura della madre di Dio e non aveva potuto fare a meno di pensare al quadretto con la Madonna che si portava sempre dietro. Adesso, invece, tutta la sua attenzione era per il ritratto di quella sconosciuta, che pur non reggendo il confronto con l'opera del famoso maestro rinascimentale aveva una sua particolarissima forza espressiva.

«Chi è lei?» chiese, prima ancora di rendersi conto

dell'invadenza della sua domanda. Si morse il labbro imbarazzata.

«Penelope Onassis» rispose lui con grande tranquillità, abbottonandosi la camicia. «Mia madre. L'ho fatto fare da una vecchia fotografia. È l'unico ricordo di casa che mi è rimasto da quando ho lasciato Smirne.» Dopo una breve pausa, aggiunse: «C'è chi sostiene che non sia riuscito particolarmente bene. A lei piace?».

A lei piaceva soprattutto la sensibilità dimostrata nel commissionarlo. «Trovo bello il modo in cui ricorda sua madre.»

«Grazie, è gentile da parte sua.» Poi il suo sorriso si fece un po' più distaccato. «Cosa posso fare per lei? Non credo che sia venuta a trovarmi senza motivo.»

«No. Certo che no.»

Tutto a un tratto non le sembrò più tanto semplice trasformare in parole ciò che le passava per la testa. Come spiegargli ciò che le pesava sul cuore?

Maria scivolò in avanti sulla poltrona, inquieta. «Sono qui...» Si interruppe. Cos'era andata a fare? Eppure doveva andare fino in fondo, se voleva dare ascolto ai suoi sentimenti. Non conosceva altri modi per riuscirci. «Sono qui per dirle che può avere ciò che desidera.»

Onassis non disse nulla, si limitò a guardarla con un'espressione insondabile e senza muoversi di un millimetro.

Di certo non era la reazione che si aspettava Maria.

Forse non ha capito, sussurrò una voce dentro di lei.

Deglutì. Poi spiegò, con la maggior posatezza possibile: «Lascerò mio marito. È finita.»

Lui fece un respiro profondo, ma rimase ancora in silenzio.

«Il nostro matrimonio è agli sgoccioli... Ma... lo faccio soprattutto per lei» aggiunse Maria. «Voglio essere libera per lei, Aristo.»

Lo aveva detto. Dio, se era stato difficile. Ma alla fine aveva espresso i suoi sentimenti.

E poi, finalmente, Aristo reagì. «Mi rende l'uomo più felice del mondo» sussurrò. Sembrava commosso.

Tutto a un tratto Maria provò una leggerezza infinita. Le sue guance avvamparono, la gola era asciutta dall'emozione e si sentì pervadere da una luce interiore, come se qualcuno le avesse acceso una lampadina nell'anima. Lo guardò e rispose al sorriso che increspava le labbra di Aristo e che proveniva da un luogo che Maria non vedeva l'ora di esplorare.

Senza smettere di guardarla, Aristo fece il giro della scrivania e le si parò davanti. Le prese il volto tra le mani e si chinò su di lei. «Da quanto tempo desidero farlo» sussurrò. Maria sentì il suo respiro carezzarle le guance, la sua bocca le sfiorò il viso, indugiando teneramente sulle labbra.

Lo sguardo del patriarca le bruciava nella mente. Scostò Aristo con dolcezza. «Anche tu sei pronto a separarti da Tina?»

«Sì. Oh, sì. Sono pronto.»

Poi le tolse gli occhiali con cautela e li fece cadere sul tavolo dietro di lui. Si chinò di nuovo su di lei e stavolta la baciò. Finalmente.

È il destino a volerlo, pensò lei.
Poi non pensò più a niente.

* * *

In quasi ogni libretto d'opera, nel secondo atto c'è una scena in grande stile che di solito si svolge durante una festa. Maria aveva cantato la maggior parte di quei ruoli e conosceva il turbinio e la delicatezza della felicità quasi solo per le sue esperienze sul palcoscenico. Quando Aristo organizzò dei festeggiamenti sul ponte, quella sera, Maria decise di non pensare né alle complicazioni che di solito emergono al terzo atto, né ai problemi che l'aspettavano in Italia alla fine di quella crociera. Quella stessa notte il *Christina* avrebbe lasciato Istanbul e fatto rotta verso ovest. Maria non sapeva se fosse quello il pretesto per la festa. Forse Aristo voleva celebrare anche la sua decisione e la speranza di poter realizzare un grande amore. Lui non glielo disse e comunque non avrebbe fatto alcuna differenza, perché non si era mai sentita tanto leggera come quella notte.

Avevano concordato di controllarsi e continuare a tenere a freno i sentimenti che provavano l'uno per l'altra. Per rispetto nei confronti dei Churchill e degli altri ospiti, ma soprattutto per rispetto nei confronti dei rispettivi coniugi e dei figli di lui. Davanti a tutte quelle persone, alle quali si aggiungevano i quarantacinque membri dell'equipaggio a bordo, né Maria né Aristo volevano fare la parte dei piccioncini innamorati. Certo non sarebbe stato semplice mantenere i loro ruoli di prima, anche se nessuno avrebbe fatto caso al loro improvviso darsi del tu durante le conversazioni.

Ad ogni modo, quella sera Maria non poté fare a meno di sentirsi come sulle nuvole. Sprizzava vitalità e conversò con una brillantezza mai dimostrata prima. Dopo la cena, alla quale presero parte anche l'ambasciatore inglese e sua moglie, si spostarono quasi tutti sul ponte a bere champagne e ad ammirare la luna calante che brillava nel cielo come una lanterna. Quando qualcuno mise su un disco e nell'aria risuonò una musica jazz, tutti si misero a ballare sulla pista che copriva la piscina. Maria canticchiava le canzoni a bocca chiusa e Aristo ignorò le regole dell'ospitalità ballando sempre e solo con lei. In quel modo poterono stare vicini, anche se erano costretti a rimanere a una certa distanza, e poterono afferrarsi le mani e sorridersi. Era come se volessero tenere stretta la felicità che intravedevano all'orizzonte. Più tardi, Aristo si divertì a spaventare i suoi ospiti giocherellando con i comandi per far inclinare la pista da ballo. Tutti quanti se la spassarono un mondo e Maria non ricordava di aver mai riso tanto in vita sua.

Tornò alla sua cabina ben oltre mezzanotte. Era sicura che Meneghini dormisse, perché se n'era andato con aria stizzita dopo il dessert, non senza rinfacciarle che per lui era impossibile partecipare alle conversazioni, se lei non gli traduceva quello che veniva detto. E comunque la giornata lo aveva stancato. Ma anziché col suo solito russare leggero, il marito la accolse seduto sul letto e con un'espressione offesa sul volto.

«Dove sei stata?»

Maria si chinò per aprire il cinturino delle scarpe, in modo da nascondergli la beatitudine che aleggiava sul suo viso. «Sul ponte. Lo sai benissimo» mormorò, cercando di assumere un'espressione più controllata.

«Ti sei lasciata andare come non ti ho mai visto fare prima. Sono contento se ti diverti, tu sei ancora giovane, ma dovresti evitare di perdere il contegno.» Sembravano le parole di una governante. Preoccupate, cariche di biasimo, antiquate.

Io non resisto fino a quando saremo a casa, pensò a un tratto Maria.

Si rialzò lentamente e gli si parò davanti dritta come una candela, sembrava uscita dalla scena della *Traviata* in cui Violetta Valéry va incontro al padre di Alfredo che pretende la fine della loro storia d'amore.

«È finita» sentenziò Maria con voce ferma e pacata. «Io amo Ari Onassis.»

«Non essere ridicola» ringhiò suo marito. «Lui è sposato e vuole solo sfruttarti. Non credere a una parola di quello che dice. Quell'uomo vuole farsi bello a tue spese. Non gli interessa nient'altro di te.»

Quelle parole la ferirono, anche se non lo diede a vedere. Impassibile, iniziò a prepararsi per andare a letto. «Puoi dire quello che vuoi» gli gridò dal bagno «non mi farai mai cambiare idea.»

«Cosa sei tu, senza di me?» proruppe Meneghini con un singulto melodrammatico. «Io ho fatto di tutto per la tua carriera. Come potrai cantare, se non ci sono io a condurre le trattative? Ti fregheranno, Maria! Nessun teatro d'opera ti pagherà più un cachet adeguato.»

Maria, con il viso bianco di crema struccante, si appoggiò alla cornice della porta sventolando il panno che teneva in mano. «Ti sbagli anche su questo, come su tutto il resto. Io non voglio più cantare, anche se a quanto pare tu continui a dimenticarlo. Mi serve una pausa e quando finalmente smetterai di dirmi tutto quello che devo fare, potrò concedermi questa libertà.»

Le frasi volavano da una parte all'altra come colpi di fucile. Ma non erano urlate. Maria non alzò mai la voce, era troppo annoiata da quelle schermaglie. Lui al contrario ricorse alternativamente al broncio e ai lamenti, per poi passare di nuovo agli insulti che lei parò con grande durezza, ma anche con la tranquillità che le dava il pensiero di Aristo. Fu una lunga notte, una notte che lei avrebbe sicuramente preferito passare sul ponte, immersa in una conversazione con il suo amato. Ma Maria sapeva che le notti con Meneghini erano ormai contate. Avrebbe resistito. L'amore di Aristo per lei le infondeva una forza inattesa.

21

Atene, 9 agosto 1959

Tre giorni dopo la partenza da Istanbul e dopo una sosta intermedia a Mykonos, il *Christina* raggiunse il suo ultimo porto prima del rientro a casa. Per Maria furono tre giorni difficili. Nonostante ritenesse impossibile che la sua avversione nei confronti di Meneghini potesse aumentare ancora, in quel breve lasso di tempo il risentimento crebbe a dismisura. Come se rivendicarne la proprietà in quanto artista non fosse già abbastanza grave, il marito aveva ampliato la sua sfera di controllo: adesso non la perdeva di vista neanche un secondo, preferiva annuire e sorridere agli altri commensali piuttosto che ritirarsi in cabina e la seguiva ovunque come un'ombra. Quando a Mykonos era andata in spiaggia e aveva nuotato al largo del Mar Egeo cristallino, lui l'aveva seguita in pedalò. Ogni mattina Maria giurava a se stessa di non rivolgergli più la parola, ma poi finiva sempre col discuterci, nella speranza che si rendesse finalmente conto del fatto che il loro matrimonio era finito e che avrebbe dovuto lasciarla in pace. Ma lui non voleva saperne.

Ovviamente le tensioni tra i due coniugi non passarono inosservate agli occhi degli altri passeggeri, e neanche il raffreddamento dei rapporti tra Maria e Tina e tra

Meneghini e Aristo. Quest'ultimo tentava ancora di recitare la parte del padrone di casa perfetto, anche se ormai non ci credeva più nemmeno lui. La cosa a cui teneva di più era che Sir Winston e sua moglie non si accorgessero dei due matrimoni che stavano andando in pezzi sotto i loro occhi. Maria si sentiva allargare il cuore quando lo vedeva prendersi cura del vecchio uomo di Stato. Aristo si occupava di lui come di un padre. Cercava in continuazione la sua compagnia, si assicurava che avesse sempre qualcuno con cui parlare, ci giocava a scacchi e ci discuteva di questioni nautiche, senza contare tutte le altre amorevoli cure che gli riservava – a volte lo aiutava addirittura a mangiare. Osservando il suo comportamento con Churchill, Maria aveva capito che Onassis era molto più che un affascinante e generoso anfitrione: era una persona animata da calore umano e compassione, oltre che molto intelligente. E per tutto questo Maria lo amava ogni giorno di più.

Una volta arrivati ad Atene, Aristo si rilassò un po'. Per quella sera Artemis e suo marito, il dottor Theopolos Garofalidis, avevano organizzato una festa nella loro villa sulla spiaggia, per cui Onassis poteva sentirsi meno pressato dai suoi doveri di padrone di casa almeno per qualche ora. Quando il cognato venne a prendere i suoi ospiti per condurli in auto all'Acropoli, Aristo aspettò con pazienza al parapetto salutando i suoi amici uno per uno. Maria si era messa in fila tra gli ultimi e aveva fatto in modo che Meneghini montasse sulla passerella prima di lei: in questo modo riuscì a rubare un istante in cui poterono stare vicini senza dare nell'occhio.

Le loro mani si sfiorarono come per caso.

«Io non posso venire» disse lui, sinceramente dispiaciuto. «Devo sbrigare delle questioni urgenti di lavoro. Telefonate, lettere. A casa mi aspetta la posta delle ultime settimane, sono praticamente il vicino di Artemis e Theopolos.»

Maria avrebbe voluto che la invitasse da lui. Ma era impossibile. Quella casa era anche di Tina e dei loro figli. Eppure le sarebbe piaciuto vedere come viveva Aristo sulla terraferma. In fin dei conti, non c'era parte della sua vita di cui non volesse far parte anche lei.

«Io vado con gli altri solo perché impazzirei su questa nave senza di te» gli rispose lei a bassa voce. «Anche se avrei evitato volentieri di rivangare i miei ricordi di Atene; la mia ultima visita in città è stata troppo sgradevole.»

Aristo le rivolse un gran sorriso. «Farò in modo che il ricordo di questo posto ti susciti tutt'altri sentimenti, in futuro.»

Maria aggrottò la fronte divertita. «Che cosa hai in mente di fare?»

«Aspetta e vedrai. Ci vediamo stasera. *Antio*, Maria!» la salutò Aristo.

Nonostante la pazienza non fosse certo il suo punto forte e che odiasse le sorprese come poche altre cose al mondo, Maria non poté fare altro che rassegnarsi. Durante la visita guidata della città, che le parve noiosa in modo insopportabile, non fece che ripensare ad Aristo e al momento in cui l'aveva salutata, raggiante nei suoi pantaloni e camicia bianchi e la sua cravatta regimental a strisce blu. Chissà se nella sua villa avrebbe avuto modo di riprendersi un po' dalle tensioni degli ultimi giorni. Nella loro casa a Glyfada avrebbe detto a Tina che voleva lasciarla? Che atmosfera avrebbe regnato quella sera e negli ultimi giorni di crociera, se avesse confessato a sua moglie di amare un'altra donna? Maria era sicura che anche Tina, come tutti gli altri compagni di viaggio, aveva intuito che lei e Aristo non erano indifferenti l'uno all'altra. Ma fin dove si spingessero questi sentimenti e a quali conseguenze avrebbero portato lo sapeva solo Meneghini.

Questi pensieri continuarono ad assillarla anche più tardi, quando si distese sotto un ombrellone su una spiaggia di sabbia bianca finissima insieme alle signore inglesi. Meneghini aveva trovato il suo punto di osservazione in un caffè sul lungomare, dal quale riusciva a vedere bene la spiaggia. Maria partecipava controvoglia alla conversazione delle signore e dopo qualche secondo si era già dimenticata di cosa stessero parlando. Nuotarono insieme nell'acqua azzurra e tiepida del mare. Tuffandosi nelle onde, Maria riuscì a dimenticare tutto quanto per un paio di minuti. L'occhio vigile di Meneghini, il suo futuro con Aristo, gli impegni artistici che aveva preso prima della partenza e che voleva onorare, i problemi alla voce e i dubbi sul fatto che sarebbe riuscita a risolverli. Nuotò a stile libero fino al largo, si voltò sulla schiena e si lasciò cullare dal mare a occhi chiusi. Tagliò fuori il rumore della spiaggia, intorno a lei sentiva solo silenzio, il gorgoglio dell'acqua che incontrava il suo corpo e un gabbiano che strideva sopra la sua testa. Poi guardò il cielo e a un tratto si sentì tutt'uno con gli elementi che la circondavano, come Teti, la più bella ninfa dei mari.

«*Yuhuuuu*, Maria!» La voce di Nonie spezzò l'incantesimo.

La sua compagna di viaggio si stava sbracciando verso di lei per dirle che si era fatta l'ora di rientrare.

Maria annuì con un cenno della mano.

Mentre tornava a nuoto verso la riva, ringraziò la sua previdente governante Bruna per averla convinta a portarsi dietro una parrucca nel caso una volta non avesse avuto tempo di sistemarsi i capelli dopo il mare. Anche per quella sera, il suo ruolo di Diva era assicurato. Almeno esteriormente. Ma nel profondo del cuore sapeva che il suo unico desiderio era quello di essere la donna al fianco di Aristotele Onassis e che era solo a lui che voleva piacere.

* * *

Nel corso della serata, Maria si sorprese più volte a chiedersi se Artemis e il marito stessero cercando di mettere in ombra il loro fratello e cognato. I due vivevano in un moderno bungalow su un'altura vista mare, circondato da pini, cipressi, oleandri, glicini, gelsomini e rose che sprigionavano un profumo ipnotico. Anche se la piscina non poteva essere coperta e il bordo era decorato da un'infinità di candele, anziché di fontane colorate come sul *Christina*, l'effetto era altrettanto affascinante. Agli alberi erano appese lanterne giapponesi e sul prato curato volteggiava tutta l'alta società di Glyfada, il sobborgo più elegante di Atene. Tra gli invitati c'erano personalità di tutto il mondo. C'era Spyros Skouras, il magnate del cinema di Hollywood, un simpatico signore tarchiato di poco meno di settant'anni con un accenno di pancia e di calvizie, che sequestrò Maria e la riempì di chiacchiere in greco e in inglese per convincerla a partecipare a un film prodotto dalla sua azienda, la 20th Century Fox. Era un uomo affabile e un piacevole interlocutore, per cui Maria si lasciò corteggiare nonostante non avesse mai preso in considerazione la possibilità di cambiare il palcoscenico con una cinepresa.

«Posso rapire la sua dama?»

Onassis era comparso di fronte al divanetto in giardino sul quale si erano ritirati Maria e Skouras con un buon numero di digestivi e di coppe di champagne. Persino Meneghini, una volta scoperto che discutevano di possibili ruoli cinematografici, si era fatto da parte senza disturbarli, cosa che aveva indotto Maria a proseguire il colloquio con più entusiasmo di quanto non avesse programmato all'inizio.

«No, Ari, no» protestò il produttore cinematografico. «Maria Callas non ha ancora firmato.»

«Cosa che le sconsiglio vivamente di fare.» Aristo sorrise facendo brillare i suoi denti bianchi nell'oscurità, mentre i soliti occhiali colorati nascondevano il suo sguardo. Il suo tono era gentile, ma tradiva una sfumatura di impazienza: «Sono il suo consulente finanziario e devo parlare urgentemente con lei prima che prenda una decisione. La riporto subito, Spyros». Tese la mano a Maria. «Le dispiacerebbe venire un attimo con me?»

«Vada, Maria, vada pure» esclamò Skouras allegro. «Ma io non mi muovo di qui finché non saprò quando posso contare sulla sua presenza a Hollywood.»

«Torno subito» promise Maria con un sorriso. Poi si alzò, nonostante avesse le ginocchia molli per l'emozione.

Cosa voleva da lei Aristo a mezzanotte passata? Era forse arrivato il momento della sorpresa annunciata quella mattina? Nel corso della serata erano a malapena riusciti a scambiare due parole e Maria si era convinta che avesse dimenticato la sua promessa.

Aristo la prese per mano e la condusse tra i cespugli. Il momento era perfetto, perché Meneghini doveva aver rinunciato una volta per tutte a supervisionare la conversazione tra Maria e Skouras e non era nei paraggi. Nel giro di pochi attimi, Maria si ritrovò su un viottolo di sabbia e sassolini che scendeva ripido lungo il perimetro del giardino. Le bastò un'occhiata indietro per capire che dalla villa non avrebbero potuto vederli.

«Dove siamo?»

Aristo la attirò a sé. «Al sicuro.» Si portò la sua mano alle labbra e la baciò. «Vieni, voglio mostrarti una cosa.»

Maria ringraziò se stessa per aver deciso di non portare più i tacchi e di limitarsi alle scarpe basse per via dell'altezza di Aristo, nonostante nei confronti di Meneghini non avesse mai avuto questo tipo di attenzione. In quel momento la sua scelta si rivelò straordinariamente sensata, perché in quel sentiero ripido e sconnesso le sue décolleté col tacco si sarebbero senz'altro sciupate, sempre che non si fosse rotta una gamba prima.

Alla fine raggiunsero una casina in muratura. Sopra la porta in legno dipinta di azzurro si notava il riflesso del vetro di una finestrella brillare nell'oscurità. Aristo tirò fuori dalla tasca una chiave arrugginita e aprì la porta, che si spalancò con un cigolio. Con la mano libera, azionò il suo accendino.

Maria entrò alla debole luce della fiamma. Mentre Aristo accendeva un paio di mozziconi di candele, lei si guardò intorno sorpresa. Appesi alla parete c'erano degli attrezzi da giardinaggio, in un angolo erano accatastate delle cassette di legno piene di bottiglie di vino e una sedia dall'aria traballante era appoggiata a testa in giù su un tavolino. Ma il suo sguardo fu attratto soprattutto da una pila di coperte di lana posata su un materasso ad aria che sembrava appena gonfiato. Tutto appariva molto pulito. Anche se era difficile da stabilire a quella luce flebile, pareva proprio che in quel posto qualcuno avesse fatto ordine di recente.

«Dove siamo?»

«Nella rimessa di mio cognato. Qui non ci viene nessuno all'infuori di Theo, che adesso è preso dai suoi doveri di padrone di casa. Finalmente siamo soli, Maria.»

Se si fosse assentata dalla festa troppo a lungo, l'avrebbero cercata. E prima o poi si sarebbero accorti tutti che mancava anche Onassis. Ma fino a quel momento, pensò Maria, poteva fare e disfare tutto ciò che voleva. E dopo averlo desiderato tanto, Aristo era lì con lei. Per quanto tempo aveva desiderato questa intimità?

Si abbandonò con cautela sul materasso, che cedette leggermente sotto al peso del suo corpo. Tutto a un tratto le sembrò la cosa più normale al mondo che il luogo in cui finalmente riuscivano a trovarsi fosse così improvvisato, perché lì dentro non erano la Callas e Onassis, lì dentro erano Maria e Aristo, due amanti senza un nome importante. Sentì il cuore batterle forte nel petto.

Lui si distese accanto a lei e non smise più di sussurrare il suo nome.

* * *

Il blu scuro del cielo si trasformò lentamente in un color lavanda spento, sul quale la linea della costa si stagliava come una sagoma quasi nera. All'orizzonte verso est comparve, come tratteggiata sul mare da un pittore invisibile, una striscia color violetto, che virò dapprima verso un rosa intenso per poi diventare di un arancione dorato che si rifletteva all'infinito sulla superficie dell'acqua. Le ultime stelle argentate impallidirono e appesa nel cielo rimase solo la luna, con la sua aria un po' perplessa.

«Non c'è niente di più bello di un'alba sul Mar Egeo» disse Aristo.

Maria era in piedi accanto a lui e guardava un po' il

porto di Glyfada mezzo addormentato che si allontanava e un po' nella direzione verso cui il capitano stava facendo rotta. Un peschereccio andò loro incontro e l'equipaggio salutò con un: «*Kaliméra sas!*», buongiorno, prima di proseguire. Per il resto, regnava il silenzio. Solo il respiro di Anthony Montague Browne si faceva più rumoroso alle loro spalle, ogni volta che questi espirava il fumo della sua sigaretta.

Maria non toccava mai Aristo davanti al loro guardiano, eppure non era mai stata così consapevole della sua presenza. La maggior parte dei loro compagni di viaggio erano andati a dormire subito dopo il rientro dalla festa di Artemis, persino Meneghini non aveva resistito oltre. Ma nonostante fossero le quattro passate, Maria non sarebbe mai riuscita a prendere sonno. Era troppo eccitata, i suoi sensi troppo in subbuglio. Ciò che aveva vissuto qualche ora prima le risuonava dentro come una melodia. Corde del suo corpo che non sapeva neanche di possedere avevano vibrato al tocco delle mani e delle labbra di Aristo in un modo che non avrebbe mai ritenuto possibile. Fino a quel momento per lei l'amore fisico era stato poco più che un compito che una moglie doveva assolvere. Provare un orgasmo era stata un'esperienza che le aveva tolto più fiato e forza di qualsiasi aria avesse mai cantato e allo stesso tempo le aveva dato una sensazione di appagamento molto più forte. La piccola rimessa del dottor Theopolos Garofalidis le era sembrata un angolo di paradiso e il giaciglio improvvisato il più bello dei baldacchini.

«Eccolo lì!» esclamò Aristo indicando a est.

E piano piano di fronte a lui si alzò in cielo una palla di luce gialla, come un lampione tirato su da una mano invisibile.

Forse è la sua, di mano, pensò Maria. *Lui è un mago.*

22

Sopra le nuvole, settembre 1968

L'aeroplano della Olympic Airways era già in viaggio da un pezzo e la maggior parte dei passeggeri di prima classe stavano utilizzando la modalità letto delle loro poltrone per dormire un po', in quel volo notturno da New York a Parigi. Le hostess si muovevano come in punta di piedi, l'illuminazione era ridotta a qualche lucina d'emergenza e una pesante tenda proteggeva quei passeggeri di riguardo dal chiacchiericcio che proveniva dalla parte posteriore dell'aereo.

Maria se ne stava seduta al suo posto con lo sguardo fisso davanti a sé. Erano le immagini che aveva impresse nella memoria a tenerla sveglia: l'enorme mazzo di rose rosse sul sedile riservato apposta accanto al suo mentre volava a Londra per cantare *Tosca* nel nuovo allestimento di Franco Zeffirelli; Onassis che le leggeva a voce alta un passaggio dal *Simposio* di Platone: «E quando l'amante incontra quella che è la sua metà, allora è sopraffatto in modo straordinario dall'affetto, dall'intimità e dall'amore; e non vuole, se così si può dire, separarsi dall'altro, neppure per breve tempo». La discussione con il sindaco di Lefkada, l'isola più vicina a Skorpios, per il diritto all'acqua, che era terminata con Onassis che prometteva un'esibizione della Callas nella piazza del mercato di Lefkada in cambio del rifornimento delle tubature dell'isoletta appena acquistata e che nel frattempo era diventata anche la casa di Maria, oltre che la sua; il suo primo appartamento nella Avenue Mandel, a due passi da quello di Onassis... Le turbinavano in testa così tante cose, grandi e piccole, mentre l'aereo sorvolava l'Oceano Atlantico e la portava sempre più lontana da lui.

Per due giorni era stata letteralmente fuori di sé dal dolore e aveva inzuppato di lacrime un intero deposito di scatole di fazzoletti. Dopo tutte quelle settimane piene di struggente nostalgia per Aristo e di speranza di rivederlo, le sue parole al telefono le avevano inflitto un dolore al limite della sopportazione. Ma quella conversazione le aveva anche fatto capire una cosa: che era finita. Adesso non poteva fare altro che dare inizio a una nuova vita. Aveva accettato il fatto che quel capitolo fosse chiuso una volta per tutte. Sperare in una riconciliazione era stata una perdita di tempo. Adesso non provava altro che rabbia. Lui aveva sicuramente letto l'intervista in cui era stato definito un ratto, al telefono glielo aveva fatto capire benissimo. E le aveva anche ripetuto più volte che era stata lei a lasciare lo yacht prima del necessario. Aristo aveva semplicemente travisato i fatti, ponendosi nel ruolo della vittima. Una vittima che si consolava con la celebre vedova del presidente. Al pensiero di Jackie Kennedy, i sentimenti di Maria continuavano a oscillare tra l'odio, il dolore, lo sfinimento e il senso di vuoto.

Lo stesso destino che un giorno aveva unito lei e

Aristo adesso era responsabile della relazione tra lui e Jackie. Perché dal giorno in cui il viceconsole degli Stati Uniti l'aveva aiutato a fuggire da Smirne, Onassis aveva una forma di venerazione per tutto ciò che era americano, una venerazione che si era trasformata nella vera e propria ossessione di una vita. Per lui gli Stati Uniti erano la terra promessa e non aveva mai digerito il fatto che neanche con tutti i soldi del mondo avrebbe potuto comprarsi un passaporto americano. Per poter assicurare la cittadinanza almeno ai propri figli, Tina aveva dato alla luce Alexander e Christina a New York. Ma era anche per ragioni finanziarie che Onassis teneva tanto ai rapporti con il presidente americano, perché mentre con il presidente greco riusciva facilmente a chiudere affari che convenivano a entrambe le parti, come richiedeva la sfera politica in costante evoluzione, a Washington non riusciva a farsi ascoltare. Per questo aveva invitato la moglie di John F. Kennedy sul suo yacht già un paio di mesi prima dell'attentato. A quei tempi Mrs. Kennedy si stava riprendendo da un aborto spontaneo. Nonostante fosse stato un invito di puro interesse commerciale, Maria ne era rimasta profondamente ferita. Anche se non era stata la gelosia a provocarle dolore, perché all'epoca non aveva alcun motivo di esserlo. No, era la sua vicenda personale ad essere ancora troppo recente…

Maria strinse i pugni. *Non anche questo ricordo*, pensò.

Ma non poteva rimuovere ciò che otto anni prima aveva deciso di tenere per sé. Tristezza, delusione e rabbia si trasformarono in disperazione, mentre si chiedeva se

Aristo si sarebbe messo in tasca quel trofeo anche se avessero avuto un bambino.

Se *avessero avuto*.

Non avevano avuto un bambino. Non era sopravvissuto.

Maria se ne stava al suo posto con aria smarrita, non si era mai sentita così sola.

Aristo invece non era solo, anzi, si godeva la sua ottima compagnia. E intanto lei soffriva.

Nel suo animo confuso e ferito prese forma un possibile scenario per colpire Aristo. Esisteva un modo per infliggergli lo stesso tormento che stava provando lei. Si era arrabbiato per la vicenda del ratto, ma non aveva idea di cosa fosse ancora capace. Bastava mettere in circolo una diceria per ferire una persona nel profondo. Che fosse la verità o meno poco importava, sarebbe rimasta impressa comunque nella mente di chi ascoltava.

Meneghini era stato bravissimo ad alimentare i pettegolezzi e a mettere l'opinione pubblica contro la moglie che lo aveva tradito e lasciato. A pensarci bene, nella situazione in cui si trovava adesso, Maria aveva qualcosa da imparare da lui. Non avrebbe piagnucolato come l'ex marito, ma poteva pur sempre mettere in giro qualche finta voce ai danni di Aristo, come aveva fatto Meneghini con lei.

Maria si sentiva come Medea, che sacrifica i figli per realizzare la propria vendetta. Era la prima volta che stabiliva un paragone tra il suo ruolo più famoso e la sua situazione attuale. Nella semioscurità dell'aereo escogitò un piano che probabilmente alla fine avrebbe distrutto anche lei. Ma l'animo di Maria ormai era spezzato, cos'altro aveva da perdere?

Una telefonata a Mary Mead e una ad Anastasia Gatsos sarebbero bastate a far partire la valanga di maldicenze. Non ci sarebbe voluto poi molto a far passare Aristotele Onassis per un infanticida.

23

Milano, inizio settembre 1959

«È pazzesco» esclamò Maria indignata. «È semplicemente pazzesco. La stampa non potrebbe lasciarmi un po' in pace?»

«Io trovo questo sviluppo a dir poco divertente» osservò Peter Diamand con un sorriso ironico, scorrendo la pila di giornali che Maria si era fatta consegnare nel suo camerino alla Scala. Il direttore dell'Holland Festival era venuto da Amsterdam per assistere alla registrazione della *Gioconda*, che si svolgeva nel teatro dell'opera di Milano per via della sua particolare acustica. Ma da un paio di giorni a quella parte era diventato una sorta di guardia del corpo di Maria. Giungendo all'ingresso del teatro, quella mattina, aveva dovuto addirittura farle scudo col suo corpo per proteggerla dai paparazzi. Il direttore artistico sfilò un giornale dalla pila e lo sollevò alla pagina segnata. «Non avrei mai creduto possibile che quel reporter credesse davvero che sono il suo parrucchiere egiziano. Guardi qui, l'intervista con il suo presunto acconciatore del Cairo.» Diede una scorsa all'articolo da dietro i suoi occhiali tondi e scoppiò in una sonora risata. «Quell'uomo si è bevuto tutte le sciocchezze che gli ho propinato. Qui c'è scritto che i suoi capelli diventano lisci e morbidi quando canta Violetta nella *Traviata*...»

«Pazzesco» ripeté Maria portandosi d'istinto una mano alla testa. Non trovava affatto divertente il modo in cui la stampa internazionale si era gettata su di lei non appena erano trapelate le prime voci – probabilmente messe in circolazione da Meneghini – della sua storia con Onassis. «È semplicemente pazzesco!»

«E il meglio gliel'ho serbato per la fine» continuò Diamand con un ampio sorriso. «Nell'intervista esclusiva che ha rilasciato, il suo parrucchiere egiziano avrebbe anche affermato che i capelli le diventano invece secchi e ribelli quando interpreta Medea.»

Maria alzò gli occhi al cielo irritata.

«In effetti devo ammettere che il parrucchiere ha detto qualcosa di questo genere. Quello che mi chiedo io è quale sciocco possa credere a queste scemenze, e pubblicarle per giunta.»

«Lo vede anche lei» rispose Maria indispettita, mentre camminava su e giù per la stanza torcendosi le mani e aggrottando la fronte. «Visto che né io né Aristo abbiamo fatto dichiarazioni ufficiali, la stampa dà per buona qualsiasi informazione riesce a carpire.» Di tutti quelli che le venivano addossati, il ruolo che a Maria pesava di più era quello della avida sfasciafamiglie. Persino Elsa Maxwell si era scagliata contro di lei nella sua rubrica, prendendo le parti di Tina. L'amica che le aveva fatto conoscere Aristo due anni prima si era schierata apertamente contro di lei. Era inaudito. E a turbarla non erano solo la delusione e le accuse ricevute, ma anche la sensazione che tutto il mondo le invidiasse il fatto di aver trovato il grande amore.

* * *

Da quando, il 13 agosto, Maria era sbarcata a Monte Carlo dopo tre settimane di crociera, aveva avuto l'impressione di doversi costantemente giustificare per la sua felicità. Innanzitutto nei confronti di suo marito, con il quale aveva affrontato il viaggio di rientro a Milano in un silenzio glaciale. Meneghini sembrava ignorare il fatto che Maria avesse parlato di separazione già a bordo del *Christina*. Faceva finta che il loro matrimonio non fosse andato in frantumi, tanto che era stata lei a dovergli chiedere di trasferirsi a Sirmione, mentre lei sarebbe rimasta nella casa di via Buonarroti a Milano. E Meneghini la mattina dopo se n'era andato davvero e Aristo, non sopportando oltre la lontananza da Maria, aveva preso subito un volo da Monte Carlo a Linate.

Ovviamente non si era trasferito da lei, neanche nella sua stanza degli ospiti, ma soggiornava all'Hotel Principe di Savoia. Stranamente quella sera Onassis venne considerato un uomo d'affari come tanti altri e non suscitò alcun interesse nella stampa. Persino la loro cena in un ristorantino vicino a casa di Maria passò inosservata. Fu una sensazione magnifica poter essere per la prima volta una semplice coppia di innamorati che trascorre del tempo insieme senza l'occhio vigile di un coniuge o degli amici.

A lume di candela e davanti a un eccellente Barbera d'Alba piemontese, parlarono liberamente di Dio e del mondo, e si sussurrarono parole dolci che per lei rappresentarono il più prezioso dei tesori. A un certo punto la conversazione andò a cadere sulla separazione dai rispettivi coniugi.

«Voglio parlare con tuo marito» annunciò Aristo. «Dirò a Meneghini che deve rinunciare a te.»

Maria era commossa: Meneghini non aveva mai neanche tentato di darle il senso di protezione che le trasmetteva Aristo. Suo marito aveva protetto la sua voce di artista, ma non l'aveva mai accudita come donna. Era questa la differenza.

Dopo cena Maria riuscì a entrare nella suite di Onassis senza essere vista e altrettanto in incognito riuscì a sparire alle prime luci dell'alba. Era la prima volta che dormivano insieme in un vero letto, senza dover prestare attenzione all'ora o a non essere scoperti. Maria si sentiva al settimo cielo e finalmente le fu chiaro il significato dell'espressione "fare l'amore". Ciò che Aristo era in grado di darle andava ben oltre l'amore e la passione: lui la stava svegliando a una nuova vita.

Maria fece come avevano deciso con il suo amante e convocò Meneghini in via Buonarroti per la sera dopo. Era certa che il marito pensasse a quell'incontro come a una richiesta di riconciliazione. Del resto, lui aveva ignorato il suo desiderio di separarsi proprio come aveva sempre ignorato qualunque sua esigenza personale. Certo, non era giusto lasciar credere al marito di aver cambiato idea, ma se al telefono gli avesse detto la verità, probabilmente non avrebbe mai lasciato Sirmione. Per cui Maria si limitò a dirgli con tono amichevole che voleva discutere con lui di alcune questioni, cosa che in fondo non era neanche una bugia.

Quello fu l'inizio di una diatriba pressoché infinita.

Meneghini entrò in casa e si comportò secondo le aspettative, come se non fosse successo niente. Si sedette in soggiorno, fece onore al menù preparato da Bruna e non si diede pena di reprimere gli sbadigli.

Come al solito, Maria si limitò a spilluzzicare un po' nel piatto con le posate. Osservò il marito per qualche minuto, prima di sbottare: «Certo che tu non cambierai mai. Il tuo appetito e il tuo bisogno di dormire sono rimasti gli stessi. Almeno queste due caratteristiche ti sono rimaste fedeli» aggiunse poi tagliente, vedendo che non aveva neanche alzato la testa mentre lei parlava.

Meneghini posò rumorosamente le posate sul piatto, poi le mise da una parte e rimase in silenzio.

Cercare di risparmiarlo non aveva alcun senso. Qualunque tentativo sarebbe comunque caduto nel vuoto. *L'unica possibilità è essere brutali*, pensò Maria alzandosi a chiudere la porta a chiave per essere sicura che non venissero disturbati – o spiati – dal personale.

Tornando verso la sua sedia, disse in tono freddo: «È finita, Battista. Tra noi è finita una volta per tutte».

Lui rimase a fissarla immobile. Dall'espressione del suo viso sembrava quasi sorridere, anche se Maria sapeva benissimo che quel sorriso non era altro che una maschera.

«Ari Onassis e io siamo fatti l'uno per l'altra» annunciò Maria. Poi aggiunse, con voce appena un po' più dolce: «Non possiamo farci nulla. Non abbiamo fatto niente di sbagliato, abbiamo rispettato le regole e a bordo non abbiamo mai superato i confini della decenza. Su questo ti do la mia parola.»

«E cosa cambia, se poi mi ruba comunque la moglie?» sbottò Meneghini. «Tu non ti accorgi della sua astuzia, Maria. Apri gli occhi.»

«So quello che faccio» lo rassicurò lei. *È a te che sarei dovuta stare attenta, se mi fossi accorta prima della tua ignoranza ci saremmo già separati da un pezzo*, pensò, anche se a voce alta disse solo: «Non posso più stare senza di lui e lui non può stare senza di me. Per questo è qui a Milano. Vuole parlarti.»

Naturalmente la prospettiva di affrontare il suo rivale non entusiasmò affatto Meneghini, che anzi si rifiutò di incontrarlo. Ma quella volta fu Maria a ignorarlo, perché sapeva che Aristo non avrebbe rinunciato tanto facilmente a parlare con suo marito.

Quando alla fine Aristo fece il suo ingresso in casa, Maria scoppiò in una sonora risata. Indossava una tuta blu da meccanico e un berretto da marinaio in finta pelle ben calato in fronte. «Mi dispiace, è l'unico travestimento che sono riuscito a trovare in così poco tempo» si giustificò lui. «Ho messo questa roba per non essere riconosciuto per strada.»

«Sei molto prudente» mormorò Maria con una risatina.

«Santo cielo, che sciocchezza» brontolò Meneghini.

Maria fu grata ad Aristo per il suo atteggiamento rispettoso e cortese, mentre Meneghini appariva ogni secondo più snervato. Forse il marito si sentiva in diritto di urlare contro Onassis per via degli abiti da lavoro che indossava. Di fronte a un completo confezionato su misura e una cravatta di seta avrebbe di certo mantenuto di più il controllo. E invece usò espressioni che Maria non gli aveva mai sentito dire, imprecò e si infuriò. Ma i suoi attacchi verbali sembravano non avere alcun effetto su Aristo. E Maria lo amò ancora di più per questo.

«Sa, io non rinuncerò mai a Maria» mise in chiaro il suo amato con una calma provocatoria. «La porterei via a chiunque, intendo proprio a chiunque, e lotterò con ogni mezzo per averla. Senza alcun riguardo per le persone, le cose, gli accordi o le convenzioni. Noi ci amiamo. A questo deve rassegnarsi. Sono cose che succedono nella vita.»

«Parassita!» sibilò Meneghini.

Maria trattenne il fiato. Era seduta insieme ai due uomini attorno al tavolino da salotto, anche se si sentiva come un'estranea che assisteva a un duello. Un po' come in una rappresentazione dell'*Evgenij Onegin* di Čajkovskij, con la differenza che lei non era come Tatjana perché avrebbe preferito morire, piuttosto che restare con il marito.

«Cosa vuole?» domandò Onassis. «Quanto vale per lei questa separazione? Quanti milioni vuole per Maria?»

«Che volgarità!» sbraitò il suo rivale.

No, pensò Maria, *si è solo ricordato le cose che gli ho detto sulla nostra situazione finanziaria.*

Aristo non demordeva. «Quanto vuole per lasciarla andare?» ripeté. «Cinque milioni di dollari? Dieci?»

Meneghini scosse la testa indispettito. Lanciò un'occhiata al suo orologio da polso e a Maria venne automatico di guardare quello sul camino, che segnava mezzanotte passata. «Non ho intenzione di sentire altro. Questa è casa mia e adesso vado a dormire.»

Si sollevò dalla poltrona, ma Aristo fu più veloce di lui.

«Salutiamoci con una stretta di mano» disse tendendo il braccio destro verso di lui.

Meneghini lo fissò con aria tetra, poi scosse di nuovo la testa. «Io non do la mano agli uomini come lei, Onassis. Lei mi ha invitato sul suo maledetto yacht e poi mi ha pugnalato alle spalle. Vada all'inferno!»

Attraversò lentamente il salone, il tappeto orientale assorbiva il rumore dei suoi passi pesanti. Arrivato alla porta, si voltò di nuovo verso di lui. «Io la maledico!»

Maria trattenne il fiato, spaventata.

«Le auguro di non trovare pace fino alla fine dei suoi giorni.» Dopo questa scenata teatrale, Meneghini lasciò la stanza.

Aristo strinse la mano destra in un pugno e il braccio ancora steso gli ricadde lungo il corpo.

«Molto melodrammatico» osservò dopo qualche secondo. Poi si avvicinò a Maria e le carezzò dolcemente i capelli. «Non preoccuparti, gli passerà.»

Maria buttò indietro la testa. «Non me ne importa niente, purché io e te possiamo stare insieme.»

«Su questo non c'è alcun dubbio.»

Aristo le rivolse uno sguardo ottimista, anche se Maria ebbe l'impressione che il suo volto fosse velato da un'ombra di preoccupazione. Aristo era superstizioso quanto lei, perché se anche non era un artista, restava comunque un greco e quindi condividevano il destino di credere nella magia. Ma Meneghini aveva davvero tanto potere da trasformare la sua maledizione in vendetta? Maria alzò una mano e andò a posarla su quella di Aristo, che indugiava ancora sulla sua testa.

«Dovresti tagliarti i capelli» mormorò lui assorto.

* * *

«Ovviamente non potevamo nasconderci per sempre» stava confidando Maria due settimane dopo a Peter Diamand nel suo camerino alla Scala. Era seduta sulla sedia girevole di fronte allo specchio, ma si era posizionata in modo da poter guardare negli occhi il direttore artistico, che stava ancora sfogliando i giornali. «Prima la stampa ci ha trovato a Cuneo, una cittadina tra Alba e Imperia.» Maria sospirò. «Aristo e io eravamo in viaggio verso Monaco per sfuggire alle discussioni con mio marito e ci siamo fermati lì qualche giorno. Non so perché siamo andati in macchina, anziché con l'aereo privato di Aristo. Ad ogni modo *Stampa Sera* ha subito dato la notizia che eravamo stati visti insieme.»

«Santo cielo, Maria, cos'altro si aspettava? Lei è la donna più famosa del mondo e Aristotele Onassis è l'uomo più famoso del mondo. La vostra coppia è sensazionale.»

E lo è davvero, si disse Maria, *ma in tutt'altro senso. Siamo un'unità e ci apparteniamo l'uno all'altra.*

Aveva avuto quella precisa sensazione nel primo fine settimana che avevano passato insieme all'Hotel Hermitage di Monte Carlo. Sarebbe stato tutto perfetto, se solo Meneghini non avesse scoperto dove si trovava sua moglie. Aveva telefonato ogni mezz'ora, se non di più. L'unica volta in cui Maria aveva risposto, anziché farsi negare, il marito si era lamentato dicendo che il matrimonio era un vincolo inviolabile e che stava commettendo peccato. E non si riferiva solo all'adulterio, perché aveva aggiunto: «Tu mi hai rovinato la vita». A quel punto lei aveva staccato la spina del telefono e lui aveva continuato a richiamare fino a far saltare il centralino dell'hotel.

Maria cercò di scacciare quei ricordi. «Meneghini è completamente pazzo» raccontò all'amico. «Voleva denunciarmi per adulterio. Qui in Italia è un reato punibile persino con il carcere. Non può farmi causa solo perché sono una cittadina americana.»

«Che scandalo!»

«Basta guardare la stampa. Meneghini sta facendo in modo che venga tutto allo scoperto. Tutto il fango.»

Ma c'erano stati anche dei momenti magici. Maria aveva trascorso quasi ogni fine settimana a Monte Carlo con

Aristo. Due innamorati che erano riusciti a stare insieme nonostante tutte le difficoltà. Per lei erano stati i giorni più felici di tutta la sua vita. Nel porto, ben visibile dalla loro stanza d'albergo, era ormeggiato il *Christina*, dove Tina e i bambini stavano trascorrendo gli ultimi scampoli d'estate. A Maria non dispiaceva lasciare la camera quando lui aveva degli incontri di lavoro, né aveva niente in contrario se ogni tanto tornava a bordo del *Christina* per vedere i figli. In quei giorni non si sentiva al sicuro in nessun luogo, se non a Monte Carlo. L'ultimo fine settimana di agosto Aristo le aveva comunicato che sua moglie voleva salpare con degli amici per raggiungere il Festival del Cinema di Venezia e lui, da buon armatore, voleva accompagnarli.

Maria si era dimostrata comprensiva. Anche lei avrebbe comunque lasciato Monte Carlo per Milano, per incidere le registrazioni fissate ormai da tempo. Ognuno dei due aveva i propri doveri da assolvere. Ma poi, poco dopo mezzanotte, qualcuno aveva bussato alla porta della sua suite e quando Maria aveva aperto si era ritrovata davanti Aristo in smoking bianco. Era un po' scarmigliato, ma raggiante come un ragazzino in attesa della ricompensa per uno scherzo ben riuscito.

«Sono saltato giù mentre issavano la passerella» disse. «Non sopportavo l'idea di andarmene sapendoti ancora qui. Tina dovrà pur abituarsi a partire senza di me.»

Il resto della notte fu come una magnifica festa.

Maria guardò Peter Diamand e si sentì avvampare le

guance al ricordo dei momenti di intima tenerezza e irrefrenabile passione con Aristo. Anche i loro corpi si erano trovati e adesso costituivano una nuova unità, giocosa e piena di leggerezza. Maria sentì montare un senso di nausea, come spesso le capitava in quei giorni. Lo aveva anche già comunicato al suo cardiologo, che però l'aveva dichiarata sana come un pesce. Anzi, l'aveva trovata molto meglio rispetto a prima della crociera. E infatti era proprio così. A quel punto aveva considerato quel malessere come una conseguenza del suo nervosismo per tutta quella situazione che le pesava letteralmente sullo stomaco. Nello stesso fine settimana in cui Aristo aveva scelto lei una volta per tutte era iniziata un'inesorabile caccia alle streghe ai danni di Maria. I paparazzi la assediarono dall'istante in cui mise piede a Milano. Ogni suo passo veniva immortalato e diffuso sui giornali di ogni parte del mondo. Alcuni giornalisti si installarono addirittura di fronte all'Hotel Principe di Savoia per controllare se avrebbe di nuovo lasciato l'albergo dopo esserci entrata di sera a braccetto con Onassis. Invece lei ci rimaneva, e se anche non l'avesse fatto per amore, l'avrebbe fatto per dispetto.

«Dovrebbe tenere una conferenza stampa» disse Peter Diamand distogliendola dai suoi pensieri. «È impensabile che chiunque le giri intorno venga assalito dai giornalisti e che i quotidiani si riempiano di congetture sui suoi capelli» continuò, tamburellando con le dita sulla pagina di giornale che riportava l'intervista al presunto parrucchiere egiziano. «Abbia il coraggio di osare, Maria. Dica alla gente quello che vuole sentire.»

Maria sussultò, come se quelle parole l'avessero risvegliata da un sogno. «Che cosa? Dovrei dire apertamente che sono innamorata di Aristotele Onassis?»

«No. No, questo no. Ma dovrebbe ufficializzare la fine del suo matrimonio prima che qualcuno si metta a lavarle i panni sporchi. Potrebbe confermare personalmente la separazione, smontando così buona parte delle speculazioni.»

Maria annuì pensierosa. La scelta di quale posizione ufficiale prendere non riguardava più soltanto lei, perciò avrebbe discusso della proposta di Diamand con Aristo. Al suo fianco si sentiva forte.

* * *

Quella mattina nel foyer della Scala si era radunata la stessa quantità di gente che di solito affolla le prime. Ma tra tutte le persone che si accalcavano dietro al cordoncino rosso che sbarrava il passaggio, non c'era traccia di amanti dell'opera. C'erano macchine fotografiche tenute in alto e pronte a scattare, telecamere già accese e microfoni puntati verso la porta dalla quale sarebbe entrata la Callas per tenere la conferenza stampa che lei stessa aveva indetto. Decine di mani tenevano blocchi e matite pronte a scrivere. Dall'orda di giornalisti si alzava un mormorio concitato.

Maria, che osservava la scena da uno spiraglio della porta, si sentiva strana, come catapultata nella scena finale di *Vacanze romane*. Erano passati tanti anni da quando aveva visto il film al cinema e aveva deciso di voler diventare come Audrey Hepburn. Cosa che le era anche riuscita. Adesso doveva solo affrontare quella conferenza stampa con la stessa sicurezza dimostrata dalla principessa Anna nel film, dove l'evento rappresentava una svolta netta nella sua vita, proprio come nel caso di Maria.

È solo un'entrata in scena, cercò di tranquillizzarsi dentro di sé. *Una come tutte le altre*. Ma proprio come per qualsiasi altra entrata in scena, Maria si sentiva attanagliare da una terribile ansia da palcoscenico. E poi aveva di nuovo la nausea. Decise che appena concluse le registrazioni sarebbe tornata dal medico.

Respirò profondamente e si costrinse a calmarsi. Il suo sguardo incrociò quello dell'inserviente. Fece un cenno di assenso con il capo e si tolse gli occhiali.

Raggiunse la sua postazione di fronte ai giornalisti accompagnata da un applauso scrosciante. Per la prima volta fu lieta di non riuscire a distinguere con nitidezza i volti che la fissavano. Gli sguardi avidi di scandalo rimasero nascosti dietro una nebbiolina indistinta e tutto ciò che vedeva era una vaga massa sfuocata. I flash saettavano come da una muraglia di nuvole minaccianti tempesta.

Maria chinò la testa in un breve e regale saluto e a un tratto si sentì del tutto calata nella parte della Callas, che in poche frasi avrebbe chiarito ciò che c'era da chiarire. Fece un altro bel respiro, poi alzò la voce e annunciò: «Sono qui per confermare che la rottura tra me e mio marito è definitiva. La nostra separazione era nell'aria da tempo e il fatto che abbia coinciso temporalmente con la crociera sul *Christina* è una pura coincidenza.»

«Lei e il signor Onassis avete una relazione?» le gridò una giovane voce maschile.

«Tra me e il signor Onassis c'è da molto tempo una profonda amicizia. Ci lega anche un rapporto lavorativo, ma niente di più.»

Dio, ti prego, fa' che riesca ad arrivare fino in fondo, si disse.

«Che tipo di rapporto lavorativo c'è tra lei e il signor Onassis?»

«Il signor Meneghini rimarrà comunque il suo manager?»

«Quali sono i suoi progetti per il prossimo futuro?»

«Tra lei e il signor Onassis non c'è qualcosa di più di una semplice amicizia?»

«A quanto pare, il signor Meneghini si è rivolto a uno studio di avvocati torinesi. Può dirci qualcosa di più al riguardo?»

Le domande le cadevano addosso come pioggia durante un temporale e Maria dovette ammettere che la metafora calzava bene con quella dei fulmini di flash. In un'altra circostanza questa associazione l'avrebbe divertita, ma lì, nel luogo in cui la stavano esponendo a tutto questo, si sentiva come in trappola. Sollevò una mano per fermare il flusso di domande.

«Aristotele Onassis è solo un buon amico per me, che mi sta vicino in questo momento difficile» sentenziò con decisione. «Per adesso mi occuperò da sola della mia carriera e sto valutando un'offerta ricevuta dall'Opera di Monte Carlo. Inoltre, mi hanno proposto di partecipare a un film a Hollywood.»

Ovviamente i giornalisti vollero sapere nel dettaglio di quali progetti si trattava. Nel mezzo continuavano a piovere le domande sulla sua relazione con Onassis. Maria desiderò di poter urlare al mondo la verità, ma lei e Aristo avevano concordato di restare più discreti possibile finché le loro rispettive posizioni non si fossero chiarite. Com'era prevedibile, nei giorni precedenti Meneghini aveva rilasciato una serie di interviste piuttosto stravaganti, in cui accusava Onassis di volersi soltanto fregiare del nome di un'artista famosa, definendolo "un pazzo come Hitler". Gettare benzina su quel fuoco era l'ultima cosa che Maria voleva fare.

Strinse i denti e fece un altro cenno regale col capo in direzione dei giornalisti, prima di scomparire dalla stessa porta dalla quale era entrata, accompagnata dalle grida di protesta dei giornalisti che si sentivano derubati delle risposte che volevano sentire.

* * *

«È stato orribile!» sospirò tenendo la cornetta attaccata all'orecchio e alla bocca. Se ne stava sdraiata a letto e avrebbe tanto voluto che Aristo fosse lì al suo fianco anziché all'altro capo del telefono. Durante la conferenza stampa lui era volato a Venezia per discutere con Tina i dettagli del divorzio. Maria gli raccontò tutto ciò che era accaduto nel foyer della Scala, anche di come aveva dovuto tacere il loro amore e dare risposte elusive che non avevano convinto nessuno.

«Le cose qui non vanno tanto meglio» rispose lui. «Oggi pomeriggio i paparazzi mi hanno beccato all'Harry's Bar. Certo che un po' l'avevo messo in conto, perché è difficile sfuggire alla stampa durante il Festival del Cinema.» Aveva la voce impastata, doveva aver consumato svariati drink nel celebre locale.

«Che cosa hai detto?»

«"Gli amici mi definiscono un marinaio e i marinai di solito non hanno molto interesse per i soprani".» Aristo scoppiò in una risata allegra. «"Ad ogni modo mi sentirei molto lusingato se una donna di classe come la Callas si fosse innamorata di me." Ti piace?».

«Ma è la verità. Lei è innamorata di te.»

«E io mi auguro che sia così ancora molto a lungo.»

Maria sorrise. «Lo sarà. Per sempre.»

24

Milano, metà novembre 1959

I primi mesi della relazione con Aristo furono per Maria una continua montagna russa di sentimenti contrastanti. Mai come in quella fase si era resa conto di quanto potessero essere vicine tra loro la felicità e la rabbia. Si sentiva come su una giostra di emozioni che girava sempre più in fretta e non si fermava mai. In compagnia di Aristo si nutriva di tante cose belle per le quali non c'era mai stato spazio a sufficienza nella sua vita - amore, protezione, fiducia, passione e tenerezza, umorismo e spirito d'avventura –, ma allo stesso tempo era stata travolta dalle cattiverie con cui prima Meneghini e poi anche Tina alimentavano l'opinione pubblica mondiale. E come se non bastasse, anche sua madre non aveva perso l'occasione per farsi viva da New York e rimarcare l'ingratitudine della figlia. Evangelia fu impietosa con lei e annunciò addirittura l'uscita di un libro rivelazione sulla Callas. Nel frattempo, anche Elsa Maxwell aleggiava su questo putiferio come uno spirito maligno, usando i propri articoli per stigmatizzare Maria come "genio e strega" e definendola "la delusione umana della mia vita". Affermazioni alle quali Maria resisteva, ma che la ferirono nel profondo.

In più era preoccupata per il suo stato di salute, perché aveva spesso degli strani momenti di spossatezza e i suoi nervi non erano mai stati così sensibili. Anche la sua voce si comportava sempre peggio nelle arie. Durante un concerto a Bilbao era a malapena riuscita a coprire l'estensione di un'ottava, per non parlare delle note più acute, con grande delusione del suo pubblico. Ma già solo una settimana dopo, a Londra, era riuscita a tornare agli antichi splendori e a incassare un nuovo trionfo.

E qualunque cosa accadesse, Aristo era lì ad abbracciarla, consolarla, amarla. Nonostante la pressione spaventosa per le accuse infondate rivoltegli dalla moglie in seguito alla separazione, Aristo tentava sempre di mantenere più calma e contegno possibili, pur dovendo star dietro agli affari e allo stesso tempo correre su e giù tra gli avvocati, il padre di Tina, Tina stessa, le sue varie residenze e ovviamente tornare sempre da Maria a Milano. I due innamorati avevano pace solo a bordo del *Christina*, dove Maria andava il più spesso possibile. Giorni rubati. Forse gli ultimi. Ormai temeva anche per la sua resistenza in mare, dato che si sentiva male anche senza vento e con l'acqua immobile, cosa che toglieva ogni spensieratezza ai suoi soggiorni sul panfilo. E soprattutto: cosa avrebbe fatto il suo marinaio, se lei non avesse più potuto accompagnarlo per mare?

Poi era dovuta andare oltreoceano per cantare *Lucia di Lammermoor* e *Medea* a Kansas City e a Dallas. In tre dei cinque giornali che le vennero proposti durante il volo trovò delle presunte novità sullo stato dei loro drammi matrimoniali.

Riportavano che Meneghini aveva fatto valere il suo diritto di proprietà sulla casa di Milano. Era vero. Ma poi citavano una sua frase: *Mia moglie e Onassis sono solo amici. Il problema è che mia moglie fa di tutto per attirare un po' di attenzione.* E questo non era vero.

Un giornalista scriveva: *Scommetto che Ari e Tina rimarranno insieme e che l'ambiziosa Maria Callas si ritroverà a cantare un assolo.* Che insinuazione sfacciata.

Battista Meneghini ha richiesto davanti a un tribunale italiano la separazione da Maria Meneghini-Callas, riportava il *New York Times. Con questo si intende l'annullamento dell'unione coniugale e di fatto si tratta di una controversia economica. I coniugi non potranno risposarsi, perché in Italia non è previsto il divorzio legale come in altri Paesi. Il verdetto sarà reso noto a metà novembre.*

Maria cercò di dormire un po', ma i titoli dei giornali la perseguitavano anche nei sogni. La conferenza stampa di inizio settembre non le aveva garantito una tregua e se per qualche giorno nessuno scriveva niente su di lei, ci pensava Meneghini a farsi vivo in qualche modo. Andava avanti così da settimane.

Sentiva le caviglie gonfiarsi nonostante tenesse le gambe in alto. Alternava sensazioni di caldo a brividi, per cui non faceva che mettersi addosso la stola di visone e poi ributtarla giù, costringendo la hostess che andava avanti e indietro per il corridoio di prima classe a chinarsi più volte per raccoglierla da terra. Maria avrebbe voluto rilassarsi, ma non trovava pace. Non aveva neanche le forze per prendere le sue pillole in borsa. Quando l'aereo atterrò all'Idlewild Airport di New York, si sentiva esausta e nervosa.

«Alla passerella la aspetta un'auto per condurla al LaGuardia Airport» le disse l'assistente di volo chinandosi leggermente sulla passeggera d'eccezione e parlando a bassa voce. «Da lì partirà la sua coincidenza per Kansas City. Siamo in perfetto orario. Però i piloti sono stati avvisati via radio che c'è un nutrito gruppo di giornalisti che la attende sulla pista.»

«Oh, mio Dio!» sfuggì a Maria. «Non si può far niente per mandar via quella gente?»

La ragazza le rivolse uno sguardo colmo di comprensione. «Temo che siano già lì e che non se ne andranno se non con l'intervento della polizia.»

Quindi non poteva farci niente, riassunse Maria. Quand'è che i paparazzi avrebbero smesso di darle il tormento? A casa sua a Milano la situazione era diventata talmente critica che Maria aveva smesso di vedere gli amici per risparmiare loro l'imbarazzo di dover affrontare i giornalisti. Per un po' si era nascosta in via Buonarroti, finché non si era presentato Meneghini, contravvenendo agli accordi, e l'aveva cacciata di casa. A quel punto lei aveva perso ogni contegno e gli aveva urlato al telefono: «Attento a te, Battista! Prima o poi vengo con un revolver e ti ammazzo». E la sua risposta non era stata da meno: «Per me va bene. Vorrà dire che ti aspetterò con una mitragliatrice». Alla fine però se n'era andato senza che nessuno dovesse ricorrere alle armi. A quanto pareva gli avvocati di Onassis, che curavano anche gli interessi di Maria, erano riusciti a trovare con Meneghini un accordo meno bellicoso.

Quando era partita, Maria pensava che la stampa negli Stati Uniti sarebbe stata meno aggressiva che in Italia. Quanto si era sbagliata! *Dovevi immaginartelo*, si rimproverò alzandosi dal sedile e cercando di rilassare i muscoli tesi. *Sei una stupida sciocca!*

Non appena si fu affacciata dal portellone del quadrimotore Lockheed Starliner, partirono già i primi flash. Gli uomini della sicurezza facevano del loro meglio per impedire alla folla di giornalisti di assaltare la passerella.

Probabilmente non aveva nemmeno un brutto aspetto, nel suo completo chiaro con il colletto di visone e la stola di pelliccia piegata sul braccio libero, ma detestava in ogni caso essere fotografata dal basso, perché era un'inquadratura che non donava alle sue gambe. Pur rendendosi conto che avrebbe dovuto mostrarsi sicura di sé, quella volta non riuscì a calarsi nel ruolo della Diva come faceva sempre.

Era come se percepisse il rumore degli scatti e il ronzio delle telecamere addosso, anziché limitarsi a vederli e sentirli. Poi le piovvero addosso le prime domande: «Madame, quanto c'è di vero nelle voci secondo le quali Mister Onassis non vorrebbe separarsi? Di che natura è la relazione tra lei e Aristotele Onassis? Siete ancora solo amici? Ha parlato con suo marito per ottenere il divorzio?

Cosa dice Onassis riguardo al suo processo in Italia? Suo marito afferma di essere un vecchio amico di Mister Onassis, può confermarcelo?».

Maria si sentì prendere dal panico. Scese lentamente la passerella, tenendosi stretta al corrimano e abbassando lo sguardo miope sui propri piedi. Per un attimo temette di perdere l'equilibrio. Si fermò, dando forse l'impressione ai giornalisti di volersi mettere in posa. Ma in realtà era solo per fare un respiro profondo e cercare di riprendere il controllo. Quella marea di gente pretendeva troppo da lei. E non c'era nessuno che andasse a prenderla, che la sostenesse. Aristo si trovava a Parigi per discutere con i suoi avvocati e il padre di Tina un accordo finanziario per la separazione e i diritti di visita ai figli. Doveva arrivare fino alla limousine tutta da sola e a un tratto quella prospettiva la spaventava a morte.

Un aereo parcheggiò nelle vicinanze contribuendo al chiasso generale. Le voci divennero più forti, fino a confondersi in un frastuono rimbombante.

Non mollare, supplicò Maria dentro di sé, *ti prego, non svenire.*

Sei una ragazza di Washington Heights, la incoraggiò una voce interiore, *nessuno di quelle parti si lascia intimorire così facilmente.*

Arrivò all'ultimo scalino della passerella e per poco non inciampò nel cavo con cui un giornalista teneva la sua telecamera collegata a un generatore a batterie.

«Lo tolga di lì!» lo apostrofò Maria, e non con la sua solita voce pacata e tranquilla, ma con il tono e l'accento delle strade del quartiere malfamato in cui era cresciuta. «Adesso basta! Mi ha capito?»

L'autista saltò fuori dall'auto e le corse incontro. Dovette alzare entrambi i gomiti per farsi strada fino a lei, prima che la sicurezza riuscisse un po' alla volta a far indietreggiare i paparazzi.

Maria attraversò di corsa la sottile striscia di asfalto che si era venuta a creare tra lei e la limousine. Il cuore le infuriava nel petto come impazzito e aveva perso qualsiasi controllo sul proprio respiro affannato. Continuavano a scagliarle addosso domande e i flash rischiaravano il grigiore della giornata. Maria fece del suo meglio per ignorare tutte quelle impressioni e si rintanò sul sedile posteriore della Cadillac.

Non voglio espormi mai più a una simile tempesta e a questa moltitudine di gente, pensò. *Non sono più in grado di sopportarlo.* Poi si disse che dall'aeroporto di LaGuardia avrebbe telefonato al suo amico e impresario Larry Kelly per disdire il suo concerto a Kansas City.

L'autista avanzò lentamente tra la folla, suonò il clacson e dovette schiacciare più volte il freno per non investire nessuno. Intanto gli obiettivi continuavano a fissarla dai finestrini come gli occhi di un mostro ingordo.

25

Dallas, Texas, inizio novembre 1959

Larry non le permise di annullare il concerto. In fin dei conti, lui e Mary erano andati fino a Kansas City solo per sentirla cantare. «Ti appoggeremo in ogni modo possibile» le promise «ma devi salire su quel palco e cantare. Da quanto ne so, ci sarà anche l'ex presidente Harry S. Truman, che non compare praticamente più in pubblico. È un grande onore che voglia venire a sentirti. Non puoi disdire, fosse anche solo per questo.»

Nonostante la sua paura di fronte alla folla fosse aumentata in modo preoccupante, Maria si disse pronta a esibirsi. Ma poco prima del concerto si pentì amaramente di aver accettato. A causa di un allarme bomba dovettero far evacuare il pubblico: la compagnia del Loew's Midland Theater e persino Truman in persona dovettero lasciare temporaneamente il sontuoso edificio in stile *Art déco*. Fu quindi con un notevole ritardo che Maria calcò il palcoscenico, accolta da un applauso scrosciante che dissipò ogni sua paura. Il canto la fece sentire di nuovo al sicuro e a casa. La sua voce padroneggiò anche i passaggi tecnicamente più difficili e alla fine il pubblico batté mani e piedi così forte da far vibrare l'intera sala da tremiladuecento posti. Quel successo le fece dimenticare le difficoltà con cui era iniziato il suo viaggio negli Stati Uniti e affrontare il viaggio verso Dallas come su una nuvola.

In compagnia dei suoi amici Maria si sentiva protetta, e comunque, come ebbe modo di constatare con sua sorpresa, sia all'arrivo in Texas che alla ripartenza dal Missouri c'erano pochissimi giornalisti ad accoglierla. A quanto pareva, la gente del selvaggio ovest si interessava più ai cowboy e ai magnati del petrolio che alla vita amorosa di un soprano famoso in tutto il mondo – una forma di ignoranza che Maria trovò molto più gradevole del trambusto a cui era abituata. Era finalmente riuscita a rilassarsi, quando una lettera del suo avvocato le venne consegnata a casa di Mary, che aveva lasciato come recapito.

Aprì la busta in piedi e mentre ne leggeva il contenuto si lasciò pian piano cadere sulla poltrona in satin giallo del soggiorno di Mary.

«Brutte notizie?» le chiese l'amica preoccupata.

«Dipende dal punto di vista» mormorò Maria. Scorse una seconda volta la lettera, prima di alzare gli occhi su Mary. «L'udienza per l'annullamento del matrimonio è fissata al 14 novembre.»

«Almeno si chiuderà questa storia...»

«È richiesta la mia presenza fisica, devo tornare a Milano.» Sospirò, appoggiando la testa sullo schienale della poltrona. «Quindi dovrò disdire il mio *Barbiere di Siviglia*» aggiunse. «È tutto così spiacevole.»

«Il tuo pubblico te lo perdonerà, se tornerai subito sul palco del Music Hall nei panni di Medea.»

Tra il processo e la rappresentazione correvano quattro giorni e la prospettiva di dover affrontare due voli transoceanici in così poco tempo non era poi molto allettante. «In questo momento i voli così lunghi mi affaticano molto.» Lo disse come se ne fosse stupita anche lei. «Prima non mi costava viaggiare, ma tutte queste attenzioni sulla separazione tra me e Battista mi stanno stressando, non sto affatto bene, Mary.»

«Forse dovrei prenderti un appuntamento con il mio medico.»

Maria scosse la testa. «Sono stata dal mio appena due mesi fa. Dice che non ho niente che non va. Tutte le analisi vanno bene.»

«Ma questo malessere ti affligge da un po', da prima del tuo ultimo viaggio in aereo, non è vero?»

Nei suoi regolari scambi telefonici ed epistolari con l'amica, Maria l'aveva tenuta informata sui propri stati d'animo così come su tutto ciò che stava accadendo nella sua vita. E a pensarci bene, Mary aveva ragione. Il suo malessere era iniziato a settembre, dopo il rientro da una seconda crociera in Grecia sul *Christina*. C'erano solo lei e Aristo sul panfilo e quei giorni di intima solitudine erano stati per lei come una luna di miele. Una volta tornati, aveva preso il proprio malessere per una manifestazione fisica del dispiacere con cui si separava dal suo amato e dei problemi e delle preoccupazioni che la attendevano in Italia. Le erano passati davanti agli occhi tutti i possibili scenari, ma nessuno di questi valeva la pena di essere approfondito. Non voleva pensare a una possibile malattia, per quanto si rendesse conto che prima o poi sarebbe venuto il momento di affrontare la cosa.

Maria si stropicciò gli occhi da sotto gli occhiali. «Ne riparliamo. Adesso voglio solo concentrarmi sulla mia Lucia, dopo la rappresentazione vedremo.»

* * *

Il palco del Music Hall a Fair Park era grande quasi quanto l'immensa sala da tremilacinquecento posti che aveva di fronte. Maria era in piedi su una tribuna dalla quale partiva una ripida scaletta, indossava il suo abito nuziale macchiato di sangue, che ovviamente era solo vernice rossa e in mano teneva il coltello – di scena, ben inteso –, la cui lama luccicava minacciosa sotto i riflettori. Era la scena madre del terzo atto, al cui interno c'era un'aria che richiedeva tutta la forza e la concentrazione di cui Maria era capace. Per quasi diciassette minuti si sarebbe esibita in una sorta di duetto con il flauto, un passaggio degno di tutto il suo talento e la sua bravura. Ascoltava le note che salivano verso di lei dalla buca dell'orchestra e attaccò nel momento giusto con il suo: "Spargi d'amaro pianto...".

Maria bistrattò le sue corde vocali per intonare alla perfezione le colorature del belcanto. La *Lucia di Lammermoor* di Donizetti, e in particolare la scena della pazzia, rappresentava l'esempio più impegnativo di questo genere e nasceva proprio per mettere in mostra la versatilità nella voce di un soprano, soprattutto nel registro acuto. Con orgoglio e sollievo allo stesso tempo,

Maria padroneggiò senza difficoltà sia il si bemolle acuto che il do acuto. Si accorse di un'insolita brevità dei fiati, ma i suoni le fluivano puliti. Certo, le mancava ancora il mi bemolle acuto alla fine dell'aria, ma era sicura che con la sua forza di volontà sarebbe riuscita a dominare la sensazione inusuale che la voce le dava.

Ci era quasi riuscita, finora senza errori. Mancava solo il mi bemolle acuto, la nota che molti soprani non arrivano mai a raggiungere. Maria era consapevole del fatto che il pubblico se lo aspettava da lei, tutti quanti sapevano che la Callas era in grado di cantarlo.

Il coro la aiutò a tranquillizzarsi. Poco dopo il direttore alzò le braccia per marcare l'attacco dell'orchestra e lei avrebbe dovuto tenere il mi bemolle per tutta la durata del finale. Archi e fiati, in un lungo accordo conclusivo. Era arrivato il suo momento, il momento di sfiorare il limite umano di ogni cantante. Maria attaccò...

Dentro di lei risuonò la nota giusta.

Ma la sua voce non la trovò.

Maria percepì gli sguardi attoniti di alcuni membri del coro e del basso che interpretava Raimondo. Le sue sensibilissime antenne per le reazioni nel pubblico le lanciarono segnali di allarme.

Anziché intonare il mi bemolle acuto, era rimasta due ottave sotto.

Quando Lucia si spinse nel petto il coltello con cui poco prima aveva ucciso il suo sposo, Maria desiderò con tutta se stessa che non fosse solo un pugnale di scena.

* * *

Dopo lo spettacolo, Maria tornò al suo camerino come stordita. I soliti collaboratori dietro le quinte, il direttore di scena, la costumista, i colleghi, i musicisti, si confondevano tutti davanti ai suoi occhi. Ognuno di loro sapeva che la Callas aveva sbagliato. E anche il pubblico lo sapeva. Aveva disatteso le aspettative di chiunque, prime fra tutte le sue.

Maria non capiva cosa fosse successo. La nota era lì. Le era risuonata cristallina nella testa. La sua forza di volontà avrebbe dovuto richiamare quel mi bemolle acuto, e invece aveva fallito. Perché non era riuscita a cantare la coloratura più alta e più bella di tutte? Cos'era successo? Il suo lieve malessere l'aveva distratta al punto da farle dimenticare la tecnica? Impossibile. Alla Callas non succedevano certe cose.

Osservò la sua immagine riflessa allo specchio. Aprì istintivamente la bocca e le note sgorgarono come animate di vita propria. Note limpide e pulite. Raggiunse tutti i registri senza problemi. Anche il mi bemolle acuto. La voce risuonava magnifica alle sue orecchie!

Probabilmente era stata solo una triste coincidenza, che le ricordava ciò che sapeva fare ma non era più in grado di eseguire a comando. Ci provò un'altra volta. Di nuovo intonò il mi bemolle acuto alla perfezione. Anche al terzo tentativo, e al quarto. Come in preda a un raptus, continuò a mettere alla prova la sua voce, ancora e ancora. Sempre con successo, diversamente da com'era accaduto sul palco.

Osservò il proprio volto trasfigurato nello specchio, vide il mascara colarle sulle guance impastato di lacrime. Fino a quel momento non si era neanche resa conto di piangere. A un tratto sentì le forze abbandonare il suo corpo. Ogni esibizione era come un combattimento, cantare un ruolo d'opera non era meno faticoso che correre una maratona olimpica. Si lasciò cadere sulla sedia della toeletta, esausta. In quel momento le fu chiaro che non aveva più voglia di combattere.

In passato aveva avuto diverse *défaillance* e aveva dovuto disdire vari concerti, attirando su di sé i malumori di molta gente. Ma erano sempre stati intoppi imputabili a questioni mediche, per via di infiammazioni alla gola o sinusiti. Prima di allora non le era mai successo di steccare in quel modo. Un errore che probabilmente aveva a che vedere con la sua separazione dal marito. In quel momento doveva combattere su un altro fronte e non sul palcoscenico, erano giorni in cui non era l'ambizione alla performance perfetta a motivarla, ma il desiderio di portare felicità nella sua vita. Era forse impossibile avere successo come artista e anche nell'amore? Maria non lo sapeva. Ma quello che davvero desiderava in quel momento – di questo era certa – era essere la donna al fianco di Aristotele Onassis. E non la Diva.

Il fiume di lacrime non dava cenno di voler diminuire. Mentre i suoi lineamenti tornavano pian piano a farsi morbidi, Maria diede il suo addio al mondo dell'opera lirica. Un addio graduale, certo. Ma definitivo. La chiamava una nuova vita, una vita in cui sarebbe valsa la pena lottare, come faceva con il mi bemolle acuto, solo che la ricompensa sarebbe stata tutt'altra.

Maria aveva intenzione di accettare il suo destino. Anzi, era stata proprio lei a volerlo. Ma allora perché non riusciva a smettere di piangere?

* * *

Mary non fissò l'appuntamento allo studio medico, ma chiese al suo dottore di venire a casa. Dopo che Maria aveva passato la notte in singhiozzi, l'amica aveva deciso di non voler assistere oltre a quello strazio. Chiese al medico di iniettarle un calmante o prescriverle delle pillole, qualsiasi cosa fosse necessaria. Se Maria voleva cantare alla rappresentazione dell'indomani, doveva trovare il modo di tranquillizzarsi. Mary trattò l'amica con la stessa severità materna che usava con la figlia e alla fine lei accettò di farsi visitare. Anche perché non si sentiva più in grado di opporsi. Le mancavano le forze anche per quello.

Il dottor Hartley era un simpatico signore anziano, che con i suoi occhialini nichelati le ricordò il presidente Truman, che aveva conosciuto due giorni prima. Il medico si sedette sulla sedia accanto al letto in cui giaceva Maria, nella camera degli ospiti. Dopo che la padrona di casa ebbe lasciato la stanza chiudendosi la porta alle spalle, il dottore disse: «Prima di iniziare la visita, avrei alcune domande da farle».

«Chieda pure.» Maria si sistemò gli occhiali sul naso

per vedere bene il suo interlocutore e si stropicciò fiaccamente gli occhi umidi.

Dopo le solite domande sull'età e le malattie pregresse, il dottore le chiese quali farmaci assumesse regolarmente.

Maria glieli elencò tutti con ordine.

«C'è qualche altro medicinale che le è stato somministrato nei mesi scorsi? O nel corso dell'ultimo anno? Sa, alcune sostanze hanno un effetto più lungo di quanto si pensi. Per questo lo chiedo. Ci pensi bene, potrebbe essere un'informazione importante.»

Maria esitò. Aveva quasi dimenticato quelle iniezioni. Quale donna penserebbe alla menopausa anticipata proprio nel momento in cui ha trovato soddisfazione nell'amore fisico? D'istinto si tirò un po' più su a sedere. Per dissimulare l'imbarazzo, si mise a spostare un cuscino per aggiungerlo a quelli che già le sostenevano la schiena. Persino davanti a un medico aveva difficoltà a raccontare dei propri problemi intimi.

«Per circa un anno e mezzo mi hanno iniettato degli ormoni» ammise alla fine. «Il mio ginecologo di Milano li riteneva utili per ritardare la menopausa.»

«In realtà, a trentasei anni è un po' troppo giovane per queste cose» osservò il dottor Hartley. «Perché ha intrapreso questa cura? E ha avuto successo?»

«Sinceramente non lo so. Avevo così tante cose da fare che mi sono scordata di occuparmene.» *Sono andata in crociera e sono guarita senza bisogno di farmaci*, pensò. Ma a voce alta si limitò ad aggiungere: «Ma a pensarci bene, tutte quelle iniezioni non hanno portato a niente. Ormai sono mesi che non mi viene il ciclo.»

Il silenzio del medico la fece preoccupare. Il sorriso che seguì, invece, la fece confondere. «Lei è sposata, non è vero?»

Santo cielo, ma non legge i giornali?

Maria ritenne più semplice annuire.

Lui si sistemò gli occhiali e spiegò: «Le cure ormonali non ritardano solo la menopausa, ma aumentano anche la fertilità. Se dopo la fine della cura non ha più avuto il ciclo, il motivo potrebbe anche essere molto piacevole, signora Callas».

«Un figlio?» Maria lo guardò dritto negli occhi. «Sta dicendo che potrei essere incinta?»

«Sì, è esattamente quello che intendo, mia cara. Adesso la visito, così ne sapremo di più.»

La mente di Maria si affollò di brandelli di pensieri e frammenti di ricordi. Fu sopraffatta dai desideri, le speranze e i sogni. Si era sempre sentita una versione femminile di Sisifo, costretto a spingere una pietra su per un monte scosceso. Per lei quel macigno pesante era la mancata maternità. Era impossibile che avesse finalmente superato la sua prova e fosse pronta per avere un figlio o una figlia. Doveva esserci un errore.

«Sono sposata da dieci anni» mormorò turbata. «Mio marito e io non abbiamo…» si interruppe, rendendosi conto che Meneghini non poteva aver avuto alcun ruolo in quella gravidanza. Aristo, con il suo rispetto, il suo amore e la sua capacità di darle piacere, era l'unico candidato per un'eventuale paternità. E poi aveva già concepito due figli.

Maria riprese fiato. «Crede davvero che potrei aspettare un bambino?»

«Tra poco lo sapremo» la tranquillizzò il medico. «Le chiedo la gentilezza di spogliarsi un po', in modo che io possa visitarle la pancia.»

26

Brescia, 14 novembre 1959

Davanti a Palazzo Martinengo Colleoni, sotto una leggera pioggerellina, si era accalcata una folla di gente. I carabinieri facevano del loro meglio per tenere sgombro il portale d'accesso, sul quale pendeva floscia e umida la bandiera dell'Italia. I giornalisti cercavano di farsi largo tra le file di curiosi e tutti quanti si spingevano in avanti all'arrivo di ogni auto per controllarne i passeggeri e indietreggiavano una volta accertati che non si trattava della Callas o del marito. Il caso volle che i due arrivassero quasi nello stesso momento di fronte all'edificio di tre piani risalente al XVI secolo. Nella prima auto era seduto Meneghini.

Dal sedile posteriore del suo taxi, Maria lo vide scendere lentamente da una Lancia Aurelia, che doveva aver noleggiato per l'occasione. *A mie spese*, pensò arrabbiata. Meneghini, un tempo imprenditore edile di successo, sembrava aver perso qualsiasi dimestichezza col denaro. Non era solo la condizione precaria del suo conto in banca a preoccuparla, ma anche la consapevolezza che molti dei gioielli che lui le aveva *regalato* non erano ancora stati pagati. Su un atto aveva letto che da Buccellati, Bulgari e Cartier c'erano dei conti ancora da saldare. La sua amministrazione delle finanze era stata scandalosa. E a rimetterci era stata lei. Le bastava questo per essere sicura che la separazione fosse la scelta giusta.

La folla batté le mani.

Maria esterrefatta si rese conto che non era il suo arrivo l'oggetto delle celebrazioni. Gli applausi erano destinati al marito.

Attraverso il finestrino osservò la sua figura tarchiata. Salutava la folla di gente con il suo sorriso finto. Meneghini, che non aveva mai fatto una gran bella figura sul tappeto rosso, sfilò come su una passerella tra le file di curiosi per poi scomparire all'interno dell'edificio. A quanto pareva si stava godendo il ruolo del marito tradito più famoso al mondo. Lo seguivano due uomini, probabilmente i suoi avvocati.

Maria si sentì prendere dal panico. Provò un senso di vertigine e la nausea mattutina, ormai scemata, tornò a farsi sentire. D'istinto si portò una mano alla pancia. Il suo primo pensiero fu quello di proteggere il bambino da quella calca di gente. Il secondo fu che non era sola. E che non lo sarebbe stata mai più.

Seduta accanto a lei nell'auto c'era un'amica a cui aveva chiesto di accompagnarla in tribunale, mentre i suoi avvocati probabilmente la stavano già aspettando in aula. Della bella contessa Carla Nani Mocenigo non colpiva solo l'antichissima famiglia veneziana, ma anche i bei boccoli biondi, per questo Maria sperava che la sua presenza potesse distogliere almeno in parte l'attenzione da sé. Ma dopo aver visto la situazione, pensò che sarebbe stato meglio ricorrere a un'imponente guardia del corpo, perché la presenza di Carla non sarebbe bastata a proteggere Maria dalla folla.

Era stato un errore partire sola e indifesa per Brescia. L'acclamazione alla quale aveva appena assistito ne era la prova. Per la gente Meneghini non era il manager che pretendeva cachet esorbitanti e si comportava in modo inopportuno con i più importanti direttori di teatri lirici. Non era l'uomo che aveva investito malamente tutti i suoi introiti. Era un marito anziano la cui moglie di ventisette anni più giovane non solo si dimostrava ingrata, ma che sembrava ignorare ogni regola della decenza. Oltre a tutto questo, era un compatriota di quella gente avida di scandali, era italiano, addirittura lombardo, mentre lei era straniera.

Doveva tenere duro il tempo del processo. Poi avrebbe trovato pace. Avrebbe affrontato in tutta tranquillità la sua gravidanza e tanto per cominciare avrebbe dato la notizia ad Aristo. Era rientrata solo il giorno prima da Dallas e non aveva avuto occasione di metterlo a parte del miracolo che stava crescendo dentro di lei. Non si erano nemmeno visti, ancora. A dire il vero, anche Maria continuava ad avere qualche difficoltà a capire cosa fosse successo e a crederci fino in fondo. Era tutto così irreale. Pareva un sogno che al risveglio fosse rimasto su di lei come un velo, prima di dissolversi. Ed era proprio di questo che aveva paura. Che fosse tutto frutto della sua immaginazione. Un errore! Tutto questo era troppo da elaborare per lei, per cui aveva scelto di non parlare con nessuno della sua futura maternità, ad eccezione del dottor Hartley e del ginecologo dal quale lui l'aveva mandata. Persino con Mary era ricorsa a una scusa qualsiasi. Prima di tutto doveva parlare con il futuro padre.

«Possiamo andare» decise Maria. Si tolse gli occhiali e li infilò in borsa. Poi si rivolse a Carla con un timido sorriso: «A volte essere miopi ha dei vantaggi. Adesso non vedrò né i giornalisti, né i sostenitori di Meneghini. Perfino lui sarà solo una figura indistinta. Che poi, in effetti, è quello che per me rappresenta adesso».

Intanto l'autista del taxi aveva fatto il giro dell'auto e aperto la portiera a Maria.

La reazione della folla all'arrivo della Callas fu duplice. Da un lato partì subito la pioggia di flash e le domande dei giornalisti si persero tra le urla di biasimo di molti dei presenti, dall'altro c'era anche chi assisteva allo spettacolo battendo le mani per incoraggiare la star mondiale. Maria non guardò né a destra né a sinistra, tenne lo sguardo fisso davanti a sé. Un poliziotto le aprì la porta del tribunale e lei vi entrò con lo stesso orgoglio di Norma che fa il suo ingresso nel bosco dei druidi.

Solo che questo non è il primo atto, ma l'ultimo, pensò.

27

Dieci ore dopo, Milano, 14 novembre 1959

Mancava poco alla mezzanotte e davanti alla porta di casa di Maria erano rimasti gli ultimi giornalisti. Tutti gli altri, a quanto pareva, avevano rinunciato a scattarle altre foto o addirittura a strapparle una dichiarazione. Se ne stava in piedi nello studio immerso nell'oscurità, nascosta dietro alla tenda della finestra, e osservava attraverso i nudi rami autunnali degli alberi la via Buonarroti e lo sparuto gruppetto di paparazzi illuminato dai lampioni stradali. Erano tre o quattro ragazzi giovani che si offrivano le sigarette a vicenda e facevano girare un unico accendino. Non sembravano avere intenzione di restare ancora a lungo nel freddo umido di quella nottata. Maria si sentì sollevata. Forse l'avrebbero davvero lasciata in pace.

Come fosse un'eco di questa speranza, dall'ingresso di casa risuonò un brusio indistinguibile di voci. Poi riecheggiarono dei passi su per le scale di marmo: il suo maggiordomo Ferruccio non era solo.

Maria ebbe un presentimento. Per un attimo si sorprese per non aver visto entrare l'ospite dal portone d'ingresso. Poi si spostò dal suo punto di osservazione. Portò le mani ai capelli per dare una ravvivata al taglio corto all'ultima moda che portava da qualche tempo. Andò in direzione della porta, prima camminando, poi correndo. Sul gradino più alto della scalinata si buttò tra le braccia dell'uomo che le andava incontro in divisa da giardiniere. Alcune rose si staccarono dal mazzo che teneva in mano e volarono in aria andando a formare un cerchio di petali e foglie ai piedi dei due innamorati uniti in un lungo bacio.

«Saluti così qualunque fattorino che ti porta i fiori?» le domandò Aristo dopo un po', con un sorriso.

Maria scoppiò a ridere. «Solo quelli che passano dall'ingresso principale.»

«Ma io ho usato l'ingresso sul retro per sicurezza.»

«Oh!»

Aristo la prese per mano e scavalcò i fiori sparsi a terra. «Com'è andata, Maria?» Il suo tono era serio.

«Bene. Sono libera. Siamo liberi. Il resto non deve interessarci.» Posò l'altra mano sul ventre, poi lanciò un'occhiata ai fiori in terra e aggiunse: «Dei fiori si occuperanno Ferruccio o Bruna, li metteranno in un vaso. Adesso vieni, c'è una cosa che devo dirti».

Mentre la seguiva nello studio, Aristo disse: «Alla radio ho sentito che la giuria ha confermato la separazione. Non che mi aspettassi niente di diverso.»

«Certo. Per questo non ho capito a cosa sono servite le sei ore di delibera dei giudici per il verdetto. Ma insomma...» Lasciò andare la mano dell'amato per accendere l'abat-jour del suo *sancta sanctorum*. Non le importava più che la luce filtrasse dalle tende rendendoli visibili dalla strada, i paparazzi non avrebbero visto nient'altro che due ombre. «Alla fine Meneghini ha combattuto per ogni maledetto orecchino che dice di avermi regalato, nonostante li abbia pagati tutti io e anzi qualcuno sia ancora da pagare.»

Aristo si tolse la giacca verde-grigia di fustagno e si mise comodo su una poltrona.

«Che cosa può tenersi?»

Maria sedette sul divano vicino a lui. «Tutti i beni sono stati sostanzialmente divisi. A me è toccata questa casa, che poi era quello che volevo, se ti ricordi. Meneghini ha ottenuto la villa a Sirmione…»

«Mi pare giusto. Non ho mai capito come facesse quell'uomo a recludere una donna come te sulla riva di quella pozzanghera di lago.» Si voltò verso la giacca che aveva posato sullo schienale della poltrona e ne estrasse il suo portasigarette e l'accendino Dunhill d'oro.

Nonostante Aristo si stesse comportando come se fosse a casa sua, Maria si ricordò dei propri doveri verso il suo ospite: «Vuoi qualcosa da bere?».

Lui fece segno di no con la sigaretta accesa. «Ho chiesto una birra a Ferruccio.» Poi rise. «Una scelta coerente con il mio abbigliamento.»

Sì, Aristo si sentiva a suo agio. A Maria si allargò il cuore.

«Porterà qualcosa anche per te.»

«Non ne dubito.»

«E?»

«E cosa?» Maria aveva perso il filo.

«Vai avanti! Tu possiedi questa casa e lui la villa sul Lago di Garda. Ma non c'è mica solo questo.»

«A Meneghini spettano tutte le altre proprietà immobiliari. Gli oggetti di valore – mobili, dipinti e cose così – sono stati divisi equamente. In pratica ogni casa mantiene il proprio arredamento. Gli spetta anche una parte dei miei gioielli, ma non tanti quanti temevo dopo aver sentito le sue assurde pretese.»

Bussarono alla porta ed entrò il maggiordomo con un vassoio carico di un secchiello da vino argentato e due bicchieri diversi. In mezzo alla montagna di ghiaccio spuntavano il tappo a corona di una birra e la parte superiore di una caraffa di cristallo. «Signora, per lei ho portato del vino bianco» disse Ferruccio. «Va bene?»

«Sì, va bene. Grazie.»

Dopo aver appoggiato il vassoio sul tavolo, il maggiordomo fece un inchino impeccabile. «Bruna ha messo le rose nell'acqua. Dove vuole che sistemi il vaso?»

«Nel salone, per favore. E vada a dormire adesso, ci serviamo da soli.»

«D'accordo. Buonanotte, signora Callas. Buonanotte, signor Onassis.»

«Buonanotte» rispose Aristo allungandosi già verso l'apribottiglie portato da Ferruccio insieme al resto.

Maria aspettò impaziente che il maggiordomo si chiudesse la porta alle spalle. Osservò in silenzio le manovre di Aristo e vide un po' di schiuma bianca della birra colargli tra le dita. Quando le passò il bicchiere di vino che le aveva versato, lei non lo toccò. Finalmente era arrivato il momento che attendeva con ansia dalla sua prima visita medica a Dallas. Sulla separazione era già stato detto tutto e adesso toccava a un argomento molto più importante. Ma a un tratto non seppe che parole usare per dire ad Aristo che sarebbe diventato di nuovo padre.

Naturalmente lui si accorse del cambiamento in Maria. «Che succede? Ti senti di nuovo male?» La sua voce esprimeva apprensione. Prima che lei avesse il tempo di negare, aggiunse: «Dovresti davvero farti vedere di nuovo da un medico. L'Ospedale Americano di Parigi è un ottimo posto. Forse i medici in Italia sono...».

«Mi hanno visitata a Dallas» lo interruppe lei. «Mary mi ha organizzato una visita a domicilio e il medico mi ha mandato da un ginecologo per confermare la sua diagnosi.»

Aristo la guardò sorpreso. La mano con cui stava per prendere la bottiglia di birra rimase sospesa in aria per un attimo. Poi fece un lungo tiro alla sua sigaretta, osservandola a occhi stretti. Sembrava aver intuito cosa stava per dirgli e la sua espressione non proprio entusiasta la fece sentire insicura.

«Sono incinta, Aristo.»

La notizia lo lasciò senza parole. Era come impietrito. Si limitò a fissarla e a tirare nervosamente dalla sigaretta finché non ne restò che il mozzicone acceso tra le dita. La birra rimase intatta.

Maria pensava che sarebbe esploso di gioia e che le si sarebbe gettato ai piedi giurandole amore eterno. Neanche nel peggiore dei suoi incubi si sarebbe aspettata una reazione simile da lui. Possibile che non fosse felice per il loro futuro in tre? Forse lo turbava il fatto che lei non potesse risposarsi, almeno per la legge italiana? Cosa gli impediva di lasciarsi andare a un'irrefrenabile gioia?

«Aristo» mormorò Maria, chinandosi in avanti per prendergli la mano.

Lui si ritrasse. «Maria» disse alla fine «non si può fare. Non puoi avere un figlio da me. Non voglio.»

«Come, scusa?» Maria non capiva cosa intendesse dire.

«Io ho già due figli e mi bastano.» Aristo si alzò in piedi e cominciò a camminare su e giù per la stanza. «In realtà ho sempre voluto un figlio solo. Uno unico, capisci? Già quando Tina rimase incinta del secondo non ne fui particolarmente felice. Non volevo un altro figlio. Certo, nel frattempo le cose sono cambiate e ovviamente adesso adoro mia figlia. Ma di figli ne ho a sufficienza, non ne voglio un terzo.»

Un incubo, pensò Maria, *dev'essere un incubo.* Scosse la testa nella speranza di schiarirsi le idee, di svegliarsi. Ma non successe. Sentiva la voce di Aristo, eppure non riusciva a credere alle parole che le giungevano alle orecchie.

«Cercherò degli ottimi medici. Andremo in Svizzera, dove sono un po' più liberali in merito. Non ti accadrà niente, Maria. L'operazione sarà eseguita con i migliori...»

«Sei impazzito?» Maria balzò in piedi. «Come ti viene in mente di propormi un aborto? È una cosa incompatibile sia con la mia fede sia con il mio carattere. E poi ho sempre voluto un figlio. Io avrò questo bambino!»

«Ti prego, sii ragionevole...» iniziò lui.

«Io sono molto più ragionevole di te» gli urlò addosso Maria, fuori di sé.

«Cerca di capire, io ho più di cinquant'anni. Sarò un nonno, quando il tuo bambino avrà l'età dei miei due figli.»

«Il mio bambino?» A Maria si incrinò la voce. «È il nostro bambino. Nostro!»

I suoi occhi brillavano come tizzoni ardenti, mentre lo fissava attraverso le lenti dei suoi occhiali. Non poteva credere che l'uomo dolce e amorevole che aveva conosciuto in quel momento fosse tanto freddo. Le sue premure avevano una durata così breve? Il tempo di un pomeriggio passato a giocare in piscina con Alexander e Christina? Possibile che fosse solo una maschera che copriva in realtà uno sbruffone egoista e cattivo? Maria non sapeva se essere più sconvolta per il rifiuto del loro bambino, per la proposta di aborto o per aver scoperto la verità sulla persona di Aristo.

Congiunse le mani davanti al ventre. Di una cosa era certa: avrebbe messo al mondo suo figlio. A prescindere da cosa pretendeva Aristo. Lei non dipendeva da lui, almeno non dal punto di vista economico. E per tutto il resto, se lui non fosse rimasto al suo fianco, Maria si sarebbe rivolta a potenze superiori. La Santa Madre di Dio, alla quale doveva il suo nome, avrebbe fatto in modo che non le accadesse niente di male.

28

Parigi, 17 ottobre 1968

A suo tempo, dopo la separazione da Meneghini, Maria si era trincerata nel suo appartamento di Milano; stavolta invece, dopo la rottura con Aristo, cercava la vicinanza degli amici, sia ora a Parigi che prima nelle sconclusionate peregrinazioni attraverso l'America. Scrisse un'enorme quantità di lettere a tutte le persone che le erano care, soprattutto a quelle sparse per il mondo. Raccontava loro del suo desiderio di rifiorire, di accettare il suo destino e di tornare a vivere, confidava a chiunque volesse leggerla che si sentiva incredibilmente bene, considerate le circostanze, e ringraziava di cuore i suoi compagni di viaggio per esserle stati accanto.

Così facendo, riuscì a lasciarsi pian piano alle spalle la fase più acuta del dolore, anche perché l'arte richiedeva di nuovo le sue attenzioni: sembrava quasi che registi, produttori e direttori non aspettassero altro che si lasciasse con Onassis e tornasse libera di andare incontro alle esigenze del suo pubblico. La cassetta delle lettere traboccava ogni giorno di messaggi dal mondo dell'opera lirica, il telefono non smetteva mai di squillare e persino l'Opéra di Parigi la voleva per una nuova messa in scena della *Traviata*. Ma fioccavano anche le proposte per fare un film. Questo costante afflusso di richieste alleggeriva le giornate di Maria e anche le sue notti, che passava studiando ed esaminando i progetti e le proposte, come ad esempio il soggetto per la trasposizione cinematografica del mito di Medea di Pier Paolo Pasolini. Ancora una volta, Maria ebbe l'impressione che le due grandi passioni della sua vita, l'arte e l'amore, non potessero convivere e che in quel momento Aristo avesse passato il testimone e la musica lo avesse raccolto. Eppure Maria non era ancora del tutto sicura di essere pronta per questo nuovo inizio.

Ma una telefonata di Mary cambiò ogni cosa.

L'amica sembrava un po' affannata: «Sono a New York, qui è mattino presto e ho appena saputo una cosa dal *Boston Herald Traveler*. È meglio che te la dica il prima possibile, in modo che tu non debba trovarti impreparata alla selva di paparazzi che tornerà ad assediare la tua casa».

Maria lanciò istintivamente un'occhiata all'orologio sul ripiano dello studio. Si era appena alzata, dopo aver passato la notte a studiare un copione. In Europa era ora di pranzo, mentre da Mary erano da poco passate le sei di mattina. «Cos'è successo?» domandò preoccupata.

«Ti prego, siediti e rimani calma.» Mary sospirò, in sottofondo si sentiva il rumore di giornali sfogliati. Alla fine disse: «La prima pagina riporta da una fonte a quanto pare affidabile che Ari sposerà Jackie Kennedy entro la fine del mese. Il matrimonio sarà celebrato comunque entro Natale».

A Maria si oscurò la vista. Con la mano che non teneva la cornetta afferrò il bracciolo della poltrona su cui era seduta. «Speculazioni» mormorò, vergognandosi per la voce incrinata. «Sono solo speculazioni.»

«Mi dispiace tanto» rispose Mary affettuosa. «Vorrei non essere così lontana per poterti stringere tra le mie braccia.»

Maria rimase salda sulla convinzione che fosse una notizia falsa. «Il *Boston Herald* è solo un giornaletto scandalistico pieno di notizie d'assalto delle quali quasi nessuna corrisponde a verità.»

«A quanto pare questo giornaletto scandalistico ha ottimi contatti con Ted Kennedy.»

«Aristo ha sempre smentito queste voci» osservò Maria. «Sarà una bufala anche stavolta.»

Mentre parlava, si rendeva conto di dire delle sciocchezze. Ovviamente in passato lui aveva sempre affermato che con Jackie Kennedy erano solo amici. Quante volte glielo aveva sentito dire! A chi gli chiedeva se ci fosse un matrimonio in vista aveva sempre risposto dicendo di essere già sposato. Ma nessuno sapeva meglio di lei che non era vero. E nessuno conosceva le sue scuse meglio di lei.

Nell'ottobre del 1959 Tina gli aveva concesso il divorzio e dopo la validazione giuridica dell'accordo di separazione, sia lei che Aristo avrebbero potuto risposarsi. Per la sorpresa di tutti, Tina non era subito convolata a nozze con il suo amante Reinaldo, bensì due anni dopo con un esponente dell'alta aristocrazia inglese. Con grande disappunto dei due figli, che avevano sperato fino all'ultimo che un giorno i genitori sarebbero tornati insieme. Nel frattempo, Alexander e Christina rendevano la vita della loro "matrigna" un inferno. A Maria dispiaceva di non aver avuto con Onassis una famiglia completa come aveva sempre desiderato, ma d'altro canto sapeva anche che non esiste paradiso senza il suo serpente. Come se non bastasse, era ossessionata dal pensiero che Aristo non l'avesse mai portata all'altare perché il figlio una volta, durante una lite, gli aveva detto: «Se sposi la cantante, non mi rivedrai mai più». E Onassis sapeva bene quanto Maria che la minaccia non sarebbe rimasta vana.

Alle domande sulla data delle nozze che negli anni i giornalisti avevano continuato a fargli, Onassis un bel giorno aveva risposto stizzito con un: «Siamo già sposati», cosa che in un certo senso era vera, dato che di fatto convivevano come due coniugi. Ma senza un certificato di matrimonio, visto che neanche Meneghini aveva mai smesso di boicottare la felicità della sua ex moglie. Un anno e mezzo dopo il processo di Brescia aveva fatto ricorso contro la sentenza del giudice e richiesto l'annullamento della separazione. Non era la prima volta che aveva difficoltà a liberarsi dell'ex marito, ma almeno dal punto di vista del vincolo legale del matrimonio, Maria non aveva alcuna intenzione di fare marcia indietro. Per ottenere l'annullamento definitivo dovettero ricorrere a uno stratagemma legale che le costò anni di tempo e soprattutto la cittadinanza americana, alla quale fu costretta a rinunciare per prendere quella greca. A quel punto lei e Onassis avrebbero potuto sposarsi, perché la chiesa ortodossa permetteva esplicitamente i secondi matrimoni. Ma il desiderio di Maria non si avverò mai. Anzi, dovette continuare a combattere contro l'ostilità di Alexander e Christina, ormai adolescenti. Dato che la madre stava ancora insieme al Duca di Marlborough, avevano ormai rinunciato all'idea di veder tornare insieme i genitori, ma entrambi non avevano dubbi su chi fosse la colpevole di quella separazione.

«Maria...» la voce di Mary la strappò dai suoi pensieri «Maria, ti prego, preparati all'idea che questo matrimonio ci sarà. Se non ne fossi ragionevolmente certa, non ti avrei chiamata.»

Maria, ancora persa nei ricordi nonché ferita e turbata dalla notizia, si sentiva come in *trance*, in balìa della paura e del panico.

«Me ne farò una ragione» rispose fiacca.

«*Darling*, sono preoccupata per te. Ti prego, resisti!»

Poi, a un tratto, la Callas iniziò a farsi strada in Maria: la sua forza, la sua resistenza, la sua ostinazione. Con Mary ovviamente poteva essere sincera; erano poche le persone con le quali era in grado di confidarsi con tanta schiettezza. Ma in quel momento Maria voleva dimostrare a se stessa quanto potesse essere forte la Callas. Per cui rispose: «Mi sono liberata da un incubo, chiamato amore, che è stato devastante sotto ogni punto di vista. D'ora in poi prendo la vita come viene. Questo è il mio destino».

«*Mmm*» fece Mary. L'amica sembrava capirla meglio di quanto avrebbe desiderato.

Maria cambiò argomento e le chiese, sforzandosi di sfoderare un tono allegro: «Come stanno i tuoi bambini?».

* * *

Dopo la telefonata con l'amica, Maria prese a camminare avanti e indietro nello studio. Poi mise su un disco preso a caso dallo scaffale. Era una registrazione degli anni Cinquanta dell'opera *La sonnambula* di Bellini diretta da Leonard Bernstein in cui lei cantava il ruolo principale, Amina. Una storia di amore, gelosia, tradimento e matrimonio. Una delle poche opere che non finiva con morti e omicidi. L'aria "Ah! Non credea mirarti!" era una delle dichiarazioni d'amore più belle che Maria avesse mai intonato su un palcoscenico. Ma in quel momento non era certo l'aria giusta per risollevarle l'umore. Lacrime mute le rigarono il volto. Era commossa per la musica e per la consapevolezza che non avrebbe mai vissuto il lieto fine di Amina. Nella sua realtà, l'amato sposava un'altra donna e lei non poteva farci niente.

Quando la sera accese la TV per vedere il telegiornale non aveva solo il cuore a pezzi, ma anche gli occhi arrossati e gonfi per il lungo pianto e il suo umore era talmente nero da non riuscire neanche a coccolare il suo barboncino. Nello stato in cui era, le uniche cose che avrebbero potuto aiutarla erano il vino rosso e i tranquillanti. Non avendo mangiato niente tutto il giorno, poteva tranquillamente bere un bicchiere in più senza doversi preoccupare delle calorie. Ma poi pensò anche che non gliene importava niente di diventare una matrona. Onassis non l'avrebbe più vista nuda, non avrebbe più sfiorato con le labbra le linee del suo corpo, scoprendo che gli esercizi di canto le avevano scolpito degli addominali di marmo. Anzi, non l'avrebbe mai più vista neanche vestita.

L'immagine in bianco e nero di TF1 riempì lo schermo, il volume era talmente basso che non si udiva altro che un mormorio indistinto. Maria decise che si sarebbe dedicata alle notizie solo dopo aver chiesto un bicchiere di vino ai domestici. Era improbabile che i reportage dei bombardamenti nel Vietnam del nord le avrebbero tirato su il morale e comunque li avrebbe sopportati molto meglio con un buon bordeaux.

Bussarono alla porta.

Maria sollevò la testa sorpresa. Possibile che Bruna o Ferruccio avessero iniziato a leggerle nel pensiero? «Sì?»

Alla porta comparve il fidato maggiordomo. «Mi perdoni, signora, c'è una chiamata per lei dall'America. Un giornalista del *New York Times* vorrebbe una sua dichiarazione circa...» Deglutì, prima di ricominciare: «Vorrebbe una dichiarazione circa l'imminente matrimonio del signor Onassis con la signora Kennedy».

Era già passato il giorno che Maria considerava il più brutto della sua vita. Non avrebbe mai pensato che ci sarebbe stato di peggio.

Maria fece un respiro profondo. «Nessuna dichiarazione. Io non rilascio dichiarazioni sui matrimoni altrui. La prego di riferire questo messaggio, Ferruccio. E mi porti una bottiglia di vino rosso.» Un bicchiere non sarebbe bastato a perdere i sensi, a smettere di sentire, a smettere di provare qualsiasi sensazione.

«Benissimo, signora. La informo anche che c'è un gruppo di giornalisti che la aspetta in strada. A quanto pare, stanno assediando l'ingresso.»

«Grazie. Di sicuro non ho più intenzione di uscire, oggi.»

In quello stesso istante sullo schermo tremolarono due immagini. Una ritraeva Jacqueline Kennedy, l'altra Ari Onassis. Maria si avvicinò al televisore con un balzo. Mise il volume al massimo, neanche dovesse studiare la qualità del suono di una nuova registrazione musicale. Le parole del conduttore riecheggiarono per tutta la stanza: «Ci è appena giunto da New York un comunicato stampa di Nancy Tuckerman, la segretaria personale di Jacqueline Bouvier Kennedy. Nel comunicato si annuncia il fidanzamento della vedova del presidente con l'armatore greco Aristotele Onassis. Luogo e data del matrimonio non sono stati ancora resi noti, ma dovrebbe svolgersi già nelle prossime settimane».

Seguì una ripresa della conferenza stampa della verbosa segretaria che annunciava le imminenti nozze a nome della madre della sposa, secondo la vecchia tradizione.

Ridicolo!, fu il primo pensiero di Maria. *Antiquato e ridicolo.*

Onassis non era più un giovane sposino e Jackie Kennedy era madre di due figli. Che anche in questo caso, come con le coppie giovani, si attenessero alla tradizione nobiliare secondo cui era la madre della sposa ad annunciare il matrimonio a Maria sembrò un gesto artificioso e niente affatto raffinato come pretendeva di essere. Alla TV erano passati a discutere sui figli della Kennedy: la figlia Caroline aveva undici anni, mentre John Jr. ne avrebbe compiuti a breve otto. Maria notò che i due orfani avevano la stessa età di Alexander e Christina quando lei era entrata nella vita di Aristo. Cosa sarebbe successo ora? Aristo avrebbe assunto il ruolo di padre, per loro? Maria si sorprese a chiedersi cosa pensassero i figli di Aristo della nuova donna al fianco del padre. Di certo non ne erano entusiasti. Alexander, ormai ventenne, avrebbe fatto il diavolo a quattro, mentre sua sorella tendeva ad avere reazioni più misurate, anche se non proprio gentili. E se invece i due fratelli si ritenessero comunque soddisfatti per l'uscita di scena della cantante alla quale imputavano la colpa per la separazione dei genitori? Possibile che Jackie, con i suoi figli più piccoli, venisse quanto meno tollerata dai due?

I bambini sono una grande gioia, pensò Maria. *La gioia più grande di tutte.* Ma Aristo ormai aveva sessantadue anni e sarebbe potuto essere il nonno di Caroline e John Jr. Che farsa!

29

Parigi, 18 ottobre 1968

Maria si svegliò con un mal di testa lancinante. Aveva lo stomaco in subbuglio e un senso di nausea che le saliva fino in gola. *Troppo vino rosso*, pensò tirandosi la mascherina sugli occhi. Preferì non ricordare nemmeno la quantità di pillole che aveva preso. Era quasi un miracolo che si fosse risvegliata viva nel suo letto, anziché all'Ospedale Americano con lo stomaco svuotato dalla lavanda gastrica.

Si girò a fatica su un fianco e tirò la cordicella che pendeva sul suo comodino. Le sarebbe stato impossibile alzarsi per andare a chiamare Bruna, ma la governante sarebbe senz'altro accorsa al suono del campanello.

Forse si sarebbe sentita meglio dopo un bagno? Magari annegare sarebbe stata la soluzione. Maria scoppiò in una risata amara. Lei, che aveva superato ogni tormenta sul *Christina* senza il minimo accenno di mal di mare, non sarebbe di certo affogata. Almeno non in una vasca da bagno. Una vera e propria moglie di marinaio. Al pensiero che quel ruolo sarebbe spettato a un'altra donna, strinse le mascelle talmente forte da far digrignare i denti. Le sfuggì un grido pietoso da animale ferito a morte.

Quando comparve Bruna, Maria le chiese un caffè. «E mi procuri tutti i quotidiani che riesce a trovare, anche quelli internazionali. Anzi, soprattutto quelli.»

Sapeva che leggere cosa scriveva la stampa circa l'annuncio delle nozze tra Jacqueline Kennedy e Onassis era un'idea stupida, ma Maria provava un'attrazione quasi magica per le brutte notizie.

Da un punto di vista più razionale, invece, voleva prepararsi alle domande dei paparazzi, che prima o poi l'avrebbero scovata. Non poteva certo nascondersi per sempre nel suo appartamento.

Dopo un po' che Bruna le aveva servito il caffè, si presentò Ferruccio con una pila di giornali comprati all'edicola del Trocadéro, dove vendevano la stampa americana, italiana e greca. Seguì le indicazioni di Maria e posò i quotidiani accanto al letto con espressione preoccupata. Poi si ritirò in silenzio.

Maria si chinò per prendere il primo quotidiano della pila, cosa che si rivelò un errore, perché nel compiere quel movimento la sua testa iniziò a pulsare, fu assalita dalle vertigini e le si annebbiò la vista sebbene avesse gli occhiali. Ma nonostante tutto, riuscì a vedere con fin troppa chiarezza le immagini dei due protagonisti del giorno prima che le sorridevano dalle prime pagine. Le nozze imminenti erano la grande notizia della stampa internazionale.

Maria cercò di controllarsi e passò in rassegna un giornale dopo l'altro. Più o meno tutti gli articoli dicevano la stessa cosa. Citavano il comunicato stampa di Nancy Tuckerman e una dichiarazione di Onassis raccolta da un giornalista nel foyer dell'Hotel Grand Bretagne di Atene. Aristo confermava la sua intenzione di sposare la vedova del presidente e aggiungeva anche che lei aveva accettato la sua proposta per telefono.

A Maria sfuggì una risatina sarcastica. Nel corso della loro storia Aristo, nonostante i suoi innumerevoli errori, era sempre rimasto molto romantico, una persona emotiva e sensibile… E uno come lui avrebbe fatto una proposta di matrimonio al telefono? Che… miserabile. «Sì, miserabile» disse Maria a voce alta, contenta di aver trovato la giusta definizione per lo scenario.

Sul *New York Times* lesse: *Ieri sera Miss Callas, che nel frattempo vive a Parigi, si è rifiutata di rilasciare una dichiarazione circa l'annuncio delle nozze.*

Bene così, pensò soddisfatta.

Sul giornale greco *Naftemporiki*, il quotidiano di Atene, trovò un comunicato stampa della sorella maggiore di Aristo. A quanto pareva, nel tardo pomeriggio o nella serata del giorno prima Artemis aveva reso noto da Glyfada che il matrimonio si sarebbe svolto a Skorpios e che la famiglia Onassis era felicissima della notizia.

Kokoromiali, fu il suo primo pensiero. Stupida gallina.

Artemis non l'aveva mai davvero accettata. In effetti, doveva immaginarsi che la sorella di Aristo avrebbe preso sfacciatamente le parti della nuova cognata. Anche Tina, con la sua famiglia di grandi armatori, aveva soddisfatto le aspettative sociali di Artemis e la vedova di un presidente americano, oltretutto di un'ottima famiglia di Boston, non era certo da meno. Una cantante, invece, seppure la più famosa al mondo, restava pur sempre un'artista, una persona che calcava un palcoscenico per intrattenere gli altri, nessuno che potesse garantire il prestigio sociale al quale aspirava Artemis.

Per la prima volta dopo il suo rientro da New York, Maria provò di nuovo il desiderio di vendicarsi su Onassis e di conseguenza su tutta la sua famiglia. O almeno su Artemis, che si faceva portabandiera del perbenismo mentre il suo adorabile marito rincorreva le donne di tutto il vicinato come un cane con le cagne in calore. Maria era stata parte di quella famiglia abbastanza a lungo da conoscerne tutti i lati oscuri.

Il telefono sul suo comodino squillò. Se Ferruccio le aveva passato la chiamata, significava che era privata. Perciò Maria sollevò la cornetta e la portò all'orecchio.

«Sì?»

Si udì un fruscio. Poi risuonò una voce familiare e profonda: «Maria, sono Ari. Ho bisogno del tuo aiuto!».

La stanza intorno a lei si mise a girare. Maria aprì e richiuse la bocca senza riuscire a emettere suoni.

«Sì?» fu l'unica parola che riuscì a pronunciare con le labbra che erano diventate completamente secche.

«Ti prego, vieni subito ad Atene. Devi salvarmi!»

Maria non aveva la più pallida idea di cosa volesse da lei, ma il suono della sua voce le entrava fin dentro le viscere.

Non ricevendo risposta, Aristo si affrettò ad aggiungere: «Ti prego, non riattaccare!».

«No» si sentì rispondere Maria con sua stessa sorpresa, pur sapendo benissimo che quella conversazione doveva essere interrotta subito. Era la ragione a imporglielo. Ma il suo cuore voleva solo parlare con Aristo e non smettere mai più.

Alla fine ritrovò la voce: «No. Non riattaccherò. Ti ascolto».

«Ho fatto un errore» sbottò Aristo. «Tu sapevi che era un errore, ma io non ti ho dato ascolto. Sono stato raggirato...»

Maria non poté fare a meno di scoppiare in una sonora risata. Era inimmaginabile che un uomo d'affari esperto come Aristotele Onassis si fosse fatto fregare. E se davvero era successo, era la cosa più divertente che avesse mai sentito.

Aristo ignorò la sua soddisfazione e continuò: «Avevo tutta la famiglia Kennedy alle calcagna, compresi i loro avvocati di New York. Costa Gatsos può confermartelo. Sono qui che mi dimeno come un pesce nella rete ordita da Jackie e Ted Kennedy. Ma adesso si sono spinti troppo oltre. I Kennedy hanno informato i giornali prima che Jackie ne parlasse con me. Cosa c'entro io con questo matrimonio di cui parla tutto il mondo? Io non lo voglio».

Era autocommiserazione quella che traspariva dalle sue parole? O stava cercando una scusa per il suo comportamento? L'una e l'altra cosa. Maria calcolò mentalmente da quanto tempo aspettava un suo ripensamento. Quasi tre mesi. Un quarto di anno. Era molto tempo. Non aveva ancora superato del tutto il dolore per la separazione, ma aveva in qualche modo superato lo choc che tutto questo le aveva causato. Davvero doveva lasciare che ricominciasse tutto da capo? *Sì, sì, sì!*

Nonostante tutte le cose che avrebbe voluto dirgli, si limitò a osservare: «Non pensi che dovresti parlarne con la signora Kennedy? Io non posso fare molto per annullare il tuo matrimonio».

«Io voglio proteggerla, Maria. È la madre di due bambini piccoli. Caroline e John-John non devono vivere lo scandalo che ho inflitto ai miei figli. Non posso farlo.»

«Allora che cosa vuoi?»

«Vorrei che tu venissi subito ad Atene. Se Jackie ti vede qui, andrà su tutte le furie e se ne tornerà in America all'istante. In questo modo il fidanzamento andrebbe a monte.» Se prima il suo tono le era parso frenetico, adesso era quello autoritario e sicuro di sé che usava sempre nelle trattative commerciali. Doveva essere entusiasta del piano che aveva ideato.

Maria notò che non aveva mai menzionato il fatto di voler tornare insieme a lei. Di fatto aveva bisogno di lei, ma non le aveva chiesto scusa, né sembrava dispiaciuto per ciò che le aveva fatto. I suoi unici pensieri erano la reputazione della Kennedy e proteggere i suoi poveri bambini, cosa che portò allo stremo persino la pazienza di Maria nei suoi confronti. Come poteva farle anche questo?

«Dovrei essere il tuo cavallo di Troia?» chiese con voce improvvisamente stridula. «Non ci penso nemmeno. Ti ci sei messo da solo in questa situazione, e da solo devi tirartene fuori!»

Prima che lui potesse rispondere qualcosa, Maria spinse giù la forcella del telefono. Sollevarsi per appoggiare la cornetta avrebbe richiesto troppo tempo e probabilmente sarebbe bastato anche solo un altro istante al telefono con Aristo per farle cambiare idea. Eppure l'averlo respinto non le dava alcuna sensazione di trionfo, provava solo rabbia e una tristezza infinita.

Con le ultime forze che rimanevano scese dal letto, ogni movimento le procurava una fitta come se avesse decine di coltelli conficcati nella testa. Ma la rabbia che provava le dava l'energia di una furia, quella stessa furia che tante volte aveva interpretato come Medea o anche dietro le quinte dei teatri, quando le capitava di perdere la pazienza. Prese in mano il telefono e lo tirò a sé fino a strappare il filo dal muro, un'operazione che richiese un bel po' di tempo perché il cavo era ben saldo nella presa. Non le importava né dei cortocircuiti, né della possibilità di prendere la scossa. Non successe nessuna delle due cose. Maria fece volare il telefono all'altro angolo della camera da letto, dove si schiantò a terra con un rumore di ferraglia.

Poi tornò a letto. Con sua grande sorpresa, però, si rese conto che non stava affatto piangendo.

* * *

Non sapeva da quanto tempo fosse lì sdraiata cercando invano di non pensare. Era assalita da troppi ricordi e la cosa che più la turbava era proprio il riguardo dimostrato da Aristo per il fatto che la Kennedy aveva due figli. Una possibile spiegazione al suo atteggiamento era la profonda venerazione per Maria, la madre di Dio, all'interno della chiesa greco-ortodossa. In più Aristo aveva perso sua madre in giovane età e da quando si era separato dalla madre dei suoi figli aveva dovuto sopportare aspri conflitti con questi ultimi. E anche lui aveva vissuto la morte del bimbo che Maria non avrebbe mai dimenticato.

Bussarono alla porta. «Signora Callas» disse il maggiordomo «c'è una telefonata per lei. Non so perché, ma non sono riuscito a passargliela direttamente in camera. La sua linea risulta sempre occupata. È la terza volta che il signor Burton la chiama dall'Hôtel Plaza Athénée.»

Maria si portò una mano sulla fronte dolorante. Le sue dita erano fredde e la pelle sotto scottava. Si massaggiò lo zigomo, ma non riuscì a schiarirsi le idee.

«Burton? Quale signor Burton?»

«Il signor Richard Burton. L'attore.»

Ovviamente sapeva chi era. Richard Burton e sua moglie Elizabeth Taylor non erano solo i vicini di Aristo al The Pierre di New York, ma erano anche stati ospiti sul *Christina* quando Maria aveva ancora il suo posto al fianco di Aristo. Burton le era sempre stato simpatico, le piaceva il suo charme britannico.

«Gli dica che arrivo subito» rispose, pur non avendo ancora idea di come scendere dal letto senza farsi scoppiare la testa e trascinarsi fino al telefono nel suo studio.

Sorprendentemente ci riuscì al primo tentativo. Si

buttò la vestaglia sulle spalle e si incamminò verso il suo studio, soffermandosi a guardare la sua immagine riflessa allo specchio e spaventandosi per quello che vide. Le venne la nausea, forse per il suo aspetto, o forse per le sue condizioni. Afferrò esitante la cornetta che Ferruccio le tendeva.

«Maria Callas» disse.

«Sono Richard» rispose la voce all'altro capo del telefono. «Ti chiamo perché immagino che potresti apprezzare un po' di distrazione.»

Aveva letto i giornali. E magari anche visto i notiziari in TV. E che c'era di strano? Nel frattempo tutto il mondo doveva aver saputo che Aristotele Onassis stava per sposare la Kennedy. E non la Callas. La sua nausea si fece più acuta. Aveva urgente bisogno di un tranquillante.

«Be', ho tante cose da fare» sospirò.

«Ma forse riesci comunque a liberarti per domani sera. Ho chiesto a Rex Harrison di invitarti alla *première* del suo nuovo film. Ti verrà recapitato il biglietto a casa, più tardi. Si tratta dell'adattamento cinematografico della commedia *La pulce nell'orecchio*, è buffa, ci divertiremo. Dopo la proiezione ci sarà la solita festa da *première* e poi ce ne andremo tutti da Maxim's. Che ne dici? Vieni?»

La proposta di Richard Burton la allettava, ma non si sentiva pronta per presenziare a un evento di quella portata. Non da sola. Non senza l'uomo che aveva amato così tanto. Non con la consapevolezza che Dio e il mondo intero sapevano chi voleva sposare Aristo.

Poi però pensò che nessuna donna doveva essere più famosa della Diva Assoluta.

«Sì, io...» rispose esitante.

E lui la interruppe allegro: «Fatti bella, Maria. Domani sera hai il permesso di essere anche più bella di Liz. Lumpy non avrà niente in contrario.»

Maria rise. E non tanto per il buffo soprannome di Elizabeth Taylor – che significava qualcosa come "cicciottella" – quanto per il sollievo di sapere che esistevano anche persone che si rifiutavano di schierarsi con Mrs. Kennedy. Non importava cosa avrebbe deciso di fare Aristo e se il matrimonio alla fine ci sarebbe stato davvero, Maria aveva amici famosi che stavano dalla sua parte. Qualcuno che aveva buone intenzioni nei suoi confronti. Ed era giunto il momento di dimostrarlo al mondo intero. Di far vedere ad Aristo a cosa aveva sconsideratamente rinunciato.

30

Parigi, 21 ottobre 1968

La Callas era tornata. Bella. Raggiante. Maestosa. Stimata. Camminava come sulle nuvole.

Le ci erano volute ventiquattr'ore per tornare in forma dal punto di vista estetico. Non poteva dire la stessa cosa del suo cuore infranto e della sua anima spezzata, ma non per niente era un'attrice. Per cui, al Théâtre Marigny sugli Champs-Elysées prima e da Maxim's poi, aveva recitato il ruolo di tutta la sua vita. Alla *première* di *Una pulce nell'orecchio* era stata come il proverbiale elefante nella stanza. Nessuno degli altri ospiti le aveva parlato delle nozze imminenti, nonostante ne fossero tutti a conoscenza. Dopo la proiezione aveva bevuto, ballato e festeggiato come se nulla fosse, cosa che le era costata uno sforzo paragonabile a quello di cantare un'intera opera dall'inizio alla fine. Non avrebbe saputo dire cosa fosse più faticoso.

La stampa le si era gettata addosso. Sul tappeto rosso illuminato dai riflettori, la pioggia di flash non aveva avuto il suo solito effetto spaventoso, ma Maria aveva comunque dovuto strizzare gli occhi da quanto era abbagliante la luce. I giornalisti l'avevano riempita di domande sull'imminente matrimonio, ma lei si era preparata le risposte, aveva studiato la sua parte.

Aveva replicato con voce posata e sfoderando il suo miglior sorriso: «L'ho saputo tempo fa, Onassis me l'ha raccontato. Per quanto mi riguarda, io sono felice e mi fa sempre piacere sapere che lo sono anche gli altri».

Dopo, durante la proiezione e nell'oscurità della sala cinematografica, era finalmente riuscita a rilassarsi.

Nel frattempo non credeva più in quel matrimonio. Aristo al telefono le era sembrato così affranto e risoluto allo stesso tempo, che era sicura che avrebbe fatto saltare le nozze. Nei novanta minuti di pace che aveva avuto, si era chiesta cosa fare se si fosse fatto vivo di nuovo, anche se conosceva già la risposta. Nonostante tutto ciò che era successo. Lei lo amava. Lo avrebbe perdonato. E più ci rifletteva, più grande si faceva in lei la speranza.

Durante il resto della serata, la Callas non dovette fare troppo sforzo per godersi la festa.

Due giorni dopo le sue foto avevano fatto il giro della stampa mondiale. E il giorno seguente pubblicarono con enfasi ancora maggiore le immagini di Jacqueline Kennedy e Aristotele Onassis che uscivano dalla cappella di Skorpios da novelli sposi.

Arrivano sempre dei giorni peggiori di tutti i precedenti, pensò Maria.

31

Milano, 30 marzo 1960

Aveva sognato sua madre.

L'ultima volta che l'aveva vista era stato dieci anni prima. Maria cantava Aida *a Città del Messico e aveva invitato Evangelia. Ovviamente le aveva pagato sia il volo da New York che il soggiorno in hotel, una spesa di cui valeva la pena ogni centesimo pur di dimostrare a sua madre che soprano di successo era diventata. Durante la tournée in Sudamerica la Callas era stata portata in trionfo ed Evangelia avrebbe assistito alle acclamazioni e sarebbe stata fiera di Maria, finalmente soddisfatta dell'operato della sua figlia minore. Ma come in Maria era radicato il desiderio di riconoscimento da parte della madre, ugualmente Evangelia non poteva in nessun modo rinunciare al suo amore sviscerato per Iakinthi. Era tutto come prima: qualunque cosa facesse Maria, non era mai abbastanza. Per quanto la stampa avesse osannato la sua esibizione, Evangelia vi trovò da ridire. Volle cambiare la pelliccia che Maria le aveva regalato con due stole di visone, in modo che ricevesse un pensierino anche la sorella maggiore. Poi pretese che Maria cedesse uno dei suoi anelli di diamanti a Iakinthi; in fin dei conti Meneghini gliene aveva regalati due e a lei non ne serviva più di uno.*

In nessun luogo si sentiva al sicuro da Evangelia. La madre sembrava perseguitarla anche nella casa in Svizzera che lei e Aristo volevano comprare. Era il loro "Progetto svizzero", come lo chiamava lei: una bella dimora tra i monti punteggiati di laghi che sarebbe stato il nido della loro futura famiglia. Aristo aveva detto che la Svizzera era il posto più sicuro per crescere un bambino. Il loro bambino. Ma poi era comparsa sua madre, la nonna del bambino, e aveva rovinato tutto...

«Maria!»

Nonostante non si parlassero da dieci anni, Maria seppe subito che quella non era la voce di sua madre. Il tono non era quello che aveva impresso nella mente, eppure le suonava familiare.

«Signora Lengrini, si svegli, la prego!»

Quel nome sconosciuto la riportò alla realtà. Il ricordo della madre era stato solo un sogno. Un sogno orribile e terribilmente reale. Sono cose che succedono sotto anestesia. Si sentiva spossata e insonnolita, faceva fatica a tenere gli occhi aperti, ma le era tornato in mente dove si trovava e perché.

Aveva male alle labbra e la gola secca. Ma nonostante tutto riuscì a formulare l'unica domanda che in quel momento le stava a cuore: «Come sta il mio bambino?».

«Il dottor Palmieri sarà qui a momenti» rispose la voce femminile che l'aveva chiamata con lo pseudonimo.

Di certo il suo medico voleva darle la buona notizia di persona, anziché delegare un'infermiera che non era neanche stata ufficialmente informata della vera identità di Maria, anche se probabilmente l'aveva riconosciuta lo stesso. Maria si sentiva tranquillizzata dal fatto che si attenesse alle regole e all'utilizzo del nome falso.

Si era registrata alla clinica privata Dezza come "Maria Lengrini", una precauzione per evitare di attirare l'attenzione. Non era solo la stampa a dover restare all'oscuro di quella nascita: neanche Meneghini doveva venire a sapere da chissà quale canale della gravidanza di Maria, per evitare che avanzasse qualche pretesa su un bambino che non poteva in nessun modo essere suo. Inoltre il divorzio di Aristo non era ancora legalmente valido, per cui era meglio che neanche Tina fosse informata.

Maria da parte sua era stata brava a mantenere il segreto. Ovviamente non aveva potuto, né voluto, nascondere i cambiamenti nella sua persona e nel suo fisico a Bruna e Ferruccio, ma Aristo e i due domestici erano le uniche persone al mondo a condividere con lei la più grande gioia della sua esistenza. Avendo smesso di esibirsi in pubblico dall'autunno e non essendo più stata su un palcoscenico da allora, nessuno si era accorto della creatura che le cresceva in grembo. Rinunciò a cantare *Medea* a Parigi, e allo stesso ruolo al Covent Garden e alla Scala. Per una volta nella vita voleva concentrarsi esclusivamente sulla sua vita privata, non desiderava altro che essere una donna e diventare madre.

Dopo un po' anche Aristo si era riavuto dallo choc di una nuova paternità e insieme a Maria aveva iniziato a fare progetti per il nascituro. Certo, aveva messo in chiaro da subito che Alexander rimaneva il suo unico erede, ma le assicurò che avrebbe dato a questo nuovo figlio la stessa tranquillità economica della sua secondogenita. Non solo: promise a Maria che sarebbe stato presente nell'educazione del loro bambino e propose di comprare una casa in Svizzera dove farlo crescere. Il loro bambino. Maria era sicurissima che avrebbe donato ad Aristo un figlio maschio. Insieme, avevano scelto un nome: Homeros, come lo zio di Aristo. Anche Alexander portava il nome di uno zio e poi Homeros si traduceva bene in italiano, per quanto in Italia fosse poco diffuso.

Maria ripensò al modo in cui avevano disegnato il futuro. Il loro futuro. Era incredibile il ritmo al quale era cambiata la sua vita in un solo anno: il ritmo rapido e gioioso di un Allegro in un brano musicale. Al ricordo degli ultimi mesi si sentì pervadere da una sensazione di benessere. Ma poi la spossatezza ebbe di nuovo il sopravvento. Voleva dormire, solo dormire…

«Signora Callas!» Stavolta non c'erano dubbi che fosse il dottor Palmieri.

Non lo aveva sentito arrivare, tanto era assorta nei suoi pensieri. Era in piedi accanto al suo letto, sempre che non stesse di nuovo sognando. Maria aprì gli occhi, ma senza occhiali non riuscì a mettere a fuoco l'espressione sul suo volto.

«Come sta il mio bambino?» Ogni parola le graffiava la gola.

«Purtroppo devo comunicarle…» il dottor Palmieri si

interruppe, esitò qualche istante, prima di riprendere: «Signora Callas, mi dispiace molto, ma suo figlio è morto. È sopravvissuto solo due ore. I suoi polmoni non funzionavano».

Un incubo. Era ancora confusa dall'anestesia. Si ricordava distintamente della sua paura del parto naturale, che l'aveva spinta a chiedere al medico di procedere con un cesareo, così come ricordava di aver inventato il nome Lengrini per l'accettazione in ospedale. Anche l'appuntamento concordato col dottore per far nascere il bambino all'ottavo mese le era sembrata una buona idea. Così Aristo avrebbe avuto la sorpresa al suo rientro dalla crociera alle Canarie con Winston Churchill. Aveva pianificato tutto alla perfezione…

«Signora Callas, ha sentito cosa le ho detto?»

Maria si mosse appena e sentì un dolore diffuso al basso ventre. Poi sentì una mano forte chiudersi sulle sue dita. Non si era neanche accorta di avere le mani giunte sul lenzuolo. *Come una moribonda*, pensò.

«Mi dispiace davvero» le assicurò il dottor Palmieri. «La nostra clinica non è attrezzata per questo genere di emergenze, ma abbiamo fatto comunque tutto il possibile. Suo figlio è stato messo su un'ambulanza per andare in un centro pediatrico specializzato, ma era troppo tardi.»

Maria faceva una fatica immensa a decifrare le frasi del medico. Frasi che si concatenavano l'una all'altra, ma il cui contenuto le era comprensibile solo un frammento alla volta. Il suo cervello andava a rilento, era come paralizzato. Capì cos'era successo solo dopo aver visto Bruna che le teneva la mano. La sua governante e confidente era seduta al suo capezzale con il volto rigato di lacrime.

«Omero è morto?» Una domanda, una constatazione e un grido allo stesso tempo.

«Mi dispiace moltissimo» ripeté il medico.

Maria vide tutto nero. Il letto d'ospedale si mise a girare come una giostra. Maria provò a cercare un appiglio in Bruna, ma si sentiva precipitare in un pozzo oscuro. Poi trovò salvezza nella perdita dei sensi.

* * *

Tubi che le trasportavano farmaci nelle vene per tenerla in vita. Il medico e le infermiere che si occupavano di lei con silente apprensione. Bruna, che stava lì giorno e notte senza lasciarla praticamente mai. Maria si sentiva come prigioniera in una bolla di vuoto. La difficile operazione aveva messo a dura prova il suo corpo e la morte del figlio l'aveva fatta precipitare in un abisso. Era giunto il momento di lasciar andare tutto e congedarsi per sempre da questo mondo? Voleva piangere, ma non ci riusciva. Voleva pregare, ma non trovava accesso a Dio. In realtà non era più in grado neanche di pensare.

Al momento del ricovero in clinica aveva richiesto un allaccio telefonico nella stanza, ma dopo ciò che era successo si era completamente dimenticata dell'apparecchio sul suo comodino, motivo per cui l'improvviso e stridulo squillo la fece sobbalzare, strappandola al suo alternarsi di indolenza, dolore infinito e intima disperazione. Scosse la testa senza dire niente.

Al terzo squillo, rispose Bruna. «Sì, pronto?» Poi la sua voce, inizialmente dura, cambiò e si fece più morbida: «Sì, signor Onassis. È qui. Gliela passo». Le tese la cornetta senza dire niente.

«Maria, cos'è successo?» Lei percepì la preoccupazione nella voce di Aristo, in mezzo ai fruscii tipici delle telefonate via radio in mare aperto. «Ho provato a chiamarti a casa, ma Ferruccio mi ha dato questo numero. Come stai?»

A quanto pareva Aristo era in navigazione e non su qualche isola. Lo immaginò nella sala radio, che nel frattempo era diventata così familiare anche a lei, magari in compagnia del capitano. Probabilmente il suo amato stava passando delle belle giornate a bordo del *Christina*. E adesso anche sul suo viaggio sarebbe calata quella stessa ombra. Per un istante rifletté sulla possibilità di non dirglielo. Ma lui insistette: «Maria, perché sei in ospedale? Dimmelo!».

«Nostro figlio è morto poco dopo essere nato» disse lei. Ognuna di quelle parole le costò uno sforzo enorme e non solo perché il loro contenuto l'aveva quasi uccisa. Dopo l'operazione non poteva bere niente, aveva la gola secca e piagata, la voce ridotta a un flebile rantolo.

Silenzio. Fruscio.

Temendo che non avesse capito, Maria ci provò ancora una volta: «Homeros è morto. Ha vissuto solo due ore. Aristo, Alexander rimarrà il tuo unico figlio.»

Sembrò che la linea fosse disturbata. Poi udì un sospiro profondo e comprese che quello che sentiva era un debole singhiozzo. Aristo stava piangendo.

In quell'istante anche le lacrime prigioniere nei suoi occhi riuscirono a sciogliersi.

Strinse la cornetta del telefono come se fosse la sua mano e insieme al suo amato pianse per ciò che avevano perso.

32

Parigi, ottobre 1968

La notizia del matrimonio di Onassis cambiò ogni cosa. Maria si sentiva scossa nel profondo. Non tanto per la gelosia, quanto per la delusione. Non solo Aristo aveva evitato di dirle che voleva davvero sposare Jacqueline Kennedy, ma le aveva mentito spudoratamente. A pensarci bene era stata proprio la sua telefonata da Atene a infliggerle il colpo più doloroso. Ma nonostante tutto, lei non cadde. Vacillò ma non cadde. Al contrario: per lei era giunto il momento della vendetta.

Mentre il mondo intero seguiva la coppia apparentemente felice trascorrere la luna di miele a bordo del *Christina*, Maria era tormentata da una tempesta di sentimenti. Quando raggiunse il culmine della rabbia, alzò il telefono e chiamò Mary a Dallas.

Le due amiche chiacchierarono del più e del meno, e naturalmente anche del matrimonio di Onassis, finché Maria non inserì nella conversazione una frase buttata lì quasi per caso, ma in realtà ben ponderata: «Sarebbe tutto più facile da sopportare per me, se non ci fosse stato l'aborto».

Mary era esterrefatta. «Cosa? Quale aborto?»

«Non te ne ho mai parlato?» Maria sembrava indignata per la sua dimenticanza. «Be'... Sì, è una cosa che ho cercato di rimuovere a lungo, perché era troppo dolorosa per me.» Poi inspirò profondamente e sentenziò con voce vibrante: «Aristo mi ha costretto ad abortire. Un paio di anni fa. Non voleva avere altri figli e soprattutto non tollerava l'idea di avere un altro maschio oltre ad Alexander». Ecco, l'aveva detto. Era il suo piano per danneggiare Aristo. E la stessa identica arma con la quale anche lui aveva tentato di abbatterla: una bugia.

«Ma Maria, perché...? Voglio dire... Perché non hai detto niente? È una cosa tremenda! È incredibile!»

Maria, durante la pianificazione della vendetta, si era domandata se la sua storia potesse risultare credibile ed era stupita del fatto che Mary non ne avesse dubitato neanche per un secondo. La sua migliore amica doveva sapere che Maria non avrebbe mai acconsentito a un'interruzione di gravidanza, a prescindere da cosa volesse Onassis. Mary non era mai venuta a conoscenza del bimbo che non era in grado di respirare da solo, ma di certo sapeva quanto era profonda la fede di Maria. La sua Chiesa non le avrebbe mai permesso di rinunciare volontariamente a un figlio, senza contare il fatto che desiderava da sempre una famiglia propria e che non aveva mai smesso di sperarci. Ma in quel momento Mary sembrava incapace di formulare un qualsiasi pensiero razionale e credette all'amica senza ombra di dubbio.

«Eh, sì» sospirò Maria. «Non posso neanche pensare a quante cose mi sono persa per via di quell'aborto. Ho rinunciato alla felicità assoluta per lui. E adesso sono sola.

Tutta sola. Mi ha lasciata per un'altra donna e io ho rinunciato a un figlio a causa sua.»

«Quando è successo? Vorrei esserti stata vicino.»

«Oh... Circa due anni fa...» Per qualche motivo la ripugnava l'idea di indicare una data precisa della sua gravidanza, anche se avrebbe dato maggiore credibilità alla sua invenzione.

«Sono così triste, Maria» disse Mary. La sincerità e il calore della sua compassione erano percepibili anche a migliaia di chilometri di distanza e attraverso una linea telefonica. «Ari è un maiale. Non ci sono altre parole per definirlo.»

Maria, soddisfatta per il successo del suo piano, alzò di nuovo la cornetta e si fece mettere in collegamento con un numero di Manhattan. Probabilmente i Gatsos erano stati in Grecia per festeggiare le nozze tra Onassis e la Kennedy, ma Anastasia nel frattempo doveva essere rientrata. Maria ebbe fortuna.

«È stato un matrimonio strano» le raccontò la moglie dell'amministratore di Ari a New York. «Te lo dico io, Maria: qualunque cosa ci sia in ballo, di certo non è amore. Anzi, Ari e Jackie non sembravano neanche attratti l'uno dall'altra. Non si tenevano per mano e dopo il "Sì" non si sono dati nemmeno un bacio...»

«Io...» iniziò a dire Maria, che non voleva conoscere questi dettagli.

Ma Anastasia parlava a getto continuo, le parole sgorgavano inarrestabili: «I figli di Ari sono sconvolti, ovviamente, e Alexander ha fatto il diavolo a quattro. L'unica cosa incantevole di tutto il matrimonio erano i figli della Kennedy, che sono una vera delizia. Per il resto la cerimonia si è svolta in modo molto poco romantico; sembrava quasi che fossero lì a firmare un accordo commerciale. A Wall Street dicono che la famiglia Kennedy abbia mosso mari e monti per far sposare Jackie con Ari. Persino il primo comunicato stampa sarebbe stato emesso senza averlo avvisato prima, per metterlo di fronte al fatto compiuto. C'è anche chi dice che Ari sia stato colto completamente alla sprovvista, ma forse si tratta solo di maldicenze di gente che ce l'ha con lui».

A Maria riaffiorò un ricordo: la sua voce al telefono che le raccontava di essere stato raggirato. Magari in quell'occasione le aveva detto la verità e lei lo aveva piantato in asso. Ma con il sottofondo di Anastasia che blaterava qualcosa circa le cifre milionarie di cui si mormorava nelle sue cerchie, Maria realizzò che non era certo Aristo la vittima di questa relazione con la vedova del presidente, ma lei. Lei non era una colpevole in quel dramma carico di conseguenze e non doveva assolutamente essere forzata in quel ruolo.

«Be', se si tratta solo di una relazione commerciale» disse interrompendo il fiume di parole dell'amica «almeno non dovremo preoccuparci per la salute della signora Kennedy. In questo modo non rischia di rimanere incinta e che Aristo la obblighi ad abortire. Come è successo a me.»

«Cosa?» gridò Anastasia. «Quando? Perché?»

Maria ripeté quasi alla lettera la storia che aveva raccontato poco prima a Mary. Di nuovo si stupì di essere creduta subito. *Da quando ci siamo lasciati, Aristo non gode di una gran reputazione tra i suoi amici*, osservò Maria dentro di sé. Era strano che l'immagine di un uomo affascinante, gentile e generoso come Onassis potesse cambiare in così poco tempo a seguito di una nuova relazione, soprattutto agli occhi di altre donne che pure avrebbero dovuto conoscerlo bene. E quello che Maria le stava raccontando adesso in via del tutto confidenziale, per così dire, era uno scandalo troppo goloso per non farlo circolare, rovinando così la reputazione di Aristo per un bel po' di tempo.

Medea dichiarava al suo amato, l'infedele Giasone, di essersi ormai vendicata attraverso il sangue dei propri figli e lo invitava a cercarsi un'altra donna, assicurandogli che qualunque cosa avesse fatto, non avrebbe mai più trovato pace. Per quanto la riguardava, sarebbe sprofondata agli inferi felice.

Maria, invece, era tutt'altro che felice della sua vendetta.

* * *

Con grande sorpresa di Maria, Onassis telefonò a casa sua a Parigi appena una settimana dopo il matrimonio. Di certo era venuto a sapere del pettegolezzo che aveva messo in circolazione. Almeno su Anastasia era sicura che fosse corsa a raccontare la storia dell'aborto al marito e Costa doveva averla riferita ad Ari. L'unica cosa che sorprendeva Maria era che il novello sposo sottraesse tempo alla sua luna di miele per parlare con lei.

«Non ci sono» disse a Ferruccio quando fu avvisata della chiamata.

Il devoto maggiordomo esitò. «Il signor Onassis dice di sapere che è in casa.»

Era dunque il suo destino, quello di avere continuamente a che fare con l'uomo che aveva amato sopra ogni altra cosa al mondo? Ormai era giunto il momento che *moira* riconoscesse a Maria un po' di giustizia, dopo tutte le prove che aveva affrontato. E di certo non era giusto che Aristo la strappasse in continuazione alla tranquillità che aveva ottenuto con tanto sforzo.

«Non ci voglio parlare. Gli dica così, per favore.»

Per quanto sapesse che era la cosa giusta da fare, la decisione di respingerlo le spezzò il cuore ancora una volta.

Nonostante fosse solo tardo pomeriggio, si ritirò in camera per distendersi. Si rintanò a letto, tirandosi la coperta sulla testa. Ma non servì a niente. Le immagini che la tormentavano non si lasciavano scacciare.

«Signora Callas.» Ferruccio bussò alla porta della camera. «La prego di scusarmi per il disturbo. Cosa devo fare? Il signor Onassis è giù nell'ingresso e vuole parlarle.»

Forse aveva ragione Anastasia, probabilmente il matrimonio con Jackie Kennedy si basava su una menzogna. Ma restava il fatto che Aristo avrebbe potuto impedirlo prima che fosse troppo tardi.

Maria ne aveva abbastanza delle sue bugie. Di tutte le bugie. Anche delle proprie, che avevano portato Aristo fin lì.

«Non voglio parlarci e non voglio vederlo. Lo mandi via, Ferruccio, la prego!»

Si vergognava della propria vendetta. E al contempo temeva la sua ira.

Ma a quanto pareva Aristo non aveva intenzione di farsi cacciare.

Dieci minuti dopo la sua ultima comparsa, Ferruccio tornò a bussare alla porta della camera. «Il Signor Onassis sta lanciando dei sassolini contro la finestra. Li prende dal vialetto che circonda la casa.»

Maria aveva sentito il rumore, ma non pensava che avesse a che fare con lei. A Parigi la raccolta dei rifiuti avveniva alle ore più improbabili. O potevano essere dei dimostranti che lanciavano sassi per strada. Certo, le proteste studentesche si erano affievolite già da mesi e comunque nessuna aveva mai raggiunto la Avenue Georges-Mandel, ma questo non escludeva che fossero ricominciate, spingendosi fin nel cuore del XVI arrondissement.

Che Onassis si calasse nel ruolo di Romeo in un certo senso le parve romantico. Ma Maria si sentiva troppo vecchia e troppo triste per uscire sul balcone come Giulietta.

«Chiami il custode!» ordinò a Ferruccio. «E se non riesce ad allontanarlo, chiami la polizia.»

Il maggiordomo non tornò più.

33

Parigi, novembre 1968

Maria non voleva sapere niente sulle prime settimane di matrimonio della coppia più famosa del momento. Ma i paparazzi seguivano Aristo e la Kennedy a ogni passo, diffondendo poi i dettagli della loro recente felicità. Ogni volta che Maria apriva un giornale vi trovava una miniera di informazioni. Da un lato non avrebbe voluto leggerle, dall'altro però ne era attratta in maniera quasi magica. Come otto anni prima, quando era uscito il libro di sua madre: in pubblico Maria aveva sempre dichiarato di non aver letto neanche una parola di quelle fesserie, ma in realtà non era riuscita a resistere e si era infuriata per ogni singola riga. La stessa cosa succedeva adesso: ogni volta che incappava in una fotografia della coppia avrebbe voluto sorvolare e andare oltre, ma finiva sempre per rimanerci invischiata fino al momento in cui, furiosa, lanciava il giornale in un angolo.

E intanto Aristo non le dava tregua. Gli ci era voluto solo qualche giorno per riprendersi dall'incrollabile rifiuto di Maria: già una settimana dopo le aveva mandato un mazzo di rose. Il giorno successivo ne era arrivato un altro e poi un altro ancora. Quegli omaggi floreali la confondevano. Le ricordavano gli inizi della loro storia, quando lui le faceva la corte, e non poteva credere che usasse quello stesso mezzo per manifestare la propria rabbia per la voce che lei aveva messo in circolazione. Pian piano iniziò a sospettare che non sapesse niente dell'aborto inventato e che si fosse fatto vivo per altre ragioni. Ma cosa voleva da lei? Perché si dava tanto da fare per spezzarle continuamente il cuore? Non appena lei riusciva a prendere una certa distanza, lui le tornava vicino. Eppure ormai aveva una sua posizione sociale in America, come aveva sempre voluto. Non aveva ottenuto la cittadinanza, ma non c'erano dubbi sul fatto che la sua seconda moglie gli avrebbe aperto le porte di tutta l'alta società tra Boston e San Francisco.

Ai fiori seguirono infinite telefonate. Quattro settimane dopo il matrimonio i tentativi di contattarla si erano fatti talmente pressanti che Maria decise di rispondergli per evitare di delegare sempre a Ferruccio o a Bruna lo spiacevole compito di difenderla dall'uomo che un tempo aveva amato sopra ogni cosa.

«Io non voglio parlare con te» disse Maria «per cui ascoltami, Aristo: è finita. Me l'hai detto tu stesso. E se la tua vita così com'è non ti piace, è un problema solo tuo. Te la sei voluta tu.»

«Se esci a cena con me, ne parliamo con calma.» Il tono di Aristo era cordiale, fascinoso, educato. Sembrava quasi che le stesse facendo la corte. Non era il tono di un uomo appena sposato.

«Sei impazzito?» urlò Maria.

«Ti vengo a prendere alle otto. Andiamo da Maxim's,

hanno appena ricevuto una mandata di caviale dall'Iran. Dicono che sia eccellente.»

«Ma che significa? Io non voglio mangiare caviale con te.»

«Vorrà dire che mangeremo filetto. So bene quanto ami la carne di manzo, soprattutto se al sangue.»

Si ricordava di quei dettagli. Maria iniziò a cedere al suo incantesimo. Una voce dentro di lei la mise in guardia, facendole notare che conoscere i gusti culinari di qualcuno dopo nove anni passati insieme non era un fatto degno di nota. Ma sapere che aveva voglia di vederla le scaldò il cuore. In fondo che male c'era a uscire a cena con lui? Sarebbero andati al loro ristorante preferito, allo scoperto e sotto gli occhi di tutti, per chiacchierare dei bei tempi andati. Volendo, poteva addirittura trattarlo con indifferenza. Cosa mai aveva da perdere?

Il mio cuore, pensò.

«Va bene. Sarò da Maxim's alle otto e mezzo» gli promise.

* * *

Il Maxim's non era solo il ristorante più famoso della città, ma anche il più ricco di tradizione. Aveva mantenuto gli arredi originali in stile Liberty e neanche l'occupazione tedesca aveva danneggiato i rivestimenti delle pareti, gli specchi, i soffitti di vetro colorato e i mobili rivestiti di seta rossa, motivo per cui entrare in quel locale della rue Royale era un po' come tornare nel mondo frivolo dell'*Art nouveau*. Maria adorava quel posto dall'atmosfera particolare, la clientela elegante e la cucina straordinaria.

Quella sera, avvicinandosi al portiere sotto il baldacchino rosso all'ingresso, Maria ripensò alla splendida festa in cui aveva rubato la scena a Elizabeth Taylor. Era stato grandioso. Possibile che fossero passate solo quattro settimane? Quella sera era andata lì da sola, mentre stavolta trovò Onassis che la salutava dal suo tavolo con una coppa di champagne, cosa che le sembrò altrettanto straordinaria.

Sapeva che almeno la metà dei presenti aveva gli occhi puntati su di loro. Stava bene nel suo abito da cocktail nero, semplice ma d'effetto, e con i gioielli insolitamente sobri scelti apposta per dare un carattere meno formale all'appuntamento di quella sera. Per incontrare un vecchio amico non serviva certo adornarsi con chissà quali monili.

Bevve con Aristo alla propria salute, rise dei suoi brindisi in greco e rifletté sul fatto che era sposato con Jackie Kennedy da un mese. A quel pensiero il suo sorriso si fece più freddo e le risposte alle domande sui suoi progetti futuri meno dettagliate. Ordinò solo *escargots à la provençale*, perché non avrebbe comunque mangiato niente di più di qualche chiocciola povera di calorie e ricca di proteine. Un po' per la linea e un po' per la tensione. Perché nel profondo del cuore si sentiva emozionata come al loro primo appuntamento.

«Forse l'anno prossimo girerò un film» disse con il tono impersonale che avrebbe riservato a un reporter durante un'intervista. «Pier Paolo Pasolini vuole fare un adattamento per il grande schermo del mito di Medea ed è convinto che non esiste donna più adatta di me per interpretarla.»

«Ti ho sempre detto che con i film potresti aumentare ancora di più la tua fama» rispose Onassis, posando un cucchiaino di uova di pesce su una tartina di grano saraceno. «Quando farete le riprese?»

«Dovrebbero iniziare a maggio prossimo negli studi di Cinecittà, a Roma...»

«Allora vengo anch'io» sentenziò lui con grande naturalezza.

Maria, che fino a un attimo prima era grata per l'argomento innocuo sul quale indugiava la conversazione, lo fissò esterrefatta. «Come, scusa?»

«Ho detto che vengo anch'io» ripeté Aristo cordiale, rivolgendole uno sguardo raggiante da dietro le sue solite lenti colorate. «Il mondo del cinema mi interessa da tanto tempo, ma non ci ho ancora mai avuto a che fare.»

«E tua moglie cosa direbbe in proposito?» le sfuggì. La innervosiva il fatto di aver menzionato la Kennedy, finendo così per invitarla praticamente al tavolo con loro. Ma non era riuscita a trattenersi.

Aristo alzò le spalle. «Non lo so e non mi interessa neanche. È già a New York con i suoi figli.»

«Ah, sì?»

«Mi ha detto che voleva tornare a casa.» La sua voce si fece più sommessa. A quanto pareva temeva che qualcuno potesse sentirlo, nonostante con Maria parlasse in greco, una lingua che quasi nessuno era in grado di comprendere. «Solo qualche mese fa mi supplicava in ginocchio di portarla via dagli Stati Uniti. Dopo l'attentato a Martin Luther King e l'omicidio di suo cognato Bobby Kennedy pochi mesi dopo, aveva paura per i suoi figli. E ovviamente si sentiva minacciata anche lei. A quanto pare, ha cambiato idea.»

...raggirato...

Le sue parole di quattro settimane prima le riecheggiarono nella mente.

«E tu?» domandò.

Aristo sorrise. «Io sono qui. Da te.»

«Non intendevo questo.»

«Jackie mi costa un capitale. Sta diventando più costosa di una petroliera e non ho la più pallida idea a cosa le servano tutti i vestiti, le borse e le scarpe che compra. Adesso vuole anche uno yacht più grande del *Christina*. Assurdo, non trovi? Sembra che i miei soldi l'abbiano fatta entrare in una specie di *trance*.» Pronunciò quest'ultima frase con una sfumatura canzonatoria nella voce, come a sottolineare l'inutilità dei desideri della moglie.

Maria spilluzzicava assorta tra le lumache con la forchettina speciale che le era stata portata. Il burro alle erbe emanava un profumo delizioso, ma alla fine si decise a mettere le posate da un lato. Non voleva parlare della vita privata di Aristo, ma la conversazione aveva preso una piega per cui le sarebbe stato impossibile aggirare l'argomento del suo matrimonio. E poi doveva ammettere che era curiosa.

«Ma non hai risposto alla mia domanda» disse alla fine. «Tu che farai? Ti trasferirai a New York anche tu?»

«No, non ci penso nemmeno. La suite al The Pierre mi basta e mi avanza. E comunque preferisco i miei appartamenti in Europa. Preferisco Parigi, Atene o Skorpios, a Manhattan.» Prese in mano il tovagliolo candido di stoffa, ci si tamponò le labbra e lo buttò con decisione a fianco del piatto. «Maria, io non ho bisogno di lei.» Si interruppe per un istante, prima di continuare in tono dolce: «Ma di te. È di te che ho bisogno».

Così semplice. Così vero. Così bello.

Ma Maria scosse la testa. Aristo si comportava come un bambino al quale è stato negato il giocattolo ed è convinto che basti battere i piedi per terra per ottenerlo. Ripensò alle settimane subito dopo aver lasciato il *Christina*, a quanto era stata male aspettando invano sue notizie. Non bastava una semplice frase a cancellare tutto questo. Nei suoi sogni aveva immaginato mille volte come avrebbe reagito se lui fosse tornato da lei, ma non ci aveva mai creduto per davvero. In un libretto d'opera solitamente si ha uno sviluppo degli eventi che rende possibile il riavvicinamento dei due amanti. Ma valeva solo sul palcoscenico? O poteva funzionare per l'eternità?

Oltretutto non poteva essere certa che non si trattasse di un capriccio momentaneo dovuto al fatto che si sentiva solo senza Jackie. Di certo non gli avrebbe reso le cose semplici come si aspettava lui. Quante volte aveva già ripetuto la stessa frase?

«È finita, Aristo. Sei stato tu a volerlo.»

«*Mmm*» fece lui. Poi aggiunse: «Non ti libererai di me tanto facilmente».

Cosa stava dicendo? Maria si sforzò di mantenere la calma, nonostante il cuore le battesse all'impazzata. «Vorrei tornare a concentrarmi sulla mia carriera.»

«Benissimo. Fallo. Ti ho sempre ammirata per il tuo successo. Quella volta che hai cantato all'Epidauro sono stato molto fiero di te. E non intendo il piccolo concerto *entre nous*, ma quando hai cantato la *Norma* davanti a quindicimila persone. Non ho mai assistito a niente di più bello e solenne…»

Parlava del passato, risvegliava ricordi. E Maria lo ascoltava e si lasciava trasportare dalle sue parole al periodo che considerava il più felice della sua vita. A quei tempi Aristo, quasi volesse risarcirla per la perdita del suo bambino, l'aveva riempita di tutta la tenerezza, l'amore e le attenzioni di cui era capace. E proprio adesso, con le sue storie, andava a risvegliare quei sentimenti del passato. Maria lasciò che accadesse, ma attingere ai ricordi non bastò a riempire di nuova vita il vuoto che provava dentro da quando si erano lasciati.

34

Parigi, un anno dopo, fine ottobre 1969

Maria voleva dare una sistemata ai fiori, ma l'unica cosa che ottenne fu di rovinare la composizione. I petali caduti le scivolarono sulle dita tremanti.

«Perché sei così nervosa?» le chiese Mary.

«È la prima volta che Aristo rimette piede in questo appartamento» rispose Maria esitante. «Per quasi un anno sono riuscita a tenerlo lontano da qui. Ogni tanto ci siamo visti, è vero, ma mangiare con lui in un ristorante o andare insieme a una festa di amici comuni è diverso dall'accoglierlo dove lui un tempo era quasi il padrone di casa.»

«Perché non hai prenotato un tavolo da Maxim's per stasera?» indagò Mary guardandosi intorno nel salone col tavolo dall'elegante apparecchiatura per otto.

Maria aveva messo insieme gli ospiti e ordinato il menù un po' all'ultimo. Per fortuna Mary stava viaggiando per l'Europa e si trovava proprio a Parigi, per cui aveva potuto accettare l'invito senza troppo preavviso e dare a Maria il proprio sostegno.

«Ha insistito lui per venire da me.» Maria sospirò, alzò le braccia e le fece ricadere lungo i fianchi in segno di rassegnazione.

«Stasera devo vederti» le aveva comunicato Aristo al telefono. «Sono appena arrivato in aeroporto e più tardi vengo da te. Prepara qualcosa da mangiare, per favore, ho fame già adesso.»

Fino a quel giorno era sempre riuscita ad aggirare i suoi tentativi di riavvicinamento, come Ulisse con lo stretto tra Scilla e Cariddi. Lui tornava a Parigi a intervalli regolari e chiedeva sempre di vederla. Non si faceva scrupoli neanche se c'era Jackie a fare shopping sul lungosenna. Incontrava Maria senza alcun riguardo, magari faceva il possibile per evitare i giornalisti, ma non temeva di farsi vedere in pubblico. Nel giro di qualche tempo erano apparse sui giornali foto di Maria e Aristo che sembravano le copie di vecchie immagini. «Siamo solo amici, che oltretutto hanno anche un rapporto lavorativo» aveva comunicato Maria alla stampa. Eppure, col tempo, quella di Aristo era tornata a essere una presenza familiare, una vicinanza piacevole e affascinante, tanto che il cuore di Maria aveva ricominciato ad aprirsi. Anche se era ancora troppo ferita per dargli pieno accesso o per farlo tornare nel suo letto. Perché il fatto che lui volesse tornarci, era chiaro a entrambi.

E Aristo non cercava la sua compagnia solo a Parigi. Quando a maggio era volata a Roma per girare *Medea*, il suo primo film, pur non avendola accompagnata le telefonava quasi ogni giorno nella sua camera d'albergo. Quando a giugno e luglio spostarono il set in Turchia e in Siria, le sue chiamate si fecero un po' più rade, ma solo perché la connessione telefonica era peggiore, in Medio

Oriente. Non appena si spostarono in nord Italia per finire le riprese, ricominciò a contattarla con la frequenza di prima.

Questa continua presenza di Aristo nella sua vita turbava Maria sempre di più e per poco non la mandò nel panico. Una cosa era uscire con un ex amante e passare la serata in mezzo agli amici, tutt'altra cosa era condividere le proprie esperienze e parlare con la stessa vicinanza e intimità di un tempo, per quanto tutto ciò avvenisse al telefono. L'avventura cinematografica l'aveva divertita molto e sperava di poter girare altri film. Ad Aristo aveva parlato delle sue speranze per il futuro, così come dell'incontro con una veggente nel suk di Aleppo che aveva rintracciato sulla mano di Maria gli indizi di una morte precoce. «Ma non soffrirà» aveva aggiunto la vecchia. Naturalmente Maria ne era rimasta molto turbata.

«Dimentica questa storia» le aveva consigliato Aristo, pur sapendo quanto fosse superstiziosa. Poi aveva aggiunto: «Però non dimenticare che dobbiamo vivere ogni giorno come se fosse l'ultimo».

E a Maria fu chiarissimo quello che intendeva dire: era meglio esaudire il suo desiderio oggi, piuttosto che aspettare domani.

Mary passò un braccio attorno a Maria. «Prima ero convinta che Ari fosse solo a caccia di visibilità. Aveva ottenuto Jackie Kennedy e poi rivoleva te. L'unica cosa che supera una donna famosa sono due donne famose, non credi? Ma nel tuo appartamento non ci saranno giornalisti a osservarvi. Dobbiamo temere che abbia intenzioni serie.»

«Per questo ho invitato i miei amici» rispose Maria. «Non voglio stare da sola con lui.»

«E da cosa dovremmo proteggerti? Dalla passione di Ari o dal tuo amore per lui?» L'amica stampò un bacio sulla guancia a Maria. «Suvvia, sorridi, mia cara. La Callas ha rivoluzionato il mondo dell'opera con la sua arte drammatica. Di certo è in grado di ricevere Aristotele Onassis e trattarlo con indifferenza.»

«Sì, certo.» Maria rise e simulò disinvoltura, ma nel profondo si chiedeva angosciata se davvero volesse ancora respingere Aristo.

* * *

Lui giunse per ultimo.

Maria era talmente nervosa che prima del suo arrivo aveva subissato di chiacchiere inutili i suoi amici, smontato altri fiori e rovesciato bicchieri di champagne, come una ragazzina che aspetta il suo primo corteggiatore. Al pari delle altre signore presenti alla serata, indossava un abito da cocktail, mentre gli uomini erano in smoking. Era stata lei a richiedere abiti da sera, per dare un contesto formale all'evento e quindi alla visita di Aristo. Evitando di farne un'occasione privata, le sarebbe stato più facile mantenere una certa distanza.

«È bello essere di nuovo qui» disse Aristo abbracciando Maria.

Lei lo condusse in soggiorno, dove aspettavano gli altri ospiti. «Siediti. Siamo ancora all'aperitivo. Cosa vorresti bere?»

«Un whisky, per favore.» Si avvicinò al mobile bar, che era rimasto nel solito posto di un anno e mezzo prima, quando era stato in quella casa per l'ultima volta. «Non preoccuparti, mi servo da solo.» Si versò una generosa quantità di whisky in un bicchiere di cristallo e si avviò lentamente verso il divano per accomodarsi.

Le conversazioni interrotte per salutare il nuovo ospite ripresero il loro corso. Maria raccontò della post-produzione del suo film e della *première* prevista a Milano per fine dicembre; qualcuno comunicò che il pilota inglese Jackie Stewart era appena diventato campione mondiale di Formula 1; si discusse sul fascino dei viaggi nello spazio e sul gruppo rock Deep Purple, che si era esibito di recente con la Royal Philharmonic Orchestra a Londra. L'unico argomento che non venne mai fuori furono gli orrori della guerra in Vietnam. Tutti ne erano a conoscenza, ma nessuno voleva parlarne. Non quella sera, durante un aperitivo che anticipava una cena tra amici.

Aristo si tolse la giacca, si allargò la cravatta rossa e accese un sigaro. Stava ancora assaporando il cubano, quando Maria sentì la sua mano posarsi sulla coscia.

Lei era seduta sul bracciolo della poltrona in cui stava Mary, casualmente il posto più vicino al divano.

Quel contatto la lasciò senza fiato. Senza dire una parola, fissò le dita di Aristo affondate nella seta pesante del suo abito. Era un gesto intimo e molto spontaneo. Così come quello di togliersi la giacca senza chiederle prima il permesso. Era l'atteggiamento di un uomo sicuro di essere a casa propria. In quel salone. Al fianco di quella donna.

I suoi amici continuavano a parlare, ma Maria notò che qualcuno di loro indugiava con lo sguardo su lei e Aristo. Nessuno fece osservazioni. Certo che no. Aspettavano tutti una sua reazione.

E lei sapeva che quello era il momento di prendere una decisione. Come doveva continuare tra lei e Aristo? Avrebbe dovuto rimetterlo in riga? O piuttosto lasciare che a questo primo passo seguisse il successivo? Era lei la regista della scena.

Aristo carezzò dolcemente la gamba di Maria e le sorrise.

Mary ridacchiava nervosa.

Maria esitò. Aristo era riuscito a farsi ricevere da lei e adesso la stava costringendo a scoprire le sue carte: lo voleva ancora o no? Maria gli fu grata per aver lasciato a lei la decisione.

Forse non era la cosa giusta da fare e forse un giorno le avrebbe spezzato il cuore una volta per tutte, ma cosa c'era di più bello di saperlo di nuovo al proprio fianco? Loro due si appartenevano. Maria e Aristo. Lui era il suo destino.

Penelope aveva aspettato dieci anni che Ulisse tornasse a casa. A Maria erano bastati quindici mesi.

«Bentornato a casa» gli disse.

Nota conclusiva

Aristotele Onassis morì il 15 marzo 1975 all'Ospedale Americano di Neuilly-sur-Seine, a Parigi, in seguito a una grave malattia. Il procedimento per il divorzio da Jackie Kennedy era già stato avviato ma non ancora concluso, motivo per cui risultò legalmente la sua vedova. Negli anni del loro matrimonio i due si incontrarono solo di rado, mentre Onassis fu visto in pubblico insieme a Maria Callas poco dopo essere convolato a nozze e col passare del tempo sempre più spesso. Maria è sempre rimasta salda sulla sua posizione con la stampa, secondo la quale lei e Aristo erano «solo buoni amici», ma tutti gli indizi fanno pensare a un grado di intimità molto maggiore, sia per le osservazioni dei loro amici, conoscenti e colleghi, sia per gli scatti rubati dai paparazzi.

Nonostante quasi tutti i biografi di Maria Callas e di Aristotele Onassis abbiano creduto alla storia della loro amicizia negli ultimi anni, dopo essermi ampiamente documentata nutro dei seri dubbi che le cose stessero così. Tanto per cominciare stiamo parlando di due adulti e non di adolescenti, ovvero di due persone che dovevano avere chiari i propri sentimenti e le proprie esigenze. Ma ciò che più di ogni altra cosa fa pensare a una ripresa della relazione amorosa tra Maria e Aristo è l'atteggiamento di Jackie Kennedy. Anziché dimostrare la propria superiorità in quanto moglie, aveva spesso schiumato d'invidia, anche pubblicamente, nei confronti della – già, come definirla? – amica, rivale, compagna, amante o anima gemella di suo marito. Per questo Jackie insisteva per andare con Onassis nei ristoranti dove lui aveva mangiato con Maria Callas poco tempo prima. Non si accontentò del fatto che lui le avesse regalato i gioielli dimenticati da Maria a bordo del *Christina* in quell'estate del 1968, ma volle acquistare anche quelli che la cantante aveva noleggiato e che l'avevano fatta brillare in pubblico, come gli orecchini di smeraldo di Harry Winston che indossava la sera della riconciliazione con Renata Tebaldi. Inoltre, Jackie impedì a chiunque di entrare nella camera d'ospedale del marito agonizzante. Nonostante in quel periodo lei stessa vivesse a New York, fece in modo che neanche Maria – che pure stava a Parigi – potesse andare a trovarlo: un divieto un po' radicale, per una semplice amica. E poi c'è un'altra cosa: Ari Onassis fu sepolto in una cripta sull'isola di Skorpios e quando Maria morì di infarto (o di crepacuore) il 16 settembre 1977 a Parigi lasciò scritto che voleva essere cremata e che le sue ceneri dovevano essere sparse nel mare, di fronte a Skorpios: un gesto molto forte per una semplice amicizia, ma simbolo inequivocabile di unione eterna per due innamorati.

Una volta Onassis disse che il matrimonio con Jackie era stato l'errore più grande che avesse mai commesso. Sicuramente la tragedia peggiore della sua esistenza fu l'incidente aereo che costò poi la vita a suo figlio Alexander, non ancora venticinquenne. La cosa più difficile per il padre fu la decisione di far staccare il ragazzo, in coma, dai macchinari che lo tenevano al mondo. Era il 23 gennaio 1973. Aristo non si riprese mai del tutto. Neanche Tina, che nel frattempo aveva sposato l'armatore Niarchos in terze nozze, superò mai la morte del figlio. Morì a Parigi, in circostanze poco chiare, il 10 ottobre 1974.

Per la figlia di Onassis, Christina, affrontare tutto questo fu estremamente difficile. La timida ragazzina che elemosinava le attenzioni materne si trasformò in una donna gravemente depressa. Regalò il panfilo intitolato a lei allo Stato greco, si sposò tre volte e divorziò altrettante, e nel 1985 ebbe una figlia che chiamò Athina come sua madre. Morì a Buenos Aires nel 1988 per abuso di farmaci. Athina, che di fatto non ha conosciuto nessuno dei protagonisti della più grande tragedia greca dei tempi moderni, oggi vive in Svizzera ed è una famosa cavallerizza specializzata nel salto a ostacoli. Nel 2013 ha venduto l'isola di suo nonno alla figlia di un oligarca russo: si dice che Ekaterina Dimitrevna Rybolovleva – anche lei cavallerizza e decisa ad accrescere la forza economica delle isole ioniche – si sia trasferita su Skorpios per la modica cifra di 100 milioni di dollari. La tomba di Onassis si trova tuttora sull'isola.

Jackie Kennedy trascorse il resto della sua vita a New York, lavorando come redattrice e convivendo con il commerciante di diamanti belga-americano Maurice Tempelsman. La donna, assurta a icona di stile negli anni Sessanta e Settanta, morì il 19 maggio 1994.

Giovanni Battista Meneghini mantenne vivo il legame con Maria Callas per il resto della sua vita. Fece in modo che nella sua villa di Sirmione, sul Lago di Garda, rimanesse tutto identico a come lei lo aveva lasciato. Persino il suo accappatoio rimase appeso alla porta della camera da letto. Eresse una sorta di mausoleo del proprio matrimonio. Dopo la morte di Maria acquistò a svariate aste molti dei suoi mobili, quadri e cimeli. Morì il 21 gennaio 1981. La casa vicino al Cortine Palace Hotel è oggi una proprietà privata e non è visitabile. Ma Sirmione, dove un tempo abitava, conserva tantissimi ricordi di Maria Callas.

* * *

Il film *Medea* di Pier Paolo Pasolini, con cui Maria Callas tornò sotto i riflettori, fu lodato dalla critica ma ebbe scarso successo di pubblico. Rappresentò la prima e unica apparizione della Diva sul grande schermo, almeno finché fu in vita: in seguito, Fanny Ardant interpretò brillantemente il ruolo della Callas e le sue esibizioni e interviste furono raccolte in un documentario. Anche la vita di Aristotele Onassis ha ispirato numerosi film.

Tra il 1971 e il 1972, Maria Callas condusse alcune *master classes* presso la rinomata Juilliard School di New York, il miglior conservatorio degli Stati Uniti. Su richiesta dell'amico ed ex collega di palcoscenico Giuseppe Di Stefano, pianificò una tournée al suo fianco, che venne però accolta dal pubblico come una performance di addio, giacché le voci di entrambi i cantanti non erano più nelle condizioni di un tempo. Dopodiché si ritirò definitivamente dalle scene, lasciando innumerevoli registrazioni e una profonda rivoluzione nel mondo dell'opera lirica non tanto per il suo do acuto, ma soprattutto per il suo straordinario talento drammatico.

* * *

Quando, alla fine degli anni Settanta, iniziai la mia carriera di redattrice giornalistica, la storia di Maria Callas e Aristotele Onassis era ancora sulla bocca di tutti, anche perché erano in vita alcuni dei protagonisti di questo dramma degno di un libretto d'opera: Christina Onassis, Jackie Kennedy e Battista Meneghini. Ecco perché lavorare a questo romanzo è stato per me come tornare indietro nel tempo, agli esordi della mia vita lavorativa, e le ricerche sono state abbastanza semplici perché sapevo già dove trovare le informazioni. La vera sorpresa fu scoprire i dettagli della storia d'amore tra Maria e Aristo, così come – anzi soprattutto – il carattere di Maria Callas, nel quale mi sono riconosciuta appieno. Adoro Gabrielle Coco Chanel e Édith Piaf, le protagoniste dei miei due libri precedenti, ma con nessuna di loro mi sono identificata così profondamente come con Maria Callas.

Forse questo non dipende solo da alcuni tratti caratteristici, ma anche dal fatto che io stessa ho trovato il grande amore abbastanza tardi nella vita. Maria Callas aveva trentasei anni quando si innamorò di Onassis e io ho conosciuto quello che sarebbe diventato mio marito a quarantadue. Per cui ho di certo imparato qualcosa sulla psiche di due novelli innamorati non più giovanissimi e con una certa esperienza di vita alle spalle. E non sto parlando delle proverbiali farfalle nello stomaco, ma dell'atteggiamento dei due protagonisti della storia. Ecco perché, ad esempio, non credo a ciò che scrivono alcuni biografi di Maria Callas e Aristotele Onassis sulle circostanze della loro prima notte d'amore; anche se si tratta sempre e comunque di speculazioni.

C'è chi sostiene che la loro relazione sia iniziata in una

scialuppa dello yacht *Christina* durante la prima crociera fatta insieme, ma io mi sento di escluderlo. Innanzitutto, mi pare un'iniziativa un po' troppo azzardata, considerando che erano a bordo di una nave insieme a oltre quaranta membri dell'equipaggio, i rispettivi coniugi e i figli di lui, per non parlare di Winston Churchill. E in secondo luogo non avrebbe avuto alcun senso che Onassis si fosse sforzato tanto di mantenere un atteggiamento decoroso di fronte al suo mentore per poi saltare con la sua amante dentro una scialuppa, dove poteva essere scoperto in ogni momento. Oltre a tutto questo, bisogna considerare l'età e la personalità della coppia: come ho già detto, non stiamo parlando di due quattordicenni, ma di quelli che all'epoca erano la donna più famosa e l'uomo più ricco e influente del mondo. Sia il capitano del panfilo di Onassis sia Anthony Montague Browne hanno dichiarato in svariate interviste che ritenevano la storia della scialuppa altamente improbabile per via delle circostanze a bordo che ho appena descritto. Per questo ho dovuto lavorare di fantasia e sviluppare un'idea del tutto personale.

E questa è più o meno l'unica libertà che mi sono presa nella stesura della storia che avete appena finito di leggere.

Ringraziamenti

Non si può scrivere un romanzo come questo senza un aiuto e un sostegno validi. L'esperta consulente che mi ha guidato nel mondo dell'opera lirica è il soprano Ilona Nymoen, alla quale sono profondamente riconoscente. Voglio ringraziare anche Tanja Stumpf, a Creta, per le istantanee sulla vita quotidiana in Grecia. Nel caso in cui fossero rimasti degli errori nel testo, l'unica a esserne responsabile sono io. Ovviamente questo libro non esisterebbe senza la squadra della casa editrice Aufbau Verlag, prima fra tutte la mia editor e direttrice delle edizioni tascabili Stefanie Werk, che ha fatto insieme a me il grosso del lavoro, ma anche il direttore Reinhard Rohn e il capo del settore digitale Oliver Pux. Sono molto grata a tutti voi. E in questi ringraziamenti vorrei citare espressamente anche Inka Ihmels e Helena Becker, per tutto l'impegno che mettono nella vendita dei diritti dei miei romanzi e grazie alle quali i miei libri sono già stati tradotti in sedici lingue. Senza la mia straordinaria agente Petra Hermanns non sarebbe accaduto niente di tutto ciò, e senza le sue mail di incoraggiamento forse non avrei mai finito di scrivere alcuni capitoli di questa storia. La ringrazio di cuore. Infine, voglio abbracciare virtualmente la mia famiglia, che mi ha accompagnato negli alti e bassi di questo romanzo dandomi amore, sicurezza e distrazione dal lavoro. Anche se qui vi ho citati per ultimi, nel mio cuore siete i primi.

Indice

MISTO
Carta da fonti gestite
in maniera responsabile
FSC® C115118

Stampato presso Elcograf S.p.A..
Stabilimento di Cles